Erika Maier
Einfach leben – hüben wie drüben

ERIKA MAIER

Einfach leben – hüben wie drüben

Zwölf Doppelbiographien

Karl Dietz Verlag Berlin

Die Veröffentlichung erfolgt mit finanzieller Unterstützung der Rosa-Luxemburg-Stiftung Berlin.

ISBN 978-3-320-02121-4

Umschlag: Heike Schmelter
unter Verwendung eines Fotos von www.istockphoto.com
Typographie / Satz: Jörn Schütrumpf
Druck und Verarbeitung: MediaService GmbH BärenDruck und Werbung
Printed in Germany

**erzählen über sich, ihren Beruf, ihre Familie,
über Deutschland und die Welt**

Für Wilfried,
meinen Geliebten seit mehr als fünf Jahrzehnten

Die Erinnerung ist eine mysteriöse Macht....
Wer das, was schön war, vergisst, wird böse.
Wer das, was schlimm war, vergisst, wird dumm.
Erich Kästner

Es war mein 45. Hochzeitstag, im Juli 2004. Ein kurzer Satz trübte die heitere Stimmung und spaltete Familie und Freunde in zwei Lager. »Bei euch in der DDR hätte ich nicht leben können!«, hatte sie gesagt, die Schwäbin, die seit Jahren bei uns im Osten Berlins zu Hause ist. Da war sie mal wieder, die immer gleiche Frage: Wie konntet ihr Ostdeutschen das aushalten – diesen Staat DDR, bevormundet, eingesperrt, von der Staatssicherheit überwacht? Im ersten Moment ist Ruhe, niemand will an diesem schönen Sommertag darüber reden. Aber meine Tochter, die in einer west-ost-durchmischten Zeitungsredaktion arbeitet und seit zehn Jahren mit einem Bayern verheiratet ist, kann es nicht lassen. Und so kommt es, wie es kommen muss. Ich höre zu und merke, wie schwer es ist, einander zu verstehen. Sie leben zusammen, sie arbeiten zusammen, sie feiern zusammen. Doch was wissen sie vom anderen? Über die erste Liebe im Kirchenchor, den ersten Kuss im Pionierlager am See? Vieles war so ähnlich und doch wieder anders – in der Familie, in der Schule, mit den Kollegen, den Freunden. Und natürlich in der Politik. An diesem Abend entstand die Idee für dieses Buch.

Siebentausend Kilometer bin ich inzwischen gemeinsam mit meinem Mann Wilfried durch Deutschland gefahren, um zuzuhören – in Ost und West. Uns interessierten nicht renommierte Klinikdirektoren, Stararchitekten oder erfolgreiche Manager, sondern Menschen, die jeden Tag ganz normal zur Arbeit gehen, sich um ihre Kinder, die Enkel und die Katze kümmern. Viele halfen – quer durch die Bundesländer – zwölf Paare zu finden. Die Westlehrerin fragte ihren Pfarrer in Bad Salzuflen und der Westpfarrer »besorgte« den Ostpfarrer aus Schwerin. Den Autobauer von VW vermittelte uns ein Freund aus Dresden, der in Wolfsburg seinen neuen Golf abholte. Dank dafür an alle – in Ost und West.

Dank aber vor allem an die zwölf Männer und die zwölf Frauen, die hier über ihr Leben damals und heute erzählen! Jeder Erzähler hat seine eigene, ganz persönliche Wahrheit. In Geschichtsbüchern mag über uns und unsere Zeit manches anders geschrieben werden. Hier zählt, was er, was sie erlebt hat oder wie sie heute glauben, es erlebt zu haben. Ich gestehe, dass es mir als Ökonomin schwer fiel, manches unwidersprochen zu lassen. Zum Beispiel, dass in der DDR die Wände mit Zeitungen tapeziert werden mussten, weil es keine Tapeten gab. Aber so erzählt er, erzählt sie es den Freunden und Enkeln, und so habe ich es aufgeschrieben.

HÜBEN WIE DRÜBEN? Ich hätte nicht nach Meiningen und Augsburg fahren müssen, nicht nach Chemnitz und Hamburg, um zu erfahren, dass die unterschiedlichen gesellschaftlichen Bedingungen in Ost und West das Leben von Ärztinnen, Handwerkern und allen anderen ganz wesentlich beeinflusst haben – und fast zwanzig Jahre nach dem Fall der Mauer noch immer beeinflussen! In diesem Sinne war es weder damals, noch ist es heute: HÜBEN WIE DRÜBEN.

Es gibt aber auch eine andere Wahrheit. Was die Menschen hier in diesem Buch erzählen, ist etwas ganz Persönliches. Sie offenbaren ihre Lebenspläne, Ideale und Träume – und ob sich diese im Beruf, in der Familie und für ihr Land erfüllt haben. Warum hat sich die Ärztin aus Meiningen ebenso wie die Ärztin aus Augsburg für diesen Beruf entschieden? Wie war der Alltag der Architektin, der Bäuerin in der DDR, wie der Alltag der Architektin, der Bäuerin in der alten Bundesrepublik? Was hat sie behindert, was gefördert; was lag an den gesellschaftlichen Verhältnissen, was an ihnen selbst? Wie leben sie heute, und was denken sie inzwischen über ihr Land?

Da gab es Chancen und Grenzen – HÜBEN WIE DRÜBEN. Der eine konnte die Chancen nutzen und seine individuellen Lebensentwürfe verwirklichen. Der andere ist an Grenzen gestoßen und hat unter ihnen gelitten. Auch das – HÜBEN WIE DRÜBEN.

Berlin, im Mai 2007 Erika Maier

Die Ärztin

Regina Feldmann, Meiningen
geb. 1953 in Stadtlengsfeld/Thüringen
Medizinstudium in Leipzig und Halle

Poliklinik Halle-Neustadt und Meiningen
seit 1991 Ärztin in eigener Praxis
Vorsitzende der Kassenärztlichen Vereinigung Thüringen
verheiratet, ein Sohn, zwei Töchter

Hannelore Marcon, Augsburg
geb. 1945 in Österreich
Medizinstudium in Kiel und Heidelberg
Uni-Krankenhaus Heidelberg
Praxis in Frankfurt/Main
seit 1980 Hausärztin in eigener Praxis
geschieden, ein Sohn, eine Tochter

Hannelore Marcon und Regina Feldmann sind wahrscheinlich nicht typisch für ihre Zunft. Die Westärztin wurde als Radikale aus dem öffentlichen Dienst der alten Bundesrepublik entlassen. Die Ostärztin organisierte nach der Wende den ersten Streik der Kassenärzte in Deutschland.

Beide sind mit Leib und Seele Ärztin. Schon während des Studiums haben sie ihr erstes Kind bekommen. Ihre Geschichte zeigt, dass Kinder und Beruf sich nicht ausschließen müssen. Sie zeigt aber auch, dass das nicht immer leicht war – hüben wie drüben.

Als Hausärztinnen setzen sie weniger auf die neueste Technik, sondern ertasten die Probleme der Kranken zuerst mit allen ihren Sinnen. Oft sind sie Ärztin, Sozialarbeiterin und Pfarrerin in einem. Reichtümer bringt ihnen das nicht, aber das war auch nicht der Grund für ihre Berufswahl. Bei Hannelore Marcon kommen die Motive für diesen Beruf aus einer sehr ursprünglichen Religiosität, bei Regina Feldmann aus ihrer humanistischen Erziehung.

Jetzt müssen sie befürchten, dass ihre Auffassung vom Arztberuf verloren geht, weil es immer schwieriger wird, zwischen medizinischer Verantwortung und dem Zwang zu unternehmerischem Handeln zu entscheiden. Viele junge Mediziner haben keine Lust, vielleicht auch nicht die Kraft, den Zwölf-Stunden-Stress eines Hausarztes auf sich zu nehmen – sie kommen einfach abhanden, wandern in die Pharmabranche oder sonst wohin ab. Und die wenigen Jungen, die im Beruf bleiben, wollen nicht in den neuen Bundesländern arbeiten. Allein in Thüringen werden bald mehr als 300 Hausärzte fehlen.

Regina Feldmann, Meiningen

Ärztin war nicht mein Traumberuf, sondern nur dritte Wahl. An erster Stelle stand Flugzeugmaschinenbau, an zweiter Biochemie. Ich war ausgesprochen handwerklich begabt, in der siebenten Klasse gewann ich als einziges Mädchen unter 30 Teilnehmern die Schüler-Olympiade der Kalibetriebe in Nordhausen. Aus beiden Wünschen wurde nichts. Flugzeugmaschinenbau hätte ich nur in Ungarn studieren können, denn an der Technischen Universität in Dresden war die Fachrichtung inzwischen aufgelöst. Aber nach Ungarn wollte ich nicht, ich wäre an Heimweh kaputtgegangen. Weil es für Biochemiker damals in der DDR kaum Arbeitsmöglichkeiten gab, habe ich vorsichtshalber als zweiten Wunsch Medizin aufgeschrieben – und wurde sofort angenommen. Ich hatte im Abitur alles nur Einsen.

Na gut, dachte ich, wenn schon Medizin, dann studierst du an der Karl-Marx-Uni in Leipzig und wirst Sportmediziner. Ich spielte Volleyball und war eine gute Sportlerin. Obwohl ich nur 1,64 groß bin, konnte ich aus dem Stand über einen Meter hoch springen. Mit unserer Oberschul-Volleyballmannschaft in Bad Liebenstein haben wir sogar zwei Jahre in der DDR-Oberliga gespielt. Ich bin nicht so ein wissenschaftlicher Typ, eher praktisch veranlagt, und das passte gut zur Sportmedizin. Als zu Beginn des vierten Studienjahres mein Sohn geboren wurde, war der Traum von der Sportmedizin ausgeträumt. Ich hätte ihn in die Wochenkrippe geben müssen, und das wollte ich nicht. Die Entscheidung war: Kind oder Sportmedizin. Ich habe mich für das Kind entschieden und mir eine Fachrichtung gesucht, die ich an jedem Ort ausüben kann: die Allgemeinmedizin. Sie enthält große Teile der Sportmedizin, der Orthopädie, der Präventionsaufklärung, überhaupt die ganze gesunde Lebensweise. Diese Entscheidung habe ich nie bereut. Ich wechselte an die Martin-Luther-Universität in Halle. Wir hatten in Halle-Neustadt eine Neubauwohnung bekommen – nach den vielen Jahren im Internat war das ein Traum. Als mein Sohn geboren wurde, war die Wohnung schon da.

Trotz des Kindes habe ich das Studium planmäßig beendet. Für jedes Studienjahr gab es einen Plan mit den Vorlesungen, Seminaren und den vorgesehenen Abschlüssen. Bestand man eine Prüfung nicht, konnte sie einmal wiederholt werden. Eine Studentin aus meiner Seminargruppe war lange krank und musste ein ganzes Studienjahr wiederholen, aber das war eine Ausnahme. Diese ewigen Wiederholungen heute und den Schein noch einmal machen, das gab es bei uns nicht. Ich empfand den Zeitplan nicht als Druck, denn ich wollte möglichst schnell auf eigenen Füßen stehen. Da mein Mann auch studierte, lebten wir nicht gerade im Überfluss. Als Arbeiterkind bekam ich 190 Mark Stipendium, dazu 50 Mark Leistungsstipendium und 50 Mark für das Kind. Solange mein Sohn noch nicht da war, habe ich nebenbei viel gekellnert und im Krankenhaus Nachtdienste gemacht, aber das war dann vorbei. Kind und Studium unter einen Hut zu bringen, erforderte eine komplette Umstellung des Tagesablaufes. Das Schlimme war, dass er viel krank und deshalb nicht krippentauglich war. Wir hatten weit und breit keine Oma, und Tagesmütter gab es damals noch nicht, also blieb mir nichts anderes übrig, als mein Kind überallhin mitzunehmen. Wir saßen immer in der letzten Bankreihe. In der Pause habe ich ihn gestillt und dann wieder raus gestellt. Das könnte man heute gar nicht mehr, man hätte Angst, dass der Kinderwagen mit dem Kind verschwunden ist. Aber damals ging das, das war überhaupt kein Problem. Wenn das Kind weinte, ist mal einer hingegangen, hat den Schnuller rein gesteckt und noch ein bisschen am Wagen gewackelt.

Unsere Ausbildung als Mediziner war in der DDR sehr gut. Hier kam tatsächlich das Weltwissen an. Defizite gab es sicher in der technischen Ausstattung, aber dadurch haben wir im Studium viel mehr eine Sieben-Sinne-Medizin gelernt. Bei uns wurde nicht sofort eine Computertomographie gemacht – die Wartezeiten waren ohnehin lang –, sondern erst einmal geguckt, was mit dem Menschen los ist. Unsere Kollegen aus dem Westen wunderten sich nach der Wende, wie wir noch mit allen unseren Sinnen arbeiten. Als niedergelassene Ärztin für Allgemeinmedizin habe ich heute im Vergleich zum Praktischen Arzt aus den alten Bundesländern einen fachlichen Vorsprung. Der Praktische Arzt bekam nach dem Studium nur eine anderthalbjährige Pflichtausbildung, ohne Rotation. Meine Facharztausbildung dauerte nach dem Studienabschluss noch einmal fünf Jahre. Wir hatten einen genau vorgeschriebenen Ausbildungsplan: Augen, Haut, Urologie, Anästhesie, HNO, Neurologie, Psychiatrie, Chirurgie, innere Medizin, Frauenheilkunde – ambulant und stationär. Erst als ich alle Fachgebiete absolviert hatte, konnte ich mich zur Facharztprüfung anmelden. Deshalb heißt das bei uns auch: Facharzt für Allgemeinmedizin. Davon zehrt die ambulante Medizin in den neuen Ländern noch heute. Es ist schade, dass das aufgegeben wurde.

Nach dem Studium bis nach der Wende habe ich erst in der Poliklinik, dann in einem Betriebsambulatorium gearbeitet. Angefangen hatte ich in Halle-Neustadt, bin dann aber nach Meiningen gezogen und bekam dort eine Stelle in der Poliklinik des Bezirkskrankenhauses. 1978, also mitten in der Facharztausbildung, ist meine Tochter geboren. Mit zwei kleinen Kindern war die Arbeit in der Poliklinik ideal. Zweimal in der Woche machte ich Spätdienst, ansonsten arbeitete ich meine achtdreiviertel Stunden, und dann war Feierabend. Ich hatte, wie die anderen Ärzte auch, einen festen Bezirk in Meiningen. Alle, die dort wohnten, wurden von der Anmeldung direkt zu mir geschickt. Wenn einer partout eine andere Hausärztin wollte, konnte er natürlich auch zu der gehen. Einmal in der Woche machte ich Sprechstunde in einer Außenstelle auf dem Dorf. Schon zu DDR-Zeiten wollte keiner gern Landarzt werden, dafür gab es in den Dörfern die Gemeindeschwester. Die war Tag und Nacht vor Ort, und wenn sie entschied, dass ein Doktor kommen muss, rief sie bei uns in der Poliklinik an. Das Gemeindeschwesternsystem war sehr gut, leider gibt es das heute nicht mehr.

Die Poliklinik hatte auch Nachteile. Ein Nachteil war, dass jeder das gleiche Geld bekam, egal wie viel er gearbeitet hat, egal wie groß sein Einsatz war. Mich persönlich hat sehr gestört, dass ich nicht frei entscheiden konnte, wie ich mich qualifiziere. Natürlich hatten wir unsere ganz normale Fortbildung und konnten den Ärztekongress in Dresden besuchen. Als ich mich aber zu einem Lehrgang für chinesische Akupunktur gemeldet habe, hieß es, man könne mich nicht freistellen, ich werde in der Poliklinik gebraucht. Den Lehrgang durften bei uns nur die Genossen besuchen. Das war halt das System. Irgendwo hatten die Parteimitglieder schon ihre Vorteile. Für mich wäre das aber kein Grund gewesen, in die Partei einzutreten. Ich bin auch nie darauf angesprochen worden, auch nicht während des Studiums.

Wägt man Vor- und Nachteile gegeneinander ab, so würde ich heute nicht sagen, dass die Abschaffung der Polikliniken nach der Wende ein Fehler war. Die Polikliniken entsprachen einem ganz anderen gesellschaftlichen System und passen nicht zu den heutigen Bedingungen. Nach der Wende waren wir gezwungen, uns niederzulassen, weil die Polikliniken geschlossen wurden. Wir haben mittlerweile unsere Praxis aufgebaut, wir haben uns verschuldet, wir haben alles selber in die Hand genommen. Jeder Arzt ist ein eigenes kleines Wirtschaftsunternehmen. Wer will heute die Kraftfahrer, den Verwaltungsdirektor, das Materiallager bezahlen? Keiner möchte diese Selbständigkeit freiwillig aufgeben. Ich stelle immer wieder fest, dass trotzdem der Zusammenhalt unter uns Ostärzten nach wie vor gut funktioniert. Ich denke, besser als in den alten Bundesländern.

Wenn ich heute an meine Zeit als Ärztin in der DDR zurückdenke, gibt es Licht und Schatten. Die technische Ausstattung und die Versorgung mit Medikamenten waren eher schlecht. In den achtziger Jahren hatten wir in der Poliklinik kein einziges EKG, Lungenfunktionsprüfung gab es nur in der Abteilung für Lungenkrankheiten. Wenn ich dringend ein EKG brauchte, musste ich den Patienten im Krankenhaus anmelden. Zum Orthopäden zu kommen, dauerte manchmal sechs Monate. Ich betreue noch jetzt einen Patienten mit sehr hohem Blutdruck, für den wir kein wirksames Medikament hatten. Beide hätten wir uns nicht träumen lassen, dass wir seinen Blutdruck einmal so einstellen können, wie es jetzt möglich ist. Bestimmte Medikamente bekamen wir nur über die Kreisapotheke. Die hatten eine Warteliste, und die wurde dann abgearbeitet. Für Osteoporose gab es gar nichts. Da musstest du eine Westoma haben, die dir Medikamente geschickt hat.

Gut war in der DDR die Gesundheitsvorsorge. Es gab eine Impfpflicht. Die Leute erhielten eine schriftliche Aufforderung zur Auffrischung von Tetanus, Diphtherie, Masern. Oft fanden diese Aktionen direkt in den Betrieben, Schulen und Kindergärten statt. Durch die Röntgenreihenuntersuchung konnten Tuberkulose und Lungenkrebs früh erkannt und rechtzeitig behandelt werden. Das gibt es alles nicht mehr, dadurch haben wir heute Riesenprobleme in Deutschland. Das Tumorzentrum in Suhl fängt jetzt wieder an, ein Krebsregister aufzubauen und einen Tumorpass einzuführen, damit der Hausarzt sehen kann: Wann wurde der Chemozyklus gemacht, wann war die Kontrolle, wann ist der Patient wieder dran. Mit den datenschutzrechtlichen Vorschriften ist das aber alles sehr schwierig. Ich weiß nicht, ob sich das überhaupt noch regenerieren lässt.

Materielle Reichtümer spielten für mich nie eine besondere Rolle – bis heute nicht. Ich komme aus ganz einfachen Verhältnissen, mein Vater war Hauer im Kalibergbau, meine Mutter eine Sudetendeutsche, die der Krieg entwurzelt hatte. Trotzdem hatte ich eine sehr schöne Kindheit. Unsere Wünsche waren nicht so groß, und die konnten unsere Eltern erfüllen. Meine Mutter ist von Haus aus katholisch. Deshalb haben meine Eltern katholisch geheiratet und uns alle noch katholisch taufen lassen. Religion spielte aber in meiner Familie keine große Rolle. Weil meine Schwester immer weinte, wenn wir aus der Kirche kamen, hat meine

Mutter dann in den sechziger Jahren zu meinem Vater gesagt: Das tun wir jetzt den Kindern nicht mehr an – wir melden uns ab. Damit war das erledigt, und dabei ist es auch geblieben. Mein Vater war Mitglied der SED, ganz normal als Arbeiter, nie in einer leitenden Position. Meine Mutter war in keiner Partei und auch wir Kinder nicht. Aber wir waren natürlich alle drei in der FDJ.

Ich zehre noch heute von meinem schönen Zuhause, aber im Arztberuf ist es sehr schwer, allem gerecht zu werden. Wenn ich Spätdienst hatte, fuhr das Kind mit, weil der Kindergarten um sechs Uhr zumachte. Meine Tochter saß im Auto, malte und spielte. Bei mir ging es immer zu wie bei den Bauern, wo die älteren Geschwister auf die jüngeren aufpassen, wenn die Mutter auf dem Feld ist. Als die mittlere Tochter alt genug war, hat sie die Kleine übernommen. Wenn ich dann Feierabend hatte, drehte sich alles nur um die Kinder. Und wenn die Kinder im Bett waren, konnte ich mich um meine eigenen Sachen kümmern.

Unsere Gehälter als Ärzte waren in der DDR alles andere als üppig. Als ich nach Meiningen ging, bekam ich ein Grundgehalt von 580 Mark, und weil wir DDR-Randgebiet waren, einen Landzuschlag von einhundert Mark. Das war damals für mich viel Geld. Gott sei Dank gab es 5 000 Mark Ehekredit. Davon haben wir eine Schrankwand für 2.200 Mark, die Monsator-Automatik-Waschmaschine für 1.450 Mark und den Kühlschrank gekauft. Die monatliche Rate betrug 23 Mark, und weil uns bei jedem Kind eine bestimmte Summe erlassen wurde, war der Kredit ganz schnell abgezahlt. Meine Mutti sagte immer zu mir: Melde dich für ein Auto an, du weißt, wie lange du warten musst. Ich dachte: Was soll das, ich habe sowieso kein Geld. Die Strafe folgte auf dem Fuß, drei Jahre später zahlte ich für einen sechs Jahre alten Trabi mehr als für einen Neuwagen. Was die tägliche Versorgung betraf – zu essen hatten wir immer genug. Brot, Butter, Fleisch kosteten nicht viel. Aber mit Kleidung und Schuhen war es schwierig, nach Kindersachen musste man stundenlang anstehen. Gut, wir kannten es nicht anders, und eine Oma im Westen hatten wir nicht.

Im Urlaub bin ich mit den Kindern fast jedes Jahr an die Ostsee gefahren, das war immer sehr schön. Die Poliklinik hatte kaum Ferienplätze zu vergeben, aber durch die Patienten bekam ich immer mal eine Reise in ein FDGB-Heim, die vom Reichsbahn-Ausbesserungswerk oder einem anderen Meininger Betrieb nicht genutzt wurde. An den Wochenenden waren wir viel mit dem Fahrrad unterwegs oder sind in der Rhön gewandert. Meine Kinder konnten schon schwimmen und Fahrrad fahren, bevor sie in die Schule kamen. Nach meiner Scheidung lebte ich mit den beiden großen Kindern drei Jahre allein. Für mich war das kein großer Unterschied, weil mein erster Mann eigentlich nie da war. Wir hatten sehr jung geheiratet, dann ist er zur Armee, danach hat er ein Jurastudium begonnen. Sieben Jahre führten wir eine Wochenendehe, und als wir dann richtig zusammenlebten, merkten wir, dass es nicht geht. Nicht wegen anderer Partnerschaften, sondern einfach, weil wir verschiedene Auffassungen vom Leben hatten. Für mich galt immer die Devise meiner Oma: geht nicht, gibt's nicht. Und das konnte mein Mann nicht verstehen. Durch Zufall lernte ich in der Poliklinik meinen jetzigen Mann kennen. Wir lebten eine ganze Weile so zusammen – die kleine Tochter ist 1987 geboren, und 1991 haben wir geheiratet. Offensichtlich stimmt der Spruch, den ich mal gelesen habe: In der Ehe ist es nicht wichtig, dass man sich anschaut, sondern dass man in die gleiche Richtung schaut.

Mit drei Kindern war unsere Wohnung zu klein geworden. Deshalb haben wir 1988, in tiefster DDR-Zeit angefangen, ein Einfamilienhaus zu bauen. Das war ein kleines Abenteuer, alles in Feierabendarbeit. Neben dem Beruf und den Kindern hatte ich nun auch noch die Baustelle. Sand sieben und Steine tragen, und am Wochenende musste ich für die Handwerker Frühstück, Mittag und Abendbrot machen. Mein Schwiegervater, mein Vater und unsere Freunde halfen beim Hausbau, und die Omas fassten auch mit an.

In dieser Zeit ging die Grenze auf. Mein Grundgefühl im Herbst '89 war Angst und Unsicherheit. Ich wusste nicht, was kommt und hatte Angst, dass es Bürgerkrieg gibt. Viele Bekannte und Freunde waren weggegangen, und wir befürchteten, dass wir irgendwann alleine und ohne Freunde sind. Trotzdem habe ich immer zu meinem Mann gesagt: Wir bleiben hier. Wir wollten nie weg. Sicher auch, weil wir gerade unser Haus angefangen hatten. Am 9. November lag ich wegen einer Osteoporose-Untersuchung in Erfurt im Krankenhaus. Am Abend hatte ich mich mit meinem Sohn getroffen, der in Erfurt die Sportschule besuchte. Als ich in das Krankenhaus zurückkam, saßen alle Patienten in einem Zimmer: Die Grenze ist auf, die Grenze ist auf! Bei der Heimfahrt am Wochenende waren Riesenautoschlangen unterwegs. In Meiningen ging gar nichts mehr, an allen Kreuzungen standen sie in Richtung zum Grenzübergang Mellrichstadt. Obwohl die Grenze nur zehn Kilometer von Meiningen entfernt war, sind wir lange, lange nicht rüber gefahren. Irgendwann vor

Weihnachten haben wir die Kinder ins Auto gesetzt, um mal zu gucken. Für das Begrüßungsgeld konnten die Kinder kaufen, was sie wollten. In einer Eisenwarenhandlung in Ostheim haben wir einen Kippdrehverschluss fürs Fenster gekauft, der funktioniert heute noch.

Ich arbeitete damals in der Betriebspoliklinik beim Reichsbahn-Ausbesserungswerk. Die Poliklinik wurde gleich geschlossen, denn so etwas gibt es im Westen nicht. Ich hatte das Angebot, Bahnarzt zu werden und bin erst mal geblieben. Aber bald war absehbar, dass ich im RAW nicht existieren kann. In der Tat arbeiten heute von den über 2.000 Beschäftigten noch etwa 180 im Werk. Für mich war klar: einfach nur vorwärts denken und ganz neu anfangen! Das war etwas völlig Neues – eine Schwester anstellen, Räume mieten, die Einrichtung kaufen, Kredit aufnehmen. Riesensummen! In den ersten Monaten träumte ich oft, ich stehe in einem leeren Wartezimmer und kann den Kredit nicht zurückzahlen. Obwohl das gar nicht nötig war, Patienten hatte ich genug. Gemeinsam mit dem Steuerberater haben wir eine solide Planung gemacht und den Ball erst einmal ganz flach gehalten. Der Bänker fragte mich verwundert: Sie wollen einen kleinen Opel? Als Arzt muss man doch einen Mercedes fahren! Mein Grundsatz war, ganz weit unten und langsam anfangen.

Unternehmerin zu sein, ist mir am Anfang sehr schwer gefallen. Wir mussten völlig umdenken, weil in unserer medizinischen Tätigkeit Geld nie eine Rolle gespielt hatte. Ich erinnere mich noch an das erste Seminar, auf dem uns ein westdeutscher Berater das Abrechnungssystem erklärte. Er begann mit dem Satz: Wenn der Patient rein kommt, müssen sie sich gleich überlegen, was sie aus ihm rausholen können. Nach zehn Minuten drehte sich ein Kollege zu mir um und sagte: Mir wird schlecht, ich muss hier raus. Stand auf und ging. Diese Abrechnungssysteme sind eine Gratwanderung zwischen Ausschöpfung der Möglichkeiten und wirtschaftlichem Ruin. Das kann es eigentlich nicht sein, wo doch für uns als Arzt der Patient im Mittelpunkt stehen sollte. Ganz schlimm finde ich, dass es im Gesundheitswesen Aktiengesellschaften gibt, die nichts anderes zum Ziel haben, als Gewinn zu machen. Das sind die Gelder der Krankenkassen, die hier an Privatleute verteilt werden. Hat das etwas mit Gesundheit, mit Krankheit von Menschen zu tun?

Mein Arbeitstag ist lang, da ist nichts mehr mit acht Stunden. In der Regel arbeite ich von morgens um sieben bis abends um neun. 60 Stunden sind heute der Schnitt für einen Hausarzt – mindestens. Da sind Gutachten zu schreiben, die Bankgeschichten muss man selber machen, und das spielt sich alles am Abend und an den Wochenenden ab. Anfangs bin ich abends erst einmal in die Badewanne gegangen und habe die Augen zugemacht. Dann kamen meine Mädchen, setzten sich daneben und wir besprachen, was zu besprechen war. Der lange Arbeitstag hängt vielleicht auch damit zusammen, dass wir im Osten mit den Patienten anders umgehen. Zu mir kommen viele Patienten, die jetzt in den alten Bundesländern arbeiten. Die gehen dort nicht zum Arzt. Ich denke, das hat auch damit zu tun, dass wir nicht Medizin studiert haben, um viel Geld zu verdienen. Wir bekamen im Studium und in unserer Arbeit ein humanistisches Ideal vermittelt, und das haben wir auch selber ausgefüllt. Die Ostärzte gehen irgendwie natürlicher mit den Patienten um, überlegen wo Ursachen für die Krankheiten im sozialen Umfeld oder in der Familie liegen können. Die Barmer Ersatzkasse hat vor kurzem festgestellt, dass sich im Osten die psychischen Erkrankungen in den letzten Jahren vervielfacht haben. Kein Wunder, denn die sozialen Strukturen sind weggebrochen – das Arbeitskollektiv, die Hausgemeinschaft. Die Menschen sehen für sich keine Perspektive, und der Misserfolg macht sie krank. Deshalb bleibe ich dabei: Ein ruhiges Gespräch ist manchmal mehr wert als eine Packung Antidepressiva. Was früher der Pfarrer war, das leistet heute oft der Hausarzt. Probleme mit den Kindern, den Enkeln, mit der Arbeitslosigkeit werden bei uns in der Praxis auf den Tisch gepackt. Das kostet Zeit und Kraft.

Als meine jüngste Tochter flügge war, habe ich begonnen, mich mehr um die Berufspolitik zu kümmern. 1997, noch unter Seehofer als Gesundheitsminister, wurde uns angedroht, die Überschreitungen des Arzneimittelbudgets von den Honoraren der Ärzte abzuziehen. Das hätte jeden Arzt in Thüringen achtzigtausend Mark gekostet. Es gibt nun einmal im Osten mehr kranke Menschen, mehr mit hohem Blutdruck, mehr Zuckerkranke, viel mehr Herzkrankheiten. Gegen diese Ungerechtigkeit haben wir uns gewehrt. Ich gehörte damals zu den Initiatoren des ersten Ärztestreiks in Deutschland. Wir waren fünf Kollegen aus verschiedenen Fachrichtungen, die diesen Streik organisiert und auf dem Erfurter Domplatz geredet haben. Der Domplatz war voll, die Straßenbahn komplett stillgelegt. Aber die Politik hat nicht auf uns gehört. Jetzt sind sie wach geworden, weil sie wissen, dass hier in drei Jahren ein Chaos ausbricht. Ein Drittel aller Hausärzte wird in den nächsten fünf Jahren aus Altersgründen die Praxistätigkeit beenden. Allein in Thüringen werden zirka 300 Hausärzte fehlen. Es kommt keiner und die paar, die wir haben, gehen noch weg. Der Beruf ist unattraktiv geworden. Wir müssen für die gleiche Leistung mit 78 Prozent des Honorars des Westarztes auskommen, haben aber dieselben Kosten und höhere Patientenzahlen. Wenn heute ein junger Arzt seine Ausbildung beendet hat, dann geht er zwölf Kilometer weiter nach Mellrichstadt in Bayern, dort bekommt er 100 Prozent. Kürzlich habe ich an der Uni in Jena einen Vortrag vor Studenten gehalten, die kurz vor dem Examen stehen. Fünf kamen hinterher zu mir, vier sagten gleich, dass sie niemals in den neuen Bundesländern bleiben werden.

Wie es so ist, wenn man sich engagiert: Im Jahr 2000 haben sie mich in den Vorstand der Kassenärztlichen Vereinigung Thüringen gewählt. Dass ich nun die Vorsitzende bin, hatte ich nicht unbedingt gewollt, und ich weiß auch nicht, ob das so gut war. Jeden Tag brauche ich zwei Stunden von Meiningen nach Erfurt und zurück. Mein Alltag ist viel stressiger geworden, vor allem die Verhandlungen mit den Krankenkassen, die Diskussionen mit der Landes- und Bundespolitik. Ich bin dort schon als Kratzbürste bekannt. Einmal in der Woche arbeite ich noch in meiner Praxis. An diesem Tag erhole ich mich und meine Patienten freuen sich, wenn ich mal wieder da bin.

Mein persönliches Leben hat sich nicht wesentlich verändert. Ich koche nach wie vor Marmelade und pflege meinen Garten. Am letzten Wochenende habe ich mit meiner Tochter die Küche tapeziert. Gott sei Dank hat mein Mann jetzt wieder Arbeit. Nach der Wende war er arbeitslos, weil sein Betrieb – die PIKO, wo sie die international bekannten Spielzeugeisenbahnen hergestellt haben – geschlossen wurde. Jetzt arbeitet er als Entwicklungsingenieur in einer Firma, die sich mit Glasfasertechnik beschäftigt – anfangs in München, jetzt wieder in Meiningen. Die Familie ist kleiner geworden. Mein Sohn betreibt zusammen mit seiner Frau eine Eventfirma in Jena, die große Tochter studiert Medizin und auch die kleine will in meine Fußtapfen treten. Offensichtlich bin ich für meine Mädchen kein abschreckendes Beispiel. Sie haben es erlebt, dass eine Frau Medizin studieren und zugleich eine Familie haben kann.

Natürlich können wir jetzt ein paar Sachen machen, die es vorher nicht gab. Das weiß ich zu schätzen. Mit der Familie waren wir auf Madeira, in Norwegen, in Island. Für alle haben wir eine komplette Schiausrüstung gekauft, das war ein Haufen Geld. Unsere wirtschaftliche Lage hat sich stabilisiert, die Schulden aus der neuen Praxis sind inzwischen weitgehend getilgt. Ganz wichtig ist mir, dass uns unsere Freunde in der neuen Zeit treu geblieben sind. Das sind echte Freundschaften, mit denen wir durch dick und dünn gegangen sind, wo materielle Dinge keine Rolle spielen. Die neiden uns nicht das größere Auto, im Gegenteil! Eine Freundin sagte kürzlich zu mir: Wenn ich am Nachmittag in meinem Garten sitze, und du kommst abends spät nach Hause, weiß ich – so willst du nicht leben. Da verzichte ich gern auf das große Auto.

Ich denke ein bisschen mit Wehmut an meine Mädchen, die in diesem System als Ärztinnen arbeiten werden. Wenn sie bestehen wollen, müssen sie sich anpassen, aber wo führt das hin, wenn nicht mehr der Mensch im Mittelpunkt steht, sondern das Geld? Das ist für mich ein ganz großes Problem, und ich sehe keine Lösung. Wenn ich einen Wunsch frei hätte, würde ich mir wünschen, selbst einfach wieder einmal nur Arzt zu sein. Frei von allen Budgets und frei von allen Abrechnungszwängen.

Hannelore Marcon, Augsburg

Viele werden Arzt, um richtig Geld zu verdienen oder wegen des Nimbus der weißen Kittel. Meine Entscheidung für das Medizinstudium hatte einen ganz anderen Grund. Als ich zwölf war, musste ich wegen einer schweren Rippenfellentzündung viele Monate im Bett liegen. Zur gleichen Zeit ging es meiner elf Jahre älteren Schwester Irmgard sehr schlecht. Sie litt von Geburt an einer schweren Erbkrankheit, und alle haben damals gebetet, dass sie endlich sterben kann. In meiner Not bat ich meinen Schöpfer, er möge mir ihre Krankheit geben, weil ich wusste, dass ich stark bin und wieder gesund werde. Aber es ging nicht. Danach habe ich gesagt: Wenn das schon nicht geht, dann werde ich Medizin studieren. Meine Schwester beschützt mich heute noch. Ich behaupte auch, dass meine erste Enkeltochter die Wiedergeburt meiner Schwester ist. Ich bin sehr dankbar, dass ich aus diesem religiösen Motiv zu meinem Beruf gefunden habe.

Der Weg dahin war alles andere als einfach. In Medizin gab es einen Numerus clausus, und mit einer 3,5 im Abitur hatte ich keine Chance. In einer konservativen Stadt wie Reutlingen wurden die Mädchen in den Schulen nicht gefördert. In Physik zum Beispiel sagte der Lehrer: Die Mädchen hören mal weg, das ist nichts für euch. Zum Teil waren die Lehrer noch alte Faschisten, und weil ich schwarze Haare hatte, also nicht blond und deutsch, war ich besonders benachteiligt. Das ist übrigens noch heute so. Meine dunkelhaarige Tochter spürte im Kindergarten, dass die Blonden bevorzugt wurden. Wir sind schließlich in Westdeutschland!

Gott sei Dank gab es in Kiel einen Professor, der nicht nur auf die Noten schaute. Ich konnte bei ihm eine Prüfung ablegen und über Biologie quer in die Medizin einsteigen. Kiel war mir sehr recht, denn ich musste von zu Hause weg. Das Verhältnis zu meinen Eltern und Geschwistern war zu der Zeit nicht besonders gut. Sie wollten nicht, dass ich Medizin studiere, ich sollte Lehrerin werden. In Kiel lernte ich meinen späteren Mann kennen. Wir waren im gleichen Semester. Damals gab es ja an der Uni noch ganz wenig Frauen – ich war eine Exotin. Einen Tag nach dem Physikum haben wir geheiratet. Das war die Zeit des Vietnamkrieges, der Notstandsgesetze und der Studentenunruhen. Plötzlich gab es revolutionäre Zellen, und der SDS, die Jugendorganisation der SPD, wurde aktiv. Bei einer Demonstration sah ich, wie sie mit Hundestaffeln und Nato-Draht den Landtag schützten. Ich dachte, ich bin wieder im »Dritten Reich«.

Weil es mir als Süddeutsche in Kiel nicht gefiel, bin ich mit meinem Mann nach Heidelberg gegangen. Heidelberg war das rote Zentrum der Studentenbewegung. Wir Medizinstudenten fanden heraus, dass in der Internistischen Klinik in Heidelberg unter dem Deckmantel des Fraunhofer-Instituts Versuche mit Impfstoffen gegen Napalmverletzungen gemacht wurden. Der SDS fotokopierte und veröffentlichte die Untersuchungsergebnisse, das schlug wie eine Bombe ein. Wir haben auch gegen Professoren gestreikt, die im Faschismus an Menschenversuchen beteiligt waren. Wie sie uns danach an der Uni behandelten, kann sich heute keiner mehr vorstellen. Damals bin ich auch aus der Kirche ausgetreten, weil ich sah, was die Kirche im »Dritten Reich« zu verantworten hat. Das alles und dazu das scheinheilige Wohlstandsgetue hat mich radikalisiert. Gemeinsam mit meinem Mann habe ich mich deshalb bei den Maoisten im Kommunistischen Bund Westdeutschlands politisch engagiert.

Natürlich musste ich neben all diesen Aktionen auch studieren und das Geld für mein Studium verdienen. Anfangs bekam ich von meinen Eltern 150 Mark im Monat, aber als mein Vater starb, fiel auch das weg. Durch die Nachtwachen lernte ich den Krankenhausbetrieb kennen und wusste, was dort abläuft. Als ich zum ersten Mal an einer Visite teilnehmen durfte, erwartete ich, dass Albert Schweitzer persönlich hereinkommt. Und dann kam so ein Mensch, setzte sich an das Kopfende vom Patienten und drehte sich weg. Ich dachte, ich sehe nicht recht. Das war für mich ein Schlüsselerlebnis und eine Desillusionierung. Mir war klar: Als Ärztin mache ich das anders.

1972 habe ich mein Staatsexamen bestanden, 1974 war ich approbiert. Ich wollte mich eigentlich auf Chirurgie spezialisieren, das gefiel mir, und das konnte ich auch. Aber wir hatten damals schon ein Kind, und bei Chirurgie hätte ich meinen Sohn weggeben müssen. Die Kinderversorgung war ja für uns Frauen im Westen denkbar schlecht. Manchmal beneidete ich die DDR-Frauen regelrecht. Ich musste mich mit meinem Mann immer abwechseln, deshalb habe ich auch nach dem Examen weiter im Krankenhaus gejobbt. Später bekam ich eine Stelle an der Uni-Klinik in Heidelberg. Zu der Zeit bin ich in den Kommunistischen Bund Westdeutschlands eingetreten und habe sogar für den Landtag kandidiert. Wie man sich denken kann, ohne Erfolg. 1976 flog ich als sogenannte Radikale aus der Uni-Klinik und damit aus dem öffentlichen Dienst. Der Chef hatte mich ohne Überprüfung eingestellt, ich glaube, der war ein bisschen verknallt in mich. Als später die Überprüfung stattfand, haben sie mich wegen meiner politischen Vergangenheit und der Mitgliedschaft im Kommunistischen Bund Westdeutschlands entlassen. Nun hatte ich keine Stelle mehr und auch keine Aussicht, jemals wieder im öffentlichen Dienst eine Anstellung zu bekommen. Viele wissen heute gar nicht, dass es in der Bundesrepublik einen Radikalenerlass gab und wie wir behandelt worden sind.

Ich konnte nicht mehr in die Klinik, also was wird aus mir? Zuerst habe ich ein bisschen gejobbt und Praxisvertretungen gemacht. Mir war klar, dass ich mich als praktische Ärztin niederlassen muss. Eine spezielle Ausbildung brauchte ich dafür nicht. Der Kommunistische Bund hatte in Frankfurt, zwei Kilometer Luftlinie von der Deutschen Bank entfernt – also mitten im Zentrum des Monopolkapitals – aus Spenden ein großes Haus gekauft. In das Haus sollte oben eine Arztpraxis rein, also habe ich mit meinen Händen diese Praxis aufgebaut. In der Umgebung wohnten viele Arbeiterfamilien, das hat mir unheimlich gut gefallen. Wir waren ganz große Idealisten – von dort sind mir übrigens etliche führende Grüne bekannt. Nach zwei Jahren haben sie mich rausgeschmissen, weil ich für meine Genossen zu opportunistisch und zu missionarisch war. Ich hatte das einfach ernst genommen, was im Kommunistischen Manifest steht. Als dann später der Kommunistische Bund erklärte, dass die Atomkraft in der Hand des Proletariats etwas Hervorragendes ist, habe ich gesagt: ne, danke! Und bin ausgetreten.

1979 habe ich mich von meinem Mann scheiden lassen. Es ging nicht gut mit uns, weil ich nicht untertänig genug war. Dass ich mich während des Studiums und in meinem Beruf auf gleicher Augenhöhe bewegte, vertrug mein Mann nicht. 1980 bin ich von Frankfurt weggegangen und habe mich zusammen mit einem Kollegen in Augsburg niedergelassen. Da gab es das gleiche Problem, ich musste ihm in der Praxis die Schuhe putzen. Nach einem Jahr hielt ich das nicht mehr aus. Seitdem arbeite ich in meiner Praxis am Stadtrand von Augsburg allein – und es geht mir gut.

Als '89 die Grenze aufging, war ich im Urlaub in der Normandie. Ich dachte, super – das ist die Chance: die guten Sachen von uns und die guten Sachen von denen! Aber die Ostdeutschen sind gleich mit den Westklamotten rumgelaufen, die ich mir nicht kaufen würde. Dann kamen die Autos und die Handys. Das hat mich sehr enttäuscht.

Ich war nur ein einziges Mal in der DDR, Mitte der sechziger Jahre zum Abiturausflug. Ich weiß noch, dass ich mich sehr erschrocken habe, als an der Grenze plötzlich die VoPos reinkamen. Die schnauzten uns an, weil wir kicherten. In Berlin haben wir im Brecht-Theater den Kreidekreis – oder war es Der gute Mensch von Sezuan? – gesehen. Ich weiß nur noch, dass ich mich sehr wunderte, dass die sich trauten, dieses Stück aufzuführen. Schließlich war die DDR doch ein Gefängnis, und so ist es mir dort auch vorgekommen. Ich war froh, als wir wieder in Westberlin waren, in Ostberlin war es mir unheimlich. Danach bin ich nie mehr in die DDR gefahren. Wir Maoisten hatten mit der DDR nicht viel am Hut. Genossen von uns sind nach China gefahren, aber nicht in die Sowjetunion oder in die DDR. Gefallen haben mir die Polikliniken in der DDR, die auf die Tradition sozialistischer Ärzte in den 20er, 30er Jahren zurückgingen. Das wäre auch mein Gesundheitsmodell gewesen.

1991 besuchte ich meine Nichte in Ostberlin, die dorthin geheiratet hatte. Das war damals noch richtig alte DDR. Es sah aus wie bei uns in Nachkriegsdeutschland, genauso runtergekommen, und die Parkplätze waren noch leer. Das Schlimmste war die Hundescheiße, die überall rumlag. Ein paar Mal habe ich inzwischen auf Rügen Urlaub gemacht, das hat mir sehr gut gefallen. Seit einigen Jahren bin ich mit einer Patientin befreundet, die nach der Wende über die ÖTV aus dem Osten hierher gekommen ist. Das ist eine taffe Frau, die kennt sich aus in Ökonomie und Literatur. Sie hat in der DDR eine ganz breite Schuldbildung genossen. Diese polytechnische Oberschule hätten wir Westlinken gerne gehabt. Das stand auch in unserem politischen Programm.

Seit ich hier in Augsburg bin, habe ich viel gelesen, habe Akupunktur gelernt, Homöopathie, Naturheilverfahren. 1997 schloss ich die Ausbildung als Psychotherapeutin ab. Für die Psychotherapie brauchte ich ziemlich lange, weil ich alles aufgearbeitet habe, was uns Flüchtlingskindern widerfahren ist.

Meine Familie kommt aus dem Banat, dem ehemaligen Jugoslawien, wohin die Vorfahren als Donauschwaben vor 300, 400 Jahren ausgewandert waren. Kurz bevor die Russen kamen, ist meine Mutter mit ihren fünf Kindern im Waggon nach Wien geflüchtet. Im August 1945 wurde ich in einem Flüchtlingslager in Österreich geboren. Nach fünf Jahren im Lager durften wir »heim ins Reich«. Unter unerträglichen Bedingungen wohnten wir mit acht Personen bei einer württembergischen Familie in Reutlingen. Wir sprachen nicht richtig deutsch und sahen auch anders aus. Unsere Familie war durch diese totale Entwurzelung sehr unglücklich. Zu Hause gehörten wir zur Intelligenzia und hier waren wir ein Nichts. Einer meiner Großväter war Notar und Bürgermeister, der andere Sägewerksbesitzer, mein Vater Bankdirektor. Er hatte in Jugoslawien für die deutsche Wehrmacht landwirtschaftliche Erzeugnisse requiriert – für mich später ein Grund zu heftigen Auseinandersetzungen mit ihm. Unsere Mutter war sehr, sehr einsam. Sie betrachtete unsere Lage als Strafe, weil sie als Katholische einen Evangelischen geheiratet hatte. In Reutlingen gab es viele Ressentiments gegen uns Flüchtlinge. An allem waren wir schuld. Und dann hatten wir noch diese kranke Schwester, das galt damals in Westdeutschland als erbkranker Nachwuchs. Unter dieser Abwertung habe ich als Kind sehr gelitten. Die neue Disziplin der Psychotraumatologie, die nach dem Bosnienkrieg entstanden ist, hat mir geholfen, mit meiner eigenen Geschichte fertig zu werden.

Gefreut hat mich, als der Deutsche Ärztetag beschloss, dass wir deutschen Ärzte uns nicht dazu hergeben, Asylbewerber abzuschieben. Interessant ist, dass das in Deutschland niemand weiß. Inzwischen ist die Friedensbewegung für mich eine politische Heimat geworden. Dort habe ich viele neue Freunde gefunden. Schon seit Anfang der achtziger Jahre arbeite ich in der Vereinigung »Internationale Ärzte für die Verhütung des Atomkrieges«. Ich bin Sozialistin geblieben und nach wie vor der Meinung, dass der Sozialismus funktionieren wird. Aber dazu gehört natürlich auch Wahrhaftigkeit.

Ich habe eine kleine Praxis, die hat mir immer gereicht. Wichtig ist, dass ich mit den Patienten reden kann, dass auch etwas Verbindendes, etwas Menschliches bleibt. Mit tausend Leuten könnte ich das nicht und will ich auch nicht. Ich habe alle meine Sinne und brauche keinen Ultraschall. Neulich war eine Patientin mit einer Thrombose bei mir. Ich wollte das vom Facharzt verifizieren lassen und habe sie zu einem jungen Kollegen geschickt. Der hat sie mit seinem Ultraschall untersucht und eine neue amerikanische Methode angewendet, die ganz toll sein soll. Die finden ja alles toll, was aus Amerika kommt. Er war der Meinung, es sei keine Thrombose, aber in der Klinik stellten sie fest, es ist doch eine. Darauf habe ich zu ihm gesagt: Sie sehen, auf die älteren Kollegen ist noch Verlass. Schaun sie einfach genau hin! Ich konnte früher und kann auch heute alles für meine Patienten tun. Notfalls arbeite ich umsonst. Sehr schwierig ist es inzwischen mit den Heilmittelverordnungen, vor allem bei der Krankengymnastik. Es sind ja immer die Ärmsten, die unter den Einschränkungen im Gesundheitswesen leiden. Ich habe jetzt etliche Regressandrohungen von den Kassen, weil ich zu viel verordne. Wenn sie versuchen, die Leute halbtot in die Fabrik zu schicken, dann bin ich stark. Und wenn ich der Meinung bin, der kriegt seine Rente, dann kriegt er sie auch.

Ich bin keine strenge Ärztin, aber ich sage den Patienten ganz konsequent, was ich denke. Wenn sie sich beklagen, dass sie zu hohen Blutdruck haben, dann sage ich: Sie sind zu dick, Sie rauchen zu viel. Ich bin nicht liberal, nicht tolerant, ich bin wahrhaftig. Das ist ein Unterschied. Heute hatte ich ein Gespräch mit einem 91-jährigen Mann, der jetzt sterben wird, aber es nicht wahrhaben will. Ich sagte zu ihm: Wir sterben alle, der eine früher, der andere später. Sie sind jetzt dran. Und dann habe ich mit ihm den 23. Psalm gebetet, der ist wunderschön. Ich werde ihm Morphium spritzen und ihn begleiten. Das kriege ich nicht bezahlt, aber das ist mir wurscht. Wir Ärzte sind hier in der Gegend alle ungefähr gleich alt, und wenn wir gehen, ist keiner mehr da. Die Jungen lassen sich nicht nieder, die gehen in die Pharmazie oder sonst wohin. Ich wollte einen jungen Arzt in die Praxis reinnehmen. Es ist mir nicht gelungen, ich finde das bedrückend.

Ich habe noch einmal geheiratet. Einen Maschinenschlosser, weil ich dachte, das müsste besser gehen. Aber ich verdiente mehr als er, und das kann ein westdeutscher Ehemann nicht ertragen. Zum Beispiel fand ich es gar nicht witzig, dass ich bei meinem eigenen Auto nicht auf der Fahrersitz durfte. Ich möchte mal wissen, ob ostdeutsche Männer damit anders umgehen. Inzwischen bin ich zu der Erkenntnis gekommen, dass ich sehr wohl beziehungsfähig bin, aber eben nicht ehefähig. 1984 wurde unsere Tochter geboren, sie ist am gleichen Tag geboren wie ich. Ein Jahr blieb mein Mann mit der Tochter zu Hause und als er Hausfrauendepressionen bekam, haben wir eine Frau genommen. Hier dürfen die Kinder erst mit vier Jahren in den Kindergarten. Damit die Frauen nicht arbeiten können, hat der katholische Pfarrer ganz bewusst verhindert, dass das geändert wird. Später war Kathi zumindest halbtags im Kindergarten. Halb zwölf holte ich sie ab, und dann musste sie mit mir Hausbesuche machen. Wenn Kathi krank war, habe ich sie mit in die Praxis genommen. Das war für uns beide schwer, weil sie oft schon müde war.

Ich bin nicht die konventionelle Mutter, aber wenn meine Kinder mich brauchen, bin ich für sie da. Durch meine Arbeit hatte ich immer wenig Zeit für sie. Wir sind schwimmen gegangen, mit dem Fahrrad gefahren, ich habe vorgelesen. Nur vor Spielen habe ich mich gedrückt, ich hasse Spiele. Mein Sohn Philipp hat als Kind politisch viel mitbekommen. Mein Mann und ich haben ihn schon im Kinderwagen zu Aufmärschen mitgenommen, mit drei Jahren konnte der die Internationale. Später war er in der Jugendorganisation Trommler. Philipp ist nicht getauft, das war die Zeit, als ich keine kirchliche Bindung hatte. Studieren wollte er nicht, weil er nicht so viel arbeiten wollte wie seine Mutter. Heute ist er Rettungsassistent und muss mehr arbeiten als ich. Mein Sohn ist ein ganz Lieber, der erste Mensch, der mich so genommen hat wie ich bin. Er ist schon 13 Jahre verheiratet, so lange habe ich nie durchgehalten. Kathrin will Schauspielerin werden und hat ganz andere Interessen als ich. Manchmal sagt sie: Mama, musst du dich immer anlegen? Natürlich werde ich meine Meinung sagen, wenn ich etwas blöd finde, zum Beispiel beim Elternabend in der Schule. Da kann ich nicht schweigen, und das versteht sie nicht. In den sechs Jahren Pubertät haben wir uns gut gestritten, aber wenn es ums Spirituelle ging, dann waren wir uns einig.

Ich mache gern spirituelle Sachen, nur so für mich selber. Deshalb gehe ich auch gern in Gottesdienste. Ich höre, was die dort sagen und vergleiche das mit meinen eigenen Gedanken. Für mich ist Religion Besinnung auf den nächsten Tag. Ohne etwas Religiöses, etwas Tröstliches, ohne Vertrauen könnte ich den Beruf gar nicht ausüben. Psychotherapeutin ohne Spiritualität kannst du vergessen, du brauchst einen philosophischen, religiösen Hintergrund. Ich bin jetzt 25 Jahre hier und kenne meine Pappenheimer. Ich kenne mich ja auch selber, ich kenne die Krisen meines Lebens. Mir ist nichts Menschliches fremd. Ich habe keinen Glauben, ich bin einfach ein spiritueller, religiöser Mensch. Jedem Selbstmörder kann ich sagen: Ich würde mir das jetzt genau überlegen. Natürlich kannst du dich umbringen, aber ich bin mir fast sicher, dass du genau da, wo du aufgehört hast, im nächsten Leben wieder anfangen musst. Und dann ist es mit dem Suizid vorbei. Als sich Kathrin mit 14 Jahren taufen und konfirmieren ließ, bin ich nach 26 Jahren wieder in die Kirche eingetreten. Ganz schnell war ich im Kirchenvorstand, das mache ich jetzt schon das sechste Jahr. Bei der nächsten Wahl lasse ich mich aber nicht mehr aufstellen, diese kirchlichen Hierarchien und die Machtauseinandersetzungen mag ich nicht.

Ich möchte nicht erst mit 65 Jahren aufhören zu arbeiten. Die Hausarzttätigkeit und die Hausbesuche sind sehr anstrengend. Ich bin ein bescheidener Mensch, ich brauche keinen Mercedes, ich brauche auch nicht die neuesten Instrumente – Bücher sind mir wichtig. Das Haus, in dem ich wohne, gehört mir nicht. Die Möbel im Wohnzimmer sind von IKEA, 1978 gekauft. Ich finde die super, da kann ich wunderbar meine Bücher reinstellen. Ich werde nicht hier in Augsburg bleiben. Am liebsten möchte ich in die Nähe von Heidelberg, an die Bergstraße. Dort würde es mir gefallen, dort habe ich auch Freunde. Aber vorläufig ist es noch nicht soweit.

Die Architektin

Karin Koven, Berlin-Marzahn
geb. 1952 in Berlin
Architekturstudium in Weimar
Dipl.Ing. und Dr. Ing., Architektin
Bauakademie der DDR
Bähler Koven Hensel – Planungsbüro GmbH in Berlin-Marzahn
verheiratet, zwei Söhne

Petra Bosse, Berlin-Kreuzberg
geb. 1951 in Reutlingen
Architekturstudium an der TH Berlin
Dipl. Ing., Architektin
freiberuflich tätig
Architektur- und Planungsbüro BoZiNa in Berlin-Kreuzberg
verheiratet, eine Tochter

In keiner deutschen Stadt wurde in den letzten fünfzehn Jahren so viel gebaut wie in Berlin. Aber weder die Westarchitektin aus Kreuzberg noch die Ostarchitektin aus Marzahn haben davon profitiert. Kleine Büros hatten bei diesem Bauboom kaum eine Chance und Frauenbüros schon gar nicht. Karin Koven und Petra Bosse sehen sich ohnehin nicht als Stararchitektinnen. Ihre Stärke liegt im Umbauen und Ausbauen oder, wie es fachkundig heißt: Bauen im Bestand.

Petra Bosse demonstrierte als Studentin gegen die Verwahrlosung der Häuser in Kreuzberg und beteiligte sich an Selbsthilfeprojekten der Hausbesetzer. Für das Frauenstadtteilzentrum baute sie in einem Hinterhaus der Kreuzberger Naunynstraße Wohnungen für Frauen. Heute hat sie gemeinsam mit ihrer Partnerin in der Naunynstraße ein Architekturbüro. Karin Koven ist erst seit der Wende auf Um- und Ausbauen spezialisiert. In der Bauakademie der DDR entwarf sie Kitas, Schulen und Seniorenheime für den Plattenbau. Gemeinsam mit zwei anderen Frauen aus Marzahn hat sie sich vor 15 Jahren selbständig gemacht und den Kampf ums Überleben aufgenommen.

Dass Petra Bosse das Nur-Frauenbüro favorisiert, Karin Koven dagegen die Zusammenarbeit mit »ihren« Frauen eher als Zufall betrachtet, hat wahrscheinlich mit unterschiedlichen Erfahrungen zu tun. Obwohl Häuser und Menschen in Kreuzberg und Marzahn sehr verschieden sind, unterscheidet sich die Sicht der Architektinnen auf Beruf, Familie und auf die Welt nur wenig. Karin Koven fordert, dass sich Architekten für die Gebäude, Straßen und Plätze, die sie bauen, verantwortlich fühlen und wie die Ärzte einen Eid ablegen sollten. Petra Bosse formuliert das anders, aber es ist die gleiche Idee.

Karin Koven, Berlin-Marzahn

Die Wende war ein Umbruch in meinem Leben, den ich so nie vollzogen hätte. Ich habe mich immer eingemischt, wenn mir etwas nicht passte – an der Hochschule, an der Akademie und auch in unserem Hochhaus. Irgendwie spürtest du aber Ende der achtziger Jahre, dass du immer weniger klären konntest. Bei den Wahlen im Mai '89 war ich mit meinem Mann zur Stimmenauszählung im Wahllokal und merkte, dass da getrickst wird. Unterschwellig hatten wir in dieser Zeit ein ganz ungutes Gefühl, hätten aber nie im Leben dieses Land infrage gestellt. Die Kundgebung am 4. November auf dem Alexanderplatz haben wir zu Hause am Radio verfolgt. Als ein paar Tage später die Mauer aufging, waren wir wie gelähmt. Gehalten hat uns in der Zeit vor allem der Alltag mit den Kindern. Wenn du zwei Kinder in die Welt gesetzt hast, da kannst du nicht kneifen, auch wenn du manchmal möchtest. Gehalten hat mich aber auch die Arbeit an meiner Promotion, die ich unbedingt fertig machen wollte. Ich war in der letzten Phase und wusste, dass die ganze Arbeit umsonst war, wenn ich jetzt nicht einen kräftigen Spurt hinlege.

Fast 15 Jahre war ich damals schon im Beruf und immer hatte sich alles um das industrielle Bauen, um die so genannte Platte gedreht. Als mein Berufswunsch wie bei vielen Mädchen in diesem Alter noch zwischen Lehrerin, Schauspielerin, Architektin hin und her schwankte, entstand vor meiner Haustür ein großes Neubaugebiet mit mehreren zehntausend Wohnungen. Ich fand, dass die Häuser wie Schachteln aussahen, die jemand von der Stange abgeschnitten hatte und dachte: Das müsste man ganz anders machen! So kam ich zum Architekturstudium in Weimar. Ich entschied mich für Weimar, weil mir die Technische Universität Dresden zu technisch und die Kunsthochschule in Berlin zu künstlerisch war. Weimar war der Kompromiss, und: Weimar war das Bauhaus! Auf einen Studienplatz kamen damals fünf Bewerber.

Als nach der Eignungsprüfung die Zulassung im Briefkasten lag, habe ich gejubelt. Wir waren die ersten Studenten, die zielgerichtet mit Blick auf Bauserien und hohe Rationalität ausgebildet wurden. Die früheren Studienjahre begannen noch damit, aus Ton und Lehm Baukörper zu gestalten und entwarfen danach die Grundrisse für die Innenräume der Gebäude. Bei uns war es umgekehrt. Wir begannen mit den Funktionen der Räume, überlegten dann, mit welcher Bauweise man das industriell herstellen kann, und daraus entstand der Entwurf des Wohnhauses, der Schule oder der

Kita. Nach der Wende habe ich gemerkt, dass westliche Architekten ganz anders denken.

In meiner Zeit an der Hochschule wurde das Studium stärker auf den Bedarf der Praxis zugeschnitten und von fünf auf vier Jahre verkürzt, was man später wieder korrigiert hat. Nach jedem Semester mussten wir einen Entwurf abgeben, in dem alles bisher Gelernte praktisch angewendet werden sollte. Das begann mit einem Wartehäuschen für die Bushaltestelle, über den Kinderspielplatz, das Einfamilienhaus bis zu einem kompletten Entwurf für die Stadtplanung. Zwei Dinge haben sie uns an der Hochschule beigebracht, die für mich bis heute wichtig sind: Der Architekt ist der Generalist! Er muss nicht alles selbst können, aber er muss alle am Bau verstehen und koordinieren. Und: Als Architekten sind wir in der Gesellschaft für die gebaute räumliche Umwelt verantwortlich. Ich denke, dass die Architekten genauso einen Eid auf das Wohl und Wehe der Menschen ablegen müssten wie die Ärzte – den Eid für die bauliche Umwelt, für die Hüllen, die sie den Menschen verpassen.

Die Hochschule in Weimar war damals recht konservativ. Wenn in den Semesterferien die Studenten nach Hause fuhren, war Weimar ein wandelndes Museum, und das färbte auch auf die Hochschule ab. Es gab dort deutlich weniger politische Diskussionen, als ich es von meiner Oberschule in Berlin kannte. Einzige Ausnahme waren die Auseinandersetzungen mit den Kommilitonen aus der evangelischen und katholischen Studentengemeinde: Was ist Gott, woran glaubt ihr? Versteckt ihr euch nicht hinter eurem Glauben? Wo muss der Mensch verantwortlich handeln? Darüber diskutierten wir nächtelang, aber eher so im kleinen Kreis. Eine Zeit lang war ich FDJ-Sekretär. FDJ-Arbeit hatte bei uns nicht vorrangig mit Politik zu tun, sondern vor allem mit gemeinsamen Fahrten, der Organisation des Studentenklubs, mit dem Hochschulfasching. Der Weimarer Fasching war immer ein Riesenevent, ganze Truppenteile bereiteten das wochenlang vor.

Stipendium bekam ich nicht, weil das Einkommen meiner Eltern knapp über der Grenze lag, aber ab zweitem Studienjahr erhielt ich Leistungsstipendium. Mit dem Zuschuss meiner Eltern hatte ich alles in allem im Monat etwa 180 Mark. Das war nicht üppig, aber ich kam damit aus. Für das Internat plus Bettwäsche zahlte ich zehn Mark im Monat. Gegessen haben wir in der Mensa, ansonsten versorgten wir uns im Internat, und ab und zu brachte ich von zu Hause etwas Eingewecktes mit. Die Fahrt nach Berlin kostete für Studenten hin und zurück 16 Mark. Seit ich im zweiten Studienjahr zu Silvester Andreas kennengelernt hatte, der damals noch in Berlin studierte, fuhr ich zweimal im Monat nach Hause.

Für mich war klar: Nach dem Studium will ich nach Berlin zurück. Die DDR startete damals gerade ihr großes Wohnungsbauprogramm: In 15 Jahren, also bis 1990, sollten drei Millionen Wohnungen neu gebaut oder modernisiert werden. Deshalb waren wir Architekturstudenten wie alle Baufachleute besonders gefragt und die Absolventenvermittlung an der Hochschule sehr streng. Mein Glück war, dass ich schon seit dem zweiten Studienjahr einen Fördervertrag mit der Bauakademie in Berlin hatte. Als ich 1974 mein Praktikum bei der Akademie machte, wurde dort auf Hochtouren an den Entwürfen für die Wohnungsbauserie 70, bekannt als WBS 70, gearbeitet. Über meinen Praktikumsauftrag war ich begeistert: Ich sollte auf einer Fläche von sechs mal sechs Meter einen Wohnungsgrundriss für eine altenfreundliche Wohnung entwerfen. Bisher gab es in der DDR nur die klassischen Feierabendheime mit Pflegestation. Im Zuge des Wohnungsbauprogramms wurden neue Lösungen mit altersgerechten barrierefreien Wohnungen gesucht. Ich habe mich in die Arbeit gestürzt, Zeitschriften und Kataloge gewälzt und die Bauteile zusammengestellt, mit denen diese Wohnungen gebaut werden können. In der Ingenieurarbeit und der Diplomarbeit konnte ich weiter an dem Thema arbeiten und damit meine berufliche Zukunft bei der Bauakademie besiegeln. Ich landete zwar nicht, wie geplant, im Wohnungsbau, sondern in der Entwurfsgruppe Gesellschaftsbau, die Entwürfe für Schulen, Kindertagesstätten, Jugendklubs, Seniorenheime ausarbeitete. Aber ich hatte ein schöne Aufgabe, konnte etwas Neues entwickeln und das allerwichtigste: Ich kam zurück nach Berlin, zu Andreas.

Für das Wohnungsbauprogramm haben sich die Fachleute natürlich umgesehen, was in anderen Ländern im Plattenbau entsteht. Wir wussten, dass vor allem in Frankreich und Finnland mit der Platte sehr flexibel gebaut wird und bestaunten die Vielfalt der Wohnhäuser, Schulen und Kitas. Die Baukästen und das industrielle Bauen waren ja ursprünglich entwikkelt worden, um individueller und flexibler zu bauen. Aber wir Deutschen sind immer ganz gründlich und perfekt. Statt für kleine Serien mit einer einfachen Form, vielleicht wie im Stahlwerk auch mal mit einer Sandform zu arbeiten, hat unser Maschinenbau aus jeder Plattenform eine tolle, hochproduktive Maschine gemacht, sodass es unmöglich war, eine Steckdose einfach mal 20 Zentimeter niedriger zu setzen. Natürlich spielten dabei auch ökonomische Überlegungen und vor allem die Planerfüllung eine Rolle. Man musste schon sehr genau überlegen, welche Planziele man sich stellte. Im Wohnungsbau wurde lange Zeit die Anzahl der gebauten Wohnungen abgerechnet. Die Folge war: Die Wohnungen wurden immer kleiner, und auch ein Platz im Seniorenheim zählte als Wohnung. Bis einer sagte: Seid ihr denn verrückt geworden? Kleinere Wohnungen sind viel teurer – ich brauche bei jeder Wohnung Bad und Küche, egal ob ich damit einen Raum versorge oder vier. Viel hing aber auch von Personen ab. Die Baukombinate Rostock und Erfurt waren immer Vorreiter und haben sehr viel flexibler gebaut als andere. Das Fünf-Giebelhaus im Zentrum von Rostock beweist, was man mit der Platte machen kann.

Anfang der achtziger Jahre war klar: Ich muss mich entscheiden, ob ich in ein Baukombinat gehe oder an der Akademie bleibe. Wenn ich an der Akademie bleiben will, muss ich promovieren. Damals wohnte ich schon in dem neu entstandenen Bezirk Marzahn und bedauerte immer, dass sich in den Plattenbauten das Leben nur in den Zentren abspielte und die Straße, die Bummelmeile, der kleine Laden, die Kneipe im Wohnhaus fehlte. Ich war überzeugt, dass man das ändern kann und machte es zu meinem Promotionsthema. In der Staatsbibliothek habe ich alte Bauordnungen und Abbildungen aus dem Mittelalter ausgegraben. Alles spannende Sachen: wie die ersten Läden im Schutz der Kirche entstanden sind, und wie später die Geschäfte in das bürgerliche Wohnhaus integriert waren. Die Baukombinate waren an dem Thema sehr interessiert, in Karl-Marx-Stadt wurden schon einige meiner Vorschläge ausprobiert. Ich bin ziemlich sicher, dass etliches davon umgesetzt worden wäre, wenn es die DDR länger gegeben hätte. Als die Wende kam, war mir sofort klar, dass das Thema in Einig-Deutschland wertlos ist. Während meine Akademiekollegen nach dem 9. November ausschwärmten und Kontakte zu Westberliner Büros knüpften, saß ich Tag und Nacht zu Hause über meinen Papieren. Genau einen Tag vor der Wiedervereinigung habe ich die Arbeit mit einem etwas veränderten Thema verteidigt. Beinahe wäre es noch schief gegangen, der Kommissionsvorsitzende hatte sich mit dem Rasenmäher in den Fuß geschnitten. Er kam in Gummistiefeln zu meiner Verteidigung.

Die Akademie wurde zum 31. Dezember 1991 abgewickelt. Wir hatten gehofft, dass zumindest Teile des Instituts überleben können. Von allen Seiten kamen tolle Ideen, plötzlich engagierten sich auch Leute, die zu DDR-Zeiten immer genau wussten, wann Feierabend ist. Wir nahmen Kontakt zu verschiedenen westdeutschen Einrichtungen auf, die sich mit Wohnen und Leben im Alter beschäftigten und erzählten ganz offenherzig, was wir zum altersgerechten Wohnen alles haben und können. Die sagten: Was ihr macht, ist genau das, was wir brauchen. Nahmen unsere Unterlagen und versprachen, sich zu melden. Aber da kam nichts zurück. Die hatten gar kein Interesse, mit uns zusammenzuarbeiten, sondern wollten nur das Wissen der ostdeutschen Architekten abmelken und uns als Konkurrenz ausschalten. Wie alle wissenschaftlichen Einrichtungen wurde die Bauakademie durch die Kollegen aus Partnerinstituten der alten Bundesländer evaluiert. In der ersten Zeit bekam unser Institut eine recht gute Bewertung. Von Mal zu Mal wurden die Bewertungen schlechter und die Situation an der Akademie immer schwammiger, bis dann feststand, dass wir keine Überlebenschance haben. Ich hätte viel früher weggehen müssen, um in einem Westberliner Büro Erfahrungen zu sammeln. Aber ich war immer so ein braver Soldat und einer musste ja alles abwickeln, die Unterlagen archivieren und Beurteilungen schreiben. Heute ärgere ich mich, dass ich nicht das eine oder andere mitgenommen habe. Ich weiß, in welchen Archiven die Unterlagen liegen, aber sie sind mir nicht mehr zugänglich. Einiges ging auch einfach nach mehreren Archivumstrukturierungen verloren.

Ende 1991 lernte ich im Bauverein Karin Bähler kennen. Sie wollte sich mit einem Seniorenpark selbständig machen und fragte mich, ob ich mitmachen will. Seniorenwohnen – da hab ich große Augen gekriegt. Dass es mit der Akademie nichts mehr wird, war schon klar, also haben wir nach Feierabend die Bürogründung vorbereitet. Der Graf von und zu, der den Seniorenpark bauen wollte, erwies sich als Scharlatan und Karin hatte Mühe, ihren Kopf aus der Schlinge zu ziehen. Aber wir wussten jetzt wie es funktioniert und gründeten im Februar 1992 das Planungsbüro »Bähler Koven Hensel«. Angefangen haben wir in einem kleinen Raum im Gewerbepark der DIBAG in Marzahn. Mit Möbeln, die andere weggeschmissen hatten und Büromaterial, das sonst in den Container geflogen wäre. Den ersten Kopierer kauften wir von meinem Überbrückungsgeld. Wir hatten das große Glück, dass uns gleich zu Anfang der Senat auf Initiative eines mutigen Westberliner Senatsmitarbeiters eine Untersuchung für das Sanierungsgebiet Traveplatz/Ostkreuz in Friedrichshain anvertraute. Ihn kotzte es an, wie wir Ostarchitekten überrollt wurden und beauftragte vier neugegründete Ostbüros und ein Westberliner Büro. Das Westbüro war das einzige, das am Ende nicht termingerecht fertig wurde. Wir hatten gehofft, anschließend gemeinsam mit STATTBAU den Auftrag für die Sanierung dieses Gebietes, wo wir inzwischen jede Ecke kannten, zu bekommen. Allein hätten wir uns das Sanierungsgeschäft nicht zugetraut, weil uns damals noch das Know-how fehlte. Aber deren Erfahrung und unsere Ortskenntnisse hätten gut zusammengepasst. Leider bekamen wir den Zuschlag nicht – das wäre Arbeit für 15 Jahre gewesen.

Ein spezielles Profil haben wir für unser kleines Architekturbüro nicht konzipiert, unsere Arbeit ergibt sich aus der Auftragslage. Meist handelt es sich um Bauen im Bestand, also Umbauten und Anbauten von Kitas, kleinen Einkaufspassagen, Gewerberäumen oder auch von Einfamilienhäusern. Wir versuchen, unsere unterschiedlichen Kenntnisse als Pfund zu nutzen. Ich komme vom Wohnungs- und Gesellschaftsbau, Marina Hensel von der Projektierung, Karin Bähler vom Industriebau, sie hat die Anerkennung als Stadtplanerin. Dass wir ein reiner Frauenbetrieb sind, ist eher Zufall. Eigentlich wollten wir das Büro zusammen mit zwei Landschaftsplanern gründen, aber die Männer sind wieder abgesprungen. Ich würde nicht unbedingt sagen, dass ein Frauenunternehmen besser ist. Wir drei haben uns zusammengerauft, aber manchmal war das nicht ganz ohne. Erst nach der Wende habe ich gemerkt, wie gleichberechtigt wir Frauen in der DDR schon waren. Plötzlich saß ich in Beratungen in reinen Männerrunden. Da hattest du als Frau und dann noch mit einem Doktortitel in der ersten Zeit einen Bonus, aber der war schnell aufgebraucht.

Die Suche nach Aufträgen ist für unser Büro ein ständiger Kampf. Gleich nach der Wende haben wir uns bei den Wohnungsunternehmen in den Plattenbaubezirken Marzahn, Hellersdorf und Hohenschönhausen vorgestellt. Wir kannten uns mit den Plattenbauten aus, hatten Dutzende Seminare und Messen besucht und waren mit Sicherheit sehr preiswert. Aber Architekten aus dem Osten wollten die nicht. Eine Wohnungsbaugesellschaft holte Architekten für die Sanierung ihrer etwa dreißigtausend Plattenbauwohnungen aus Bremen, weil der Geschäftsführer aus Bremen kam. Ein Zufall verschlug uns in die Stadt Brandenburg, wo wir einige Jahre an der Sanierung des kommunalen Wohnungsbestandes mitgearbeitet haben. Aber die nehmen inzwischen auch ihre Vor-Ort-Planer, bloß hier in Berlin will man die Vor-Ort-Planer nicht. Momentan haben wir nur zwei feste Projekte: Für einen dänischen Fertighausanbieter machen wir die Bauanträge und für einen Sanitärgroßhandel aktualisieren wir Planungsmappe und Handbuch. Obwohl wir immer Termine und Kosten eingehalten haben und die Qualität stimmt, hören wir überall nur: Wir haben keine Aufträge für Sie. Immer wieder nehmen wir Anlauf, stellen uns vor und beteiligen uns an Ausschreibungen. Oft verläuft das Ganze im Sande und die aufwendigen Vorarbeiten waren umsonst. Ob wir durchhalten werden, weiß ich nicht. Die Büroräume können wir nicht aufkündigen, denn keiner von uns hat ein Haus, in das wir umziehen könnten. Mein Gehalt als Geschäftsführerin habe ich zur Zeit halbiert. Von den 2.410 Euro brutto muss ich mich selbst versichern, bleiben also 1.400 Euro netto – und davon nun nur die

Hälfte! Niemals hätte ich mich selbständig gemacht, wenn ich gewusst hätte, welcher nervliche Verschleiß daran hängt. Ich merke, ich bin dem gesundheitlich immer weniger gewachsen. Wenn es wirklich mit dem Büro nicht klappt, findet sich vielleicht freiberuflich noch eine Chance, oder ich werde Hausfrau, und mein Mann muss mich ernähren.

Die Wende hat mein Leben verändert, wie ich es nie erwartet habe. Ich wäre sicher in der Wissenschaft geblieben, hätte vielleicht eine Leitungsaufgabe in der Akademie übernommen. Ich wäre aber niemals dazu gekommen, den Umbau eines ganzen Hauses zu entwerfen und von A bis Z zu begleiten. Dass ich das jetzt kann, empfinde ich als Glück. Wenn es dann dasteht, das hellerleuchtete Bürgerhaus Marchwitzastraße im ältesten Teil der Marzahner Plattenbausiedlung oder das Haus für Frauen und Mädchen »Hafen« in Marzahn Nord, die beide nach meinen Ideen aus nicht mehr genutzten Kitas entstanden sind, bin ich stolz. Dann vergisst du die monatelange Arbeit, die schlaflosen Nächte und auch die Querelen und Rückschläge, die es gegeben hat.

Als Architektin stößt du mit deinen Vorstellungen natürlich immer an Grenzen. Ich habe noch keinen Bauherren kennengelernt, für den Geld keine Rolle spielt. In der DDR sind wir an die Grenzen des Materials, der Planvorgaben oder an die Grenzen der industriellen Bauweise gestoßen. Aber in der DDR konntest du darüber nachdenken, wie du zum Beispiel am Arkonaplatz im Prenzlauer Berg die Höfe entkernst, mit Wegen verbindest und durch Spielplätze oder Grünanlagen für alle nutzbar machst. Bei unseren Arbeiten im Friedrichshain haben wir ein ähnliches Karree mit mehreren Höfen gefunden. Die hätte man nach dem Muster vom Arkonaplatz verändern können. Aber heute geht das nicht, weil über jedes Haus und jeden Hof ein anderer privater Eigentümer entscheidet. Hier stößt du an die Grenzen des Systems.

Dass wir nach der Wende unsere Büroräume im Plattenbaubezirk Marzahn gemietet haben, hing nicht nur mit unseren beruflichen Plänen zusammen. Ich wohne, wie meine Partnerin Karin Bähler auch, seit über 25 Jahren in Marzahn, und ich wohne gern hier. Als wir nach dem Studium eine Wohnung suchten, galt ja die Platte als etwas Tolles – trocken, sicher, warm. Aber ich war Berliner, und Berliner hatten da keine Chance. Notgedrungen sind wir zu den Schwiegereltern in Berlin-Treptow gezogen. Das erste Kind wurde geboren, das zweite Kind wurde geboren, und wir wohnten immer noch mit den Schwiegereltern in der Dreiraumwohnung. Für Sebastian hatten wir eine Mädchenkammer von drei Quadratmetern hergerichtet, aber Joachim konnten wir dort nicht mit reinstellen. In unserer Not haben wir eine Eingabe an den Berliner Magistrat gemacht und daraufhin hieß es: Sie bekommen eine Wohnung im ersten Halbjahr 1979 – familiengerecht, in Marzahn. Familiengerecht bedeutete eine Drei-Zimmer-Wohnung. Wäre Joachim ein Mädchen geworden, hätten wir vier Zimmer bekommen, weil er ein Junge war, nur drei. Ich hatte einen kurzen Arbeitsweg, Kindergarten und Kaufhalle vor der Nase, die S-Bahn vor der Tür und ich brauchte keinen Ofen zu heizen. Noch heute schätze ich in dieser Wohnlage die Großzügigkeit, die Weite und das viele Grün. Unsere Kinder konnten zur Schule gehen, ohne eine Straße zu überqueren. Das sind die Vorteile der DDR-Plattenbausiedlung. Der Mangel war die fehlende städtische Dichte, die Bummelstraße, die kleinen Geschäfte.

Wir haben die Wohnung auch nie nach dem üblichen Muster Couchgarnitur-Schrankwand eingerichtet. Mit Hochbett für die Kinder und Eltern-Schlafpodest ist zusätzlicher Raum und für mich ein ruhiger Arbeitsplatz entstanden. Zur Wendezeit waren die Kinder 11 und 13, da hätten wir eine andere Wohnung bekommen können. Aber wir wussten damals nicht, was mit uns wird. Und so haben wir uns mit IKEA-Möbeln neu eingerichtet und sind nicht mehr umgezogen, bis heute nicht. Es ist ja auch eine Frage, was du mit dem Geld machst. Wenn wir ins Ballett gehen, dann möchte ich mir die Karte im ersten Rang Mitte leisten können. Also muss ich mir überlegen, was mir mehr wert ist. Im Übrigen liebe ich dieses Haus. Mein Hochhaus ist mit seinen 17 Etagen etwas Besonderes und unterscheidet sich von den Elfgeschossern, wie sie hier in Marzahn typisch sind. Für mich ist das Haus ein Dorf. Das hat 17 Straßen und jede Straße hat acht Wohnungen, immer vier an einem Quadrat. Auf der Fläche davor kannst du tapezieren und Fahrrad reparieren, ein Zelt trocknen oder einen Schwatz machen. Aber wenn du willst, kannst du auch anonym bleiben. Wenn ich keinen sehen möchte, husche ich schnell in meine Wohnung. Und wenn ich das Bedürfnis habe, mit jemandem zu reden, kann ich immer beim Nachbarn klingeln. Wir waren neulich bei Bekannten in einer Reihenhaussiedlung. Kaum steige ich aus dem Auto, sind gegenüber schon drei Mann auf der Terrasse. O Gott, hab ich gedacht – nein, bloß das nicht!

Die Jungs sind inzwischen ausgezogen, aber wir haben bis heute einen sehr guten Kontakt. Wir hatten uns ganz bewusst für die Kinder entschieden und auch mit ihnen gelebt. Am Abend nach der Arbeit hat einer von uns die Hausarbeit übernommen, während der andere mit den Kindern auf den Spielplatz ging oder die Hausaufgaben kontrollierte. Als Sebastian zur Schule kam, arbeitete Andreas ein halbes Jahr verkürzt, damit das Kind nicht so früh in den Hort musste. Ein Tag am Wochenende gehörte ausschließlich den Kindern. Das konnte ein Besuch bei Oma oder im Tierpark sein. Oder aber wir haben gemeinsam einen Hafen oder eine Eisenbahn durch die ganze Wohnung gebaut. Sebastian sagt heute: Wir hatten eine unbeschwerte, behütete Kindheit. Das waren auch die Arbeitsgemeinschaften, das Ferienlager, eine gute Schule, sehr engagierte Lehrer. Ich habe das alles bewusst erlebt und weiß noch heute, wie es sich anfühlt, nicht existenzbedroht zu leben. Und als wir in das Alter kamen und anfingen, an Grenzen zu stoßen, da ging die Grenze auf.

Petra Bosse, Berlin-Kreuzberg

Den ganzen Abend war es ruhig in dem Lokal in Kreuzberg, wo wir gemeinsam mit Freunden den Geburtstag meines Mannes feierten. Plötzlich strömten dort Massen von Menschen herein. Ich sagte zu Werner: Hier ist ja eine irre Stimmung, sicher kommen die von einer Demo. Als wir dann zu Hause den Fernseher einschalteten, sahen wir: Die Mauer ist offen! Ich konnte das Kind nicht allein lassen, aber mein Mann ist gleich los zum Check point Charly. Ich rief sofort meine Partnerin an und sagte: Du Ellen, ich kann heute nicht arbeiten. Ich bin ganz sicher, dass meine Familie kommt. So war es auch – der erste kam morgens um sechs, und im Laufe des Tages kamen sie alle. Die ältere Schwester meines Mannes wohnte in Ostberlin. Sie war in der DDR geblieben, als die Familie kurz vor dem Mauerbau in den Westen ging. Wir hatten immer engen Kontakt zu ihr und waren auch oft in Ostberlin, aber sie waren noch nie bei uns. Die Schwester arbeitete in einem Außenhandelszentrum und sollte eigentlich keine Westkontakte haben. Aber die Nähe zu ihren Geschwistern war ihr wichtiger, lieber hat sie auf Karriere verzichtet. Durch ihre Herzlichkeit bekam ich einen völlig neuen Zugang zu Familie. Hier herrschte eine ganz offene und liebevolle Atmosphäre und obwohl ich von außen kam, hatte ich das Gefühl: Das ist meine Familie.

Ein richtiges Familienleben hatte ich nie kennengelernt. Als ich drei Jahre alt war, starb mein Vater. Meine Mutter arbeitete als Köchin in einer Kindertagesstätte in Reutlingen, und auch als ich schon zur Schule ging, waren wir Kinder immer in dieser Kita. Ich hätte gern studiert, aber in meiner Familie kam Studium für Mädchen nicht infrage. Mein Bruder sollte Abitur machen, für uns Mädchen musste die Realschule reichen. Nach Abschluss der Schule konnte ich zwischen sechs Lehrstellen auswählen – heute unvorstellbar! Meine Mutter riet mir, zur Stadtverwaltung zu gehen, weil man dort durch den Beamtenstatus gut abgesichert ist. Ich habe dann tatsächlich in der Baubehörde angefangen, merkte aber ganz schnell, dass das nichts für mich ist. In der Behörde hatte ich viel mit Architekten und Planungsbüros zu tun und dachte: Das wäre etwas, das würde mir Spaß machen. Damals baute sich jeder auf der Schwäbischen Alb sein Einfamilienhaus, und ich hatte ganz irre Vorstellungen, was für tolle Häuser ich entwerfen könnte. Für mich war klar: Ich will Architektur studieren! Auf der Abendschule holte ich mein Abitur nach und fing mit 26 Jahren an zu studieren. Mit meiner Mutter hatte ich ziemlich viel Stress – wie konnte ich nur nach acht Jahren Baubehörde diese sichere Stelle aufgeben?

Ich hätte in Stuttgart studieren können, aber in Baden-Württemberg war in den siebziger Jahren alles schon so perfekt geregelt, eben eine heile Welt. Ich dachte: Das ist nicht das richtige Leben – ich möchte jetzt raus und mal was anderes sehen. Damals lebte ich schon mit meinem Mann zusammen, der studierte in Tübingen und wollte auch weg. Also haben wir uns beide an der TU in Berlin beworben und wurden angenommen.

Ende der siebziger, Anfang der achtziger Jahre war eine turbulente Zeit in Berlin. Ich wohnte in Kreuzberg SO 36 und erlebte aus der Nähe, wie die Häuser um mich herum verfielen und die Amerikaner mit ihren Panzern durch die Straßen fuhren. Oft wohnten nur noch ein, zwei Mietparteien in einem großen alten Haus. Für mich war klar: Es kann nicht sein, dass die Hauseigentümer ihre Häuser verwahrlosen lassen und danach viel Geld kassieren, um sie wieder instand zu setzen. An der Uni hatten wir den Freiraum, Bürgerinitiativen und Hausbesetzer zu unterstützen, das gehörte einfach dazu. Wir sind auf die Straße gegangen und haben gegen diese Wohnungspolitik und gegen die Autobahn, die sie durch Kreuzberg bauen wollten, demonstriert. Die Hausbesetzerzeit hat mein Studium und meine ganze spätere berufliche Tätigkeit geprägt. In der Naunynstraße, wo heute unser Büro ist, haben wir in dem Frauenstadtteilzentrum in einem ehemals besetzten Hinterhaus Wohnungen für Frauen gebaut, mit Dachgewächshaus und einer Humustoilette. Das Stadtteilzentrum gibt es heute noch, die Wohnungen gibt es noch, das Dachgewächshaus gibt es noch, aber die Humustoilette gibt es nicht mehr. Die hat nicht gut funktioniert, die haben wir später wieder ausgebaut.

Ich merkte ziemlich schnell, wie vielseitig mein Beruf ist. Irgendwann wurde mir bewusst: Die große Stararchitektin, von der ich vor dem Studium geträumt habe, werde ich nicht. Durch die Beschäftigung mit dem

Leerstand bekam ich ein Faible für die Sanierung. Mich interessierte vor allem, was bei den alten Gebäuden erhaltenswert ist, was man an Neuem dazu setzen kann und wie sich das miteinander verträgt. Bei unseren Projekten kümmerten wir uns auch um das soziale und politische Umfeld. Dabei war mir immer wichtig, was während der Bauphase mit den Bewohnern passierte. Vor allem ältere Leute wollten oft nicht wegziehen, obwohl eine Komplettsanierung fast ein Jahr dauerte. Für die Mieter war das eine harte Zeit, ohne Wasser, ohne Toilette, manchmal ohne Strom. Die brauchten unsere Betreuung und waren dafür sehr dankbar.

In den Semesterferien arbeitete ich immer in Architekturbüros und verdiente mir etwas dazu. Mein Bafög war auf zwölf Semester begrenzt, pünktlich im dreizehnten Semester schloss ich mein Studium als Diplom-Ingenieurin für Architektur ab. Ich war inzwischen 32 Jahre alt und lebte schon über zehn Jahre mit meinem jetzigen Mann zusammen. Ich wünschte mir ein Kind, aber ich wusste, wenn ich jetzt in einem Büro anfange, wird das schwierig. Mir war klar: Jetzt ist der richtige Zeitpunkt für ein Kind. Ich war dann auch schwanger, und im August 1983 ist unsere Tochter geboren. Mit Aushilfsjobs konnte ich mich finanziell über Wasser halten. Für die Internationale Bauausstellung habe ich hier in Kreuzberg Architekturführungen gemacht, und das Kind musste immer mit. Als Nora ein Jahr alt war, ging das nicht mehr – ich brauchte unbedingt eine Betreuung. Einen Krippenplatz bekam man aber nur bei einer festen Anstellung, also blieb mir als einzige Möglichkeit, eine Elterninitiativ-Kita zu gründen. Zusammen mit fünf Müttern, die ich von der Schwangerengymnastik kannte, haben wir eine Wohnung gemietet und eine Erzieherin plus Halbtagskraft eingestellt. Wir mussten selbst kochen, selbst putzen und die Buchhaltung machen. Für Miete und Gehälter gab es einen Zuschuss vom Senat, den Rest – und das war ziemlich viel – zahlten wir Eltern. So war Nora wenigstens von 9 bis 13 Uhr versorgt, und ich konnte in der Zeit meine Führungen in der Bauausstellung machen. Zweimal sind wir noch umgezogen, und jedes Mal habe ich eine neue Kita gegründet. Ich hätte gern ein zweites Kind gehabt, damit Nora nicht als Einzelkind aufwächst. Aber mir war klar: Noch ein Kind und selbständig, das funktioniert nicht. Deshalb war mir so wichtig, dass Nora wenigstens in der Kita mit Kindern zusammen ist.

Ich fühlte mich hier in Westberlin immer eingesperrt. Ob wir mit der S-Bahn oder mit dem Auto unterwegs waren, jedes Mal stießen wir an die Mauer. Als Studentin war ich oft zu Exkursionen in Ostberlin, später im

Palast der Republik oder im Kabarett. Ich spürte dort immer eine Bedrückung, die konnte ich nicht ablegen. Wenn ich auf der Straße ging, fühlte ich mich beobachtet. Diese Ängste kamen vor allem durch die Grenzkontrolle. Die fand ich sehr beklemmend, obwohl mir nie etwas passiert ist. Wenn ich mit meinem Mann über die Grenze fuhr, wurden wir immer sehr intensiv kontrolliert. Als unsere Tochter geboren war und hinten im Auto schlief, mussten wir die Rückbänke nicht mehr hochklappen. Von unserem Umtauschgeld haben wir meist Bücher gekauft, vor allem für meinen Mann Mathe- und Physikbücher. Und natürlich Kinderwäsche, die war dort einfach spottbillig. Einmal hatten wir so viel Geld gespart, dass wir für unser Kind einen tollen Puppenwagen kaufen konnten. Den hätten wir uns hier nie leisten können.

Die Grenzöffnung war für mich wie eine Befreiung, ein irres Gefühl! Dass ich das miterlebt habe, ist schon toll. In der ersten Zeit waren wir nur noch unterwegs, Treffpunkt war immer die Mauer. Dort traf man rund um die Uhr viele Menschen und konnte miteinander reden. Komischerweise haben wir uns in den ersten Jahren nach der Wende mit der Schwester meines Mannes und ihren Söhnen nicht öfter getroffen als vorher. Jeder war einfach zu sehr mit sich selbst beschäftigt. Noch heute sind wir am Wochenende viel in der Berliner Umgebung unterwegs. Westberlin hat durch das Umfeld enorm gewonnen. Berlin ist überhaupt eine völlig andere Stadt geworden, man erkennt sie manchmal nicht wieder. Ob das immer gut ist, weiß ich nicht. Ich gehe jetzt nicht mehr so gerne in die Innenstadt, weil es mir dort zu turbulent ist.

Unser Büro hatte in den ersten Jahren nach der Wende eine riesige Nachfrage. Bis Heiligabend kamen Aufträge, zwischen Weihnachten und Neujahr konnten wir nicht einmal in den Schiurlaub fahren. Eine Architektin aus dem Osten bat uns bei einem Frauenhausprojekt in Lichtenberg um Unterstützung. Sie kam von einem großen Architekturbüro und versuchte, im Plattenbau etwas Kreatives zu machen. Das war eine sehr offene Frau, aber sie konnte ihre Selbständigkeit nicht lange aufrechterhalten. Sie sagte: Das ist nicht meine Sache, ich bin nicht die Knallharte. Solche Kooperationen praktizierten wir einige Male, meistens mit Architektinnen. Wir haben auch einige Förderprojekte bei der Sanierung der Plattenbauten betreut. Unser Büro bekam meist die Verantwortung, ich habe die Oberbauleitung gemacht. Später wurde unser Vertrag aufgekündigt, weil sie die Plattensanierung den Ostarchitekten geben wollten, die hätten mehr Erfahrung mit der Platte. Das war das einzige Mal, dass ich dachte: Oh, doof, das hätte ich gerne gemacht. Die Ostarchitekten haben zwar mit der Platte gebaut, aber mit der Sanierung hatten sie nicht so viel Erfahrung.

Dass wir immer mit Frauen arbeiten, ist nicht zufällig und hat sich bewährt. Zwischen Frauen gibt es bis auf wenige Ausnahmen nicht dieses Konkurrenzgefühl. Wir können ganz offen über unsere Unsicherheiten und Ängste sprechen und müssen uns nicht verstecken, vor uns nicht und nicht vor anderen. Meine Partnerin Ellen Nausester habe ich in der Feministischen Organisation für Planerinnen und Architektinnen kennengelernt. Die FOPA hatten Frauen als Gegenstück zur Männer dominierten Architektenkammer gegründet. Bei einem Treffen fragte Ellen, ob nicht eine von uns bei der Sanierung des Gemeindehauses der Kirchengemeinde mitmachen möchte. Ich hatte nach einem Jahr ABM beim Verein SO 36 keinen festen Job und so haben wir, mutig und unbekümmert wie wir waren, zwei Jahre vor der Wende das Büro BoZiNa Architektur und Planung gegründet. BoZiNa heißt: Bosse, Zimmer, Nausester. Frau Zimmer konnte wegen ihres Kindes nicht fest einsteigen, sodass wir im Büro zu zweit sind. Unsere ersten Aufträge kamen überwiegend von Frauen, und auch den Auftrag zur Sanierung des Gemeindehauses hatten wir einer Frau zu verdanken: Die Pfarrerin der Kirchgemeinde war Patin eines besetzten Hauses, in dem Ellen Nausester wohnte.

Für diese Kirchengemeinde von SO 36 haben wir noch jahrelang gebaut. Die hatten ein großes Gemeindehaus und eine Kirche in der Nähe des Görlitzer Parks. Dort hat mich die Kirche wieder eingeholt. Ich bin zwar getauft und konfirmiert, aber Religion spielte in meiner Kindheit und auch später nie eine große Rolle. Dass ich sonntags in den Kindergottesdienst musste, fand ich schrecklich. Bei unserer Arbeit merkte ich, dass diese Gemeinde hier in Kreuzberg nicht so weltfremd ist, wie ich die Kirche aus Reutlingen kannte. Vor allem die Pfarrerin leistete enorm viel für den Kiez, für die Menschen, die sonst durch jedes Raster gefallen wären. Ob das Frauen waren oder Ältere oder auch die schwierigen Kinder und Jugendlichen, die hier in Kreuzberg wohnen. Eines Tages wurde ich bei einer Besprechung gefragt, ob ich Interesse hätte, Mitglied im Gemeindekirchenrat zu werden. Eigentlich hatte ich mit Kirche nichts am Hut, aber ausgetreten war ich bisher nicht. Drei Jahre lang habe ich mir das überlegt und dachte dann: o.k., wenn sich Kirche so versteht, dann kann ich das unterstützen. Und plötzlich war ich in sämtlichen Kirchengremien. Das waren alles ehrenamtliche Tätigkeiten. Diese Arbeit hat mich sehr geprägt. Ich habe dabei interessante Menschen kennengelernt.

Im Büro haben wir keine festgelegte Arbeitsteilung. Ganz schnell ergab sich, dass jede ihre eigenen Projekte macht. Wir bringen die Projekte ins Büro und teilen sie auf, je nachdem, wer gerade Zeit und Lust hat. Eigentlich hatten wir immer genug Aufträge, auch wenn dazwischen mal eine Flaute war. Manchmal haben wir uns jemand dazu geholt und als Arbeitsgemeinschaft an einem Projekt gearbeitet. Wenn das Projekt zu Ende war, hörte auch die Arbeitsgemeinschaft auf. Wir sind beide als Architektinnen sehr bodenständig und bauen nach wie vor viel im Bestand, oft auch im Denkmalschutz. Da muss man gucken, was ist die Qualität des Altbaus und wie kann ich die erhalten. Viele Gebäude sind schon x-mal umgebaut und dadurch so stark verändert, dass man das Original kaum noch erkennt. Dabei will ich das von mir Eingebrachte nicht verstecken, sondern in Konkurrenz mit dem Bestehenden sichtbar machen. Mein Anliegen ist, die Räume zu vergrößern und viel Tageslicht hineinzubringen, also mehr Weite zu schaffen. Aber wirtschaftlich funktioniert es am Ende nur, wenn der Auftraggeber auch bereit ist, es zu bezahlen. Wir machen hauptsächlich Architektur für die Leute, die hart sparen müssen. Einen Dachgeschossausbau können sie sich vielleicht gerade noch leisten, wenn sie selber mit Hand anlegen. Dazu brauchen sie ein kleines Konzept, was aber nicht sehr teuer sein darf. Das ist jetzt unser Klientel. Wir merken, dass alle das Geld zusammenhalten. In den neunziger Jahren ist viel Geld in einen Bauboom geflossen, von dem die Berliner Architekten – mit Ausnahme einiger großer Büros – nicht viel abbekommen haben. Die kleine tägliche Architektur ist dabei völlig vergessen worden. Früher haben wir ganze Mehrfamilienhäuser in einem Satz saniert, das waren lukrative Aufträge. Heute werden größere Bauvorhaben über vier, fünf Jahre gestreckt. Das ist sehr viel mehr Arbeit und sehr viel weniger Geld. Die Kirchen sind genauso betroffen, die spüren auch, dass die Einnahmen aus Kirchensteuern rapide zurückgehen und es kaum noch Zuschüsse gibt. Der Kirchenkreis Kreuzberg hat inzwischen mit Prenzlauer Berg, Stadtmitte, Friedrichshain und Tiergarten fusioniert. Im Westen werden wir oft angefragt, im ehemaligen Ostteil der Stadt kaum. Aber das empfinde ich nicht wirklich als Konkurrenz, ich wäre nur traurig, wenn ich in Kreuzberg ausgebootet würde. Wir haben nie das ganz dicke Geld verdient, deshalb müssen wir uns jetzt nicht so furchtbar einschränken. Bisschen mehr wäre nicht schlecht, das würde ich mir schon wünschen.

Mein Vorteil war immer, dass ich mich voll in die Arbeit hineinknien konnte. Mein Mann arbeitete meist freiberuflich und kümmerte sich viel um die

Kindererziehung. Er übernahm ganz selbstverständlich einen Großteil der Erziehung unserer Tochter. Sie hat das Französische Gymnasium besucht und studiert jetzt an der Freien Universität in Berlin Politikwissenschaften. Inzwischen wohnt sie in ihrer eigenen Wohnung, und wir haben begonnen, alte Freundschaften wieder aufzufrischen, die wegen der Kinder auf Eis lagen. Mein Mann ist über 50. Er ist kein Kämpfer, er kann zwar gut für andere kämpfen, aber nicht für sich selbst. Ende der neunziger Jahre arbeitete er vier Jahre bei der Senatsverwaltung als Wirtschaftsberater, aber als die Mittel knapp wurden, haben sie die befristeten Anstellungsverhältnisse aufgelöst. Bei der Stiftung Warentest hat er eine geringfügige Beschäftigung im Bereich Finanztest, das macht ihm viel Spaß. Hin und wieder bekommt er eine ABM oder eine Weiterbildung.

Zwölf Jahre wohnten wir in dem Wohnhof LiMa Lindenstraße-Markgrafenstraße in Kreuzberg – vis à vis vom Jüdischen Museum. Zusammen mit den anderen Mietern haben wir das Haus in einem Selbsthilfeprojekt ausgebaut und auch selbst verwaltet. Dort kannte ich meine Nachbarschaft sehr gut, wir hatten tolle, wirklich ganz tolle Erlebnisse miteinander. Seit sieben Jahren wohne ich in dem Berliner Randbezirk Britz. Wir haben dort ein winzig kleines Reihenhaus gekauft. Mir kam es nicht darauf an, ein eigenes Haus zu haben, aber ich weiß von meiner Mutter, wie wichtig es ist, mietfrei zu wohnen. Für mich wäre es schwierig, in der Platte zu leben. Diese Architektur fördert nicht die Kontakte, alles bleibt anonym. Während unseres Studiums führten wir eine Bewohnerbefragung im Märkischen Viertel durch und erhielten viel positive Resonanz. Ich dachte damals: Wie kann man im Märkischen Viertel leben? So hohe Häuser, und wenn du aus dem Fenster siehst, sind die Menschen nur noch kleine Punkte. Ich möchte gerne noch erkennen, wer da unten läuft und möchte wissen, wer mit mir in einem Haus wohnt. Das ist ein Zwiespalt in mir: Aus Reutlingen bin ich in eine große Stadt gezogen, weil mich störte, dass jeder jeden beobachtet. Nun lebe ich wieder in einer Reihenhaussiedlung und genieße es sehr, dass ich meine Nachbarn kenne. Wenn ich am Abend aus der lauten Stadt komme und in Britz aus der U-Bahn steige, freue ich mich über die Ruhe und die gute Luft. Oder nachts über das Vogelgezwitscher und die Eichhörnchen im Garten.

Der Autobauer

Michael Stück, Eisenach
geb. 1946 in Essen
Kfz-Schlosser/Studium in Zwickau
Dipl. Ing. (FH) für Kfz-Instandhaltung und Kundendienst
1962 – 1994 Automobilwerk Eisenach
Mitarbeiter u. Leiter Kundendienst
Verein Automobilbaumuseum/Buchautor
verheiratet, eine Tochter, ein Sohn

Karl-Heinz Bartels, Wolfsburg
geb. 1949 in Beienrode/Niedersachsen
Kraftfahrzeugschlosser und Werkzeugmacher

seit 1967 bei VW-Wolfsburg
Bereich Forschung und Entwicklung
Stellvertretender Betriebsrat/IG Metall
verheiratet, zwei Töchter

VW und Wartburg waren im geteilten Deutschland Symbole deutsch-deutscher Befindlichkeiten. Wenn auf der DDR-Autobahn der Golf einen Wartburg überholte, reagierten die Insassen mit unterschiedlichen Gefühlen. Stolz und Überlegenheit beim Golffahrer. Der Wartburgfahrer mit Bewunderung für den Schnelleren, vielleicht auch mit dem Gefühl des Verlierers.

Der Arztsohn Michael Stück hat 32 Jahre im Automobilwerk Eisenach gearbeitet. Er spricht mit Stolz über die Techniker und die Erfolge seiner Wartburg-Mannschaft bei der Akropolis-Rallye, aber auch über verschenkte Chancen bei der Modernisierung des Wartburgs. Als bekennender Christ und wegen seiner Westverwandtschaft stieß er in der DDR immer wieder an Grenzen. Als dann aber die langersehnte Freiheit da war, blieb Michael Stück in Eisenach und hielt seinem Automobilwerk bis zuletzt die Treue.

Karl-Heinz Bartels stammt aus einer Arbeiterfamilie, sein Vater war Maurer. Bei VW konnte man gutes Geld verdienen, und so kam er als junger Mann aus der Kleinstadt Schöningen zu VW nach Wolfsburg. VW ist für ihn weit mehr als ein Brötchengeber. Die Mitbestimmung der Beschäftigten, der Einsatz für den Erhalt der Arbeitsplätze, der Kampf um die Verkürzung der Arbeitszeit hat er von der Pike auf gelebt und auch seinen ostdeutschen Kollegen von der IG Metall vermittelt. Als Betriebsrat sorgt er sich weniger um seinen Arbeitsplatz als vielmehr um das Werk in Wolfsburg und wie es mit VW am Standort Deutschland weitergehen wird.

Karl-Heinz Bartels und Michael Stück leben nur wenige Kilometer von der ehemaligen deutsch-deutschen Grenze entfernt. Die Mühen des Zusammenwachsens sind für sie kein abstraktes Thema, sondern tägliche Erfahrung.

Michael Stück, Eisenach

In meiner Garage steht er noch – der Wartburg, Baujahr 1989, mit VW-Motor. Wenn mein Sohn 18 wird, soll er den Joungtimer geschenkt bekommen. Von den Straßen ist er fast verschwunden, und nur wenige Leute, die heute nach Eisenach kommen, wissen, dass hier nicht nur DIE Wartburg, sondern auch DER Wartburg Geschichte geschrieben hat. Auch meine Geschichte.

Eisenach ist meine Heimatstadt, hier bin ich zur Schule gegangen, hier ist meine Familie, hier habe ich ein Haus gebaut. Aber geboren bin ich im Unterschied zu meinen vier jüngeren Geschwistern nicht in Eisenach, sondern in Essen. Meine Eltern hatten sich im Luftwaffenlazarett in Gotha kennengelernt, wo mein Vater als Arzt und meine Mutter als Krankenschwester dienstverpflichtet waren. Nach dem Krieg entschieden sie sich für Eisenach, die Geburtsstadt meines Vaters. Weil aber 1946 die Verpflegungssituation in Thüringen viel schlechter war als in den Westzonen, fuhr meine Mutter zur Entbindung in ihre Heimatstadt Essen. Die große Frage war, wie man ein im Westen geborenes Kind in die sowjetische Besatzungszone bringt. Mein Vater erzählte mir, dass ihm dabei ein Patient geholfen hat, der an der Zonengrenze in Gerstungen bei der Polizei arbeitete. Dieser Polizist kannte einen Russen, der versprach, mich für eine Flasche Schnaps über die Grenze zu bringen. Daraufhin schob mich der Bruder meiner Mutter zum vereinbarten Zeitpunkt im Kinderwagen an die Zonengrenze und übergab mich dem Russen. Der Russe nahm den Kinderwagen, brachte mich zu dem Polizisten und der brachte mich zu meinem Vater. Auf diesem nicht alltäglichen Weg bin ich Eisenacher und später DDR-Bürger geworden.

Weil mein Vater Arzt war, dachten alle, dass ich auch Medizin studieren will. Mich interessierte aber die Technik, und hätte es zu meiner Zeit schon die Studienrichtung Medizintechnik gegeben, wäre ich wahrscheinlich in dieser Branche gelandet. Meinem Technikinteresse kam es sehr entgegen, dass wir während der Oberschulzeit im VEB Automobilwerk Eisenach einen Beruf erlernten. Dadurch erhielt ich zusammen mit dem Abiturzeugnis meinen Facharbeiterbrief als Kraftfahrzeugschlosser. An der Oberschule hatte ich schon über die Gesellschaft für Sport und Technik, GST, auf einer alten EMW R 35 meine Fahrerlaubnis gemacht. So kam ich zum Motorsport und fand Gefallen an der Automobiltechnik. Das Automobilwerk delegierte mich nach dem Abitur zum Studium an die Ingenieurhochschule

Zwickau. Inklusive Berufsausbildung, anderthalb Jahre Armeezeit und Studium komme ich alles in allem auf 32 Jahre Betriebszugehörigkeit im Automobilwerk Eisenach.

Nach dem Kfz-Technik-Studium wurde ich im Kundendienst des VEB Automobilwerk Eisenach eingesetzt. Meine Aufgabe bestand darin, Manuskripte für Bedienungsanleitungen, Reparaturhandbücher und Ersatzteilkataloge für Kunden und Werkstätten zu erstellen. Das erforderte immer zeitlichen Vorlauf, denn die Herstellung von 200 000 Bedienungsanleitungen in deutsch, englisch, tschechisch, polnisch und vielen anderen Sprachen dauerte etwa ein Jahr. In meiner Verantwortung lag auch die Zusammenarbeit mit Druckerein und Verlagen, die Beantragung der Druckgenehmigung und die Beschaffung der Papierkontingente. Dabei habe ich sehr schnell gelernt, mit den Ellbogen zu arbeiten. Wenn in der Endmontage des VEB AWE Schwierigkeiten auftraten, mussten wir zur sogenannten sozialistischen Hilfe in die Produktion – manchmal sogar in das Berliner Vergaser- und Filterwerk. Das löste nicht gerade Begeisterung aus, aber so lernte ich die Produktion kennen und das war wichtig, um die Werkstätten richtig zu schulen. Ich sah vor Ort, welche Technologien geändert werden mussten und wo ich Verbesserungsvorschläge machen konnte.

Im Kundendienst habe ich nicht ungern gearbeitet, ich war aber enttäuscht, dass dort mein Wissen aus dem Studium teilweise gar nicht benötigt wurde. Schon damals, aber auch später hat mich die Partei der Arbeiterklasse immer blockiert. Der Grund waren meine engen verwandtschaftlichen Kontakte in die Bundesrepublik und die kirchliche Erziehung im Elternhaus. Während des Studiums war ich Sprecher der katholischen Studentengemeinde in Zwickau. Um eine SED-Mitgliedschaft zu vermeiden, trat ich noch an der Hochschule in eine bürgerlich orientierte Partei, in die NDPD ein. Auch das stellte sich später als Hemmnis für meine berufliche Entwicklung heraus. Besonders schmerzlich bekam ich das zu spüren, bevor 1988 der Wartburg 1.3 mit dem VW-Motor in Serie ging und Kundendienstmitarbeiter zur Schulung nach Wolfsburg fuhren. Ich sollte unterschreiben, dass ich »für die Dauer meiner Reisekaderbestätigung« jegliche Kontakte zu den Verwandten in der Bundesrepublik abbreche. Ich sagte: Das unterschreibe ich nicht! – denn ich wusste nicht, wie lange ich als Reisekader für das Nichtsozialistische Weltsystem, NSW, bestätigt wurde. Einer von mir vorgeschlagenen Änderung »für die Zeitdauer der Dienstreise« stimmt man nicht zu. Während meiner Armeezeit als Militärkraftfahrer an der Grenze durfte ich nicht in Urlaub fahren, wenn die Westverwandten bei meinen Eltern zu Besuch waren. Das habe ich akzeptiert, weil klar war, dass damit nach anderthalb Jahren Schluss ist. Aber hier wusste ich nicht, wie lange die Verpflichtung gilt, und deshalb habe ich nicht unterschrieben. Also durfte ich nicht nach Wolfsburg fahren und musste mich bei den Kollegen informieren, wie man den Motor auseinandernimmt und wieder zusammenbaut.

Unsere Eisenacher Konstrukteure haben sich immer bemüht, Fahrzeuge zu entwickeln, die dem Weltstand entsprachen. Insgesamt hatte der Wartburg ein gutes technisches Niveau, er war nicht mehr und nicht weniger störanfällig als die Fahrzeuge aus der westlichen Welt. So konnte der Wartburg mit seinem Drei-Zylinder-Zweitaktmotor bei Rallyeveranstaltungen auf Asphalt zwar leistungsstärkeren Fahrzeugen, wie zum Beispiel Porsche und Audi, bei Weltmeisterschafts- und Europameisterschaftsläufen nicht Paroli bieten, aber auf schweren Strecken schnitt unsere Werksmannschaft gegen die Konkurrenz aus dem Westen immer gut ab. Je unwegsamer die Strecke, je mehr Schotter auf den Wegen, umso besser waren unsere Fahrzeuge. Wegen dieser Eigenschaften wurde der nach England exportierte Wartburg auch nicht in London genutzt, sondern in Schottland, wo Steine und Geröll auf den Straßen lagen. Deshalb war die schwere Akropolis-Rallye in Griechenland bei den Werksfahrern auch besonders beliebt.

Viele Jahre war ich Mannschaftsleiter des »Motorsport Club Eisenach«. Der von mir genutzte Kundendienstwagen B 1000 trug die Beschriftung »Wartburg Rallye Service«. Seine Einrichtung bestand aus einem kompletten Werkzeugsatz und allem, was man beim Motorsport so braucht – einer Werkbank, einem Schleifstein, einem Elektro- und Autogenschweißgerät, einem Notstromaggregat und allen nur erdenklichen Ersatzteilen. Leider durfte ich wegen meiner Westverwandtschaft immer nur gen Osten fahren. Zweimal war ich bei bis zu 40 Grad minus zur »Rallye Russischer Winter«. Auch bei diesen Temperaturen ist der Wartburg hervorragend gefahren! Am besten gefiel mir aber die »Barum Rallye« in Gottwaldov, weil dort viele westdeutsche Sportfreunde teilnahmen. Die Tschechen machten keinen Unterschied zwischen Ost und West und brachten uns alle in einem Hotel unter. Manchmal kamen auch Sportfreunde unserer Werks-Rallyegruppe, die ja keine Westkontakte haben durften, zu mir und sagten: Mensch Mike, kannst du nicht mal den und den westdeutschen Sportfreund einladen, der möchte gerne zur »Wartburg Rallye« nach Eisenach kommen. Ich habe dann die privaten Einladungen ausgesprochen und bei der Polizei die Einreiseformalitäten geklärt. Als Dank sind diese westdeutschen Sportfreunde gleich nach der politischen Wende mit mir als Zuschauer zum Weltmeisterschaftslauf »Akropolis Rallye« in Griechenland gefahren.

Der Zweitaktmotor mit seinen hohen Abgaswerten und die schwere Rahmenbauweise des Wartburgs entsprachen schon lange nicht mehr dem Trend der Zeit. In den achtziger Jahren brachen nach und nach unsere westeuropäischen Exportmärkte weg, denn trotz deren Forderung durften wir keinen Viertaktmotor in den Wartburg einbauen. Obwohl unsere Konstrukteure den Nachweis erbrachten, dass der Einbau eigenentwickelter und fremder Viertaktmotoren in den Wartburg möglich war, ließ sich unsere Obrigkeit von dieser Notwendigkeit nicht überzeugen. Dadurch ist in der Konstruktionsabteilung des Automobilwerkes viel für die Schublade gearbeitet worden. Unsere Werkleitung und auch der Sekretär der Betriebsparteiorganisation waren bereit, die neuen Fahrzeuge auf den Markt zu bringen. Letztendlich war es der Ministerrat und das ZK der SED, die das verhindert haben. Die Aufwendungen sollten sich sofort amortisieren, aber das ist heutzutage in keinem Betrieb möglich. Besonders ärgerten uns die dummen Bemerkungen, dass wir kein neues Auto brauchten, weil der DDR-Bürger doch über zehn Jahre auf das gegenwärtig produzierte Fahrzeug geduldig wartete. Die Obrigkeit hatte keine Bindung zum eigenen Automobilbau, sie fuhren Tschaikas und Tatras. Nicht einmal unsere Betriebsdirektoren durften bei Dienstreisen ihren Wartburg nutzen, sondern mussten Wolga oder Lada fahren. Wenn ich heute Führungen in unserem Automobilmuseum für Besucher von großen Autofirmen wie VW oder BMW mache und ihnen unsere Fahrzeuge zeige, sage ich immer: Wenn bei Ihnen der Bundeskanzler Adenauer und seine Parteifreunde entschieden hätten: Den Pkw dürfen Sie bauen und jenen dürfen Sie nicht bauen, dann wäre wahrscheinlich auch nicht mehr rausgekommen. Das sind keine Techniker, die haben nur die Ökonomie vor Augen – Ökonomie in einer vereinfachten Art und Weise.

Als im Herbst '89 die Grenze aufging, waren wir erst einmal schockiert. Nicht negativ und auch nicht positiv, aber so komisch es klingt, das war einfach eine Schock. Jahrelang hatte ich am Bahnsteig gestanden und mit Tränen in den Augen die Cousins und Cousinen verabschiedet, weil ich nicht wusste, wann ich sie wiedersehe. Plötzlich war alles offen, und ich hätte fahren können. Bei mir hat es vierzehn Tage gedauert, ehe ich das erste Mal mit der Familie nach drüben gefahren bin. Ich musste diese Gefühle sich erst einmal beruhigen lassen. Der Parteigruppenorganisator des

Kundendienstes erzählte mir am Tag nach der Grenzöffnung voller Begeisterung, dass er noch nachts um elf rüber nach Herleshausen ins Hessische gefahren ist. Da habe ich mich gefragt, wes Geistes Kind diese Leute waren, die uns ihre Ideologie einbläuen wollten und dann die Ersten sind, die ihrem Klassenfeind in die Arme laufen.

Ich habe vor der Grenzöffnung nie darüber nachgedacht, in den Westen zu gehen. Nur wenn die Gefahr bestanden hätte, dass man mich wegen einer angeblichen politischen Verfehlung einsperrt, wäre ich wahrscheinlich gegangen. Ich hatte einfach eine zu starke Bindung an meine Familie und an die liebgewonnene Heimat. Die Verwandten aus Essen hatten meinem Vater bereits vor 1961 alle Möglichkeiten geboten, er hätte drüben eine Praxis haben können. Aber er sagte, er lässt seine Patienten nicht im Stich. Wahrscheinlich hat sich das auch auf uns Kinder übertragen. Viele Leute, die mit dem Wartburg gut vertraut waren und früher die rote Fahne kräftig hoch hielten, liefen nach der Wende schlagartig weg. Ich hätte damals auch bei BMW im Historischen Archiv in München eine interessante Arbeit finden können. Aber ich wollte hier nicht weg. Ich habe mich auch anfänglich nicht bei Opel oder anderen Firmen beworben, weil ich den Automobilbau in Eisenach nicht im Stich lassen wollte. Über mehrere Jahre waren noch Garantieabwicklungen und die Produkthaftung für den Wartburg erforderlich, denn die Wartburgfahrer waren ja schließlich nach wie vor Kunden von uns.

Gleich nach der Wende brachen bei uns im Werk die Exporte weg. Das war für das Automobilwerk das größte Problem, denn wir haben immer mehr als die Hälfte der Produktion exportiert. Der Tscheche, der Pole, der Ungar, die hätten plötzlich alle Wartburgs in DM bezahlen müssen und die hatten sie leider nicht. Wir haben noch versucht, in Russland, in der Ukraine, in Litauen auf den Markt zu kommen, aber das ist nicht gelungen. Am 10. April 1991 lief dann der letzte Wartburg vom Band. Das war das Ende einer fast hundertjährigen Automobilbaugeschichte. Der erste Wartburgmotorwagen wurde 1899 in Eisenach ausgeliefert und erhielt bereits im ersten Jahr 22 Goldmedaillen und Erste Preise. Als klar war, dass es vorbei ist, wollten wir wenigstens die Produktionsanlagen verkaufen. Ein potentieller Käufer war die Slowakei, die durch die Trennung von der Tschechei keine Pkw-Produktion mehr hatte. Aber auch sie hätten mit DM bezahlen müssen, deshalb ist aus diesem Geschäft ebenfalls nichts geworden. Mir ist noch heute unverständlich, warum der Liquidator die gut funktionierenden Produktionsanlagen teilweise verschrottet hat, statt sie einem armen Volk zu überlassen. Möglichkeiten zur Rückzahlung gibt es immer. Wir haben schließlich vor der Wende auch im Kompensationsgeschäft die VW-Lizenz-Motoren mit bei uns produzierten Nockenwellen bezahlt.

VW war damals sehr interessiert, in Eisenach einzusteigen. Das wäre ein schöner Dreieckverbund gewesen: die VW Fertigungen in Kassel und Wolfsburg und dazu Eisenach. Aber irgendwie ist VW wohl ausgebootet worden und Opel ist in Eisenach eingestiegen. Zuerst wurde hier der Opel Vectra produziert, heute der Corsa und der Astra. Alle Teile kommen per Zug, die Karosserien aus Saragossa und die Motoren aus Bochum. Hier ist nur die Lackiererei und die Montage. Bei Opel sind jetzt in Eisenach ungefähr zweitausend Leute beschäftigt, im Automobilwerk Eisenach waren wir zu DDR-Zeiten knapp zehntausend Mitarbeiter. Dazu gehörten aber neben den Mitarbeitern aller Produktionsabteilungen, wie Motorenbau, Getriebebau, Presserei usw., die Kindergärtnerin, die Köchin, die Reinigungskraft. Zum Werk gehörten auch eine Betriebspoliklinik mit Schwestern, Chirurgen, Zahnärzten, einer Röntgenabteilung, einer Apotheke und an der Ostsee die Ferienheime. Hinzu kam noch der große Verwaltungsapparat und achthundert Lehrlinge. Man sieht, dass der Vergleich der Beschäftigten früher und heute eine Milchmädchenrechnung ist. Als Folge der Produktionseinstellung ist die Arbeitslosigkeit auch an Eisenach nicht spurlos vorübergegangen. Viele denken, die Ansiedlung von Opel macht Eisenach zu einer reichen Stadt, zu einer Boom-Town. Sie beachten aber nicht, dass die Steuern im Stammwerk in Rüsselsheim gezahlt werden und nicht hier in Eisenach. Deshalb wandern auch viele Facharbeiter und vor allem Jugendliche ins nahe Hessische ab.

1990 wurde ich Kundendienstleiter im Automobilwerk Eisenach, was ich in der DDR aus kaderpolitischen Gründen nicht werden durfte. Meine Hauptbeschäftigung bestand nun vor allem darin, mich vor Gericht mit Bürgern zu streiten, die kurz vor der Wende für dreißigtausend DDR-Mark einen Wartburg gekauft hatten. Vier Wochen später war das Fahrzeug nur noch neuntausend D-Mark wert. Für einen Bruchteil des Geldes hätten sie jetzt eines jener Westautos kaufen können, denen sie jahrelang auf der Transitstrecke sehnsüchtig hinterhergeschaut hatten. Viele Kunden versuchten nun, Mängel an ihrem Wartburg zu finden, damit wir das Fahrzeug zurücknehmen oder zumindest eine Kaufpreisminderung gewähren. Zum Beispiel nahmen wir von einem Doktor aus Berlin nach unendlichen Reklamationen das Fahrzeug tatsächlich zurück. Den habe ich dann persönlich gekauft und ohne Probleme bis 1995 genutzt. Wenige Wochen später tauchte auf meinem Schreibtisch ein Brief von demselben Doktor auf, in dem er um den Ankauf eines gebrauchten Wartburg 1.3 bat. Meinen Antwortbrief hat der sich bestimmt nicht hinter den Spiegel gesteckt. Auch Arbeitskollegen von mir haben sich gleich nach der Wende vom Schrotthändler ein billiges Westauto gekauft. Als sie dann das erste Mal zum TÜV mussten, wurde das neue Auto stillgelegt und der Wartburg war auch weg.

Nach vier Jahren lief der Kundendienst für den Wartburg aus. Danach war ich kurze Zeit Geschäftsführer in einem Autohaus. Was ich dort tun sollte, entsprach nicht dem, was ich über den Umgang mit dem Kunden gelernt hatte. Der Besitzer forderte von mir Entscheidungen, die zwar für seinen Gewinn positiv, aber für den Kunden negativ und für mich gefährlich waren. Um nicht mit dem Gesetz in Konflikt zu kommen, kündigte ich rechtzeitig. Beim Thüringer Bildungswerk musste ich nun einen Einjahreslehrgang für Hoch- und Fachschulkader belegen, der mir vom Arbeitsamt vermittelt wurde. In diesem Lehrgang wurden mir neben Banalitäten auch bereits vorhandenes Wissen erneut vermittelt. Danach bekam ich eine auf drei Jahre befristete Stelle im Eisenacher Stadtarchiv. Dort habe ich das Archivmaterial des Automobilwerkes aufbereitet, welches der Liquidator der Stadt übergeben hatte – und nebenbei natürlich laufend Bewerbungen geschrieben. Ich erhielt nur negative Bescheide: zu alt und durch meine zwei Studienabschlüsse überqualifiziert. Nach der Arbeit im Archiv war ich mehrmals arbeitslos, eine Zeit lang sogar ohne jedes Einkommen, weil alle Arbeitsfördermaßnahmen ausgelaufen waren. Ich bin ein Anwärter auf Hartz IV, aber dann müsste ich meine Lebensversicherung kündigen, und mit meinem Haus hätte ich auch Probleme. Deshalb versuche ich, auf andere Weise zurechtzukommen. Gemeinsam mit einem Graphiker aus Leipzig, der schon zu DDR-Zeiten für mich im Kundendienst gezeichnet hat, habe ich mehrere Bücher über die Geschichte des Automobilbaus veröffentlicht. Aber davon kann man um Gottes willen auch nicht leben.

Jetzt bin ich beim Verein Automobilbaumuseum Eisenach e.V. stundenweise angestellt. Den Verein habe ich gemeinsam mit ehemaligen Kollegen und Vertretern der Stadt gegründet, weil wir merkten, dass unsere im Werk mühsam zusammengetragenen Ausstellungsstücke nach und nach verschwanden. Eines unserer alten Autos hatten sie in Berlin in das Foyer der Treuhand gestellt und schon beim Abladen fragten Leute im Nadelstreifenanzug, wo sie das Auto kaufen können. Da hat es bei uns klick gemacht. Nun kam der Liquidator nicht mehr an uns vorbei, und wir konnten die noch vorhandene Exponate retten. Ich war jahrelang Schatzmeister des Vereins und bis vor einem Jahr Vorsitzender. Den Vorsitz musste ich wegen des Arbeitsvertrages inzwischen abgeben.

Ich bin das zweite Mal verheiratet. Meine Frau war bis zur Wende ökonomische Leiterin im VEB Schalterbau Ruhla. Als Ende 1988 unser Sohn geboren wurde, nutzte sie die günstige Möglichkeit, drei Jahre zu Hause zu bleiben. Aber auch ihr kleiner Betrieb hatte nach der Wende keine Überlebenschancen und existiert heute nicht mehr. Sie arbeitet jetzt vier Stunden als Buchhalterin in einem Altersheim. Meine Frau brachte eine Tochter aus erster Ehe mit. Ihr Hobby ist das Theater, sie sang und spielte schon im Kinderchor des Eisenacher Landestheaters. Jetzt studiert sie an der Fernuniversität in Hagen und wird in diesem Jahr fertig. Mein Sohn geht auf das Gymnasium in Eisenach.

Das Haus, in dem wir wohnen, habe ich 1984 auch mit Fördermitteln vom Automobilwerk gebaut. Im ehemaligen Kohlenkeller richtete ich meinem Vater nach der Wende eine Praxis ein. Für seine bisherigen Praxisräume wollten die Alteigentümer, eine westdeutsche Erbengemeinschaft, fünftausend D-Mark Miete. So viel verdiente er aber gar nicht, denn er hatte bedingt durch sein hohes Alter nur noch wenige Patienten. Oft höre ich noch heute von vielen Leuten: Schade, dass ihr Vater nicht mehr lebt, die Ärzte reden ja gar nicht mehr mit den Patienten.

Das Wichtigste nach der Wende war für mich die Freiheit, die mir als Kind so viel Herzschmerz bereitet hatte. Als meine Oma starb, stand meine Mutter tränenüberströmt vor uns Kindern, weil sie nicht zur Beerdigung ihrer Mutter fahren durfte. Das bewegte mich und meine Geschwister damals sehr – das ist heute Gott sei Dank alles anders. Die neu gewonnene Freiheit hat zwar auch ihre Grenzen, denn aus ganz anderen Gründen kann man auch heute nicht alles machen, was man sich wünscht. Aber allein die lang ersehnten Reisemöglichkeiten! Wer Lust hat, die Welt kennenzulernen, der kann sie kennenlernen, vorausgesetzt natürlich, er hat das Geld dazu. Ich kann heute alles kaufen, das ist positiv. Aber oft stehe ich in der Kaufhalle vor den übervollen Regalen, und die Kaufentscheidung fällt mir schwer, da viele gleichartige Artikel nur andere Namen und andere Preise haben. Das muss nicht sein, aber das ist eben die Marktwirtschaft.

Zu den Verwandten in den alten Bundesländern gibt es kaum noch Kontakte. Die Omas und Tanten sind weggestorben und mit den Cousinen und Cousins sind die Beziehungen inzwischen eingeschlafen. Früher kamen die Onkel, Tanten, Cousins und Cousinen in den Ferien hierher, sind jede Woche zum Friseur gegangen und haben hier eingekauft. Wir mussten Brote mitgeben, weil unser Brot besser schmeckte. Jetzt geben sie uns die Schuld, dass auch sie ihre Arbeit verloren haben. Mir hat sehr weh getan, was ich mir in den letzten Jahren von meinen Cousins und Cousinen anhören musste. Sie begreifen nicht, dass die Wirtschaft der alten Bundesrepublik auch kurz vor einem Kollaps stand und erst durch die Grenzöffnung neue Absatzmärkte entstanden sind, die ihre berufliche Tätigkeit verlängert haben. Jetzt erleben sie, dass der Kollaps nur aufgehalten und nicht beseitigt worden ist. Aber das wird nun uns angelastet.

Die Westverwandten sind in einer ganz anderen Welt mit einer anderen Erziehung groß geworden. Was haben die über die DDR gewusst? Sicher gab es hier viele Bandagen, die aber nicht nur negativ waren. Bei den Pionieren hatte man als Jugendlicher viele Möglichkeiten, seinen Interessen nachzugehen – Modellbau, Motorsport, Basteln, Singen. Heute gibt es für die Jugend kaum noch etwas außer der Disco. Für meine Kinder vermisse ich manches, was mir früher geboten wurde. Viele alte Werte gehen einfach vor die Hunde. Wenn ich allein den Sprachgebrauch meines Sohnes sehe, die vielen Amerikanismen. Da muss man sich über Pisa nicht wundern! Was mir heute besonders fehlt, das ist die Kameradschaft, das sind die Freundschaften, die man zu DDR-Zeiten hatte. Diese Ellbogengesellschaft fällt mir schwer. So hat eben jedes System Positives und Negatives.

Karl-Heinz Bartels, Wolfsburg

Wer zum ersten Mal nach Wolfsburg kommt, wird an seinen Urlaub in Italien erinnert. In den Aufbaujahren holte VW viele Zuwanderer aus Italien, auch Tunesier und Türken, aber vor allem Italiener. Heute ist Wolfsburg eine Stadt mit italienischem Flair – und eine stark expandierende Stadt. Der ehemalige Arbeitsdirektor von VW, Peter Hartz, hatte versprochen, die Arbeitslosigkeit rund um Wolfsburg zu halbieren. Das ist ihm gelungen. In Wolfsburg und Umgebung haben sich in den letzten drei, vier Jahren viele Zulieferfirmen mit einer großen Zahl hochqualifizierter Arbeitsplätze angesiedelt. Das ist phänomenal und hat Wolfsburg einen zweiten Frühling beschert. Und für VW ist das auch gut. Bald sind es vierzig Jahre, dass ich bei VW arbeite. VW ist inzwischen wie die eigene Familie, man freut sich über die Erfolge und leidet unter jedem Misserfolg.

Ich bin in einem kleinen Ort bei Königslutter, 25 Kilometer Luftlinie von Wolfsburg, aufgewachsen. Mein Vater war Maurer, meine Mutter Schneiderin. Als junger Mensch ist man natürlich interessiert, Geld zu verdienen, und das konnte man bei VW. Deshalb wollte ich nach meiner Lehre als Kfz-Schlosser bei der Firma Hatz in Wolfsburg zu VW wechseln.

Das klappte aber nicht, denn es gab ein Abkommen mit den Kundendienstwerkstätten, das den Wechsel aus einer Kfz-Werkstatt in das VW-Werk untersagte. Also legte ich ein halbes Jahr Zwischenstation bei Thyssen-Rohrleitungsbau ein, von dort konnte ich mich bewerben. Der 1. Oktober 1967 ist in meiner Biographie ein historisches Datum, an dem Tag habe ich bei VW in Wolfsburg angefangen. Ich wohnte damals schon in Schöningen, und das bedeutete eine Fahrt von täglich 50 Kilometer hin und 50 Kilometer zurück. Für VW hätte ich jeden Arbeitsweg in Kauf genommen!

Ich begann in der Endmontage, und erst nach einer Umschulung zum Werkzeugmacher konnte ich meinem Wunsch entsprechend in eine Fachabteilung, den Werkzeugbau, wechseln. Dann kam die Bundeswehr und danach landete ich wieder in der Endmontage. Wegen der Absatzkrise gab es 1973/74 einen kräftigen Beschäftigungsabbau, sodass viele aus den Fachabteilungen in die Produktion mussten. Ich wollte natürlich sobald wie möglich in den Werkzeugbau zurück. Das klappte nicht, aber nach einem halben Jahr wurde ich als Werkzeugmacher in die Abteilung Forschung und Entwicklung übernommen. Dort arbeite ich nun schon über 30 Jahre.

Als ich bei VW anfing, bauten wir noch den Käfer. Dann kam der kleine Passat mit Fließheck und Stufenheck. Danach der Variant und dann der 411er und 412er. Das Nonplusultra war natürlich der Golf. Die technische Entwicklung setzte in Wolfsburg relativ spät ein, mit dem Golf ging es ab 1974 technisch voran. Vieles hat sich aus dem Golf entwickelt, ob das der Passat war oder der Audi. Die sind hier in Wolfsburg gebaut und auch entwickelt worden. Zur VW-Familie gehören heute SEAT und Skoda, in allen steckt die Technik von VW. Lange stand VW im Weltmaßstab an der Spitze, inzwischen ist Toyota vorn. Aber an zweiter, dritter Stelle stehen wir nach wie vor, und in Deutschland sind wir unverändert Spitzenreiter. Im Jahr 2005 hat der Volkswagen-Konzern weltweit über fünf Millionen Fahrzeuge verkauft, so viel wie nie zuvor.

Die Arbeit bei VW hat den Vorteil, dass man als Beschäftigter mitreden kann. Ende der achtziger Jahre haben wir die Kooperative Konfliktbewältigung eingeführt, die leben wir bis heute. Als die Konzernleitung in Wolfsburg die vollautomatische Fabrik einführen wollte, hat sich die Mitbestimmung der Belegschaft bewährt. In Brasilien und Mexiko gab es diese Fabrik ohne Menschen schon. Unsere Belegschaft lehnte das ab, und durch unsere starke Interessengemeinschaft konnten wir die vollautomatische Fabrik verhindern, zumindest über Jahre verschieben. Ein anderes Erfolgsbeispiel ist das Modell der 28,8-Stunden-Woche. Anfang der neunziger

Jahre hatte VW wieder einmal zu viele Beschäftigte an Bord, dreißigtausend Leute hätten entlassen werden müssen. Bei zirka 120 000 Beschäftigten in Deutschland wäre das eine Menge Holz gewesen. Über das Verfahren der Kooperativen Konfliktbewältigung haben sich Management und Betriebsrat in einem schwierigen Prozess geeinigt, von der 36-Stunden-Woche auf 28,8 Stunden runterzugehen. Der Monatslohn ist am Ende gleich geblieben, aber Urlaubsgeld, Weihnachtsgeld, dreizehnter Monatslohn sind zum großen Teil der Arbeitszeitverkürzung zum Opfer gefallen. Das war natürlich für viele Arbeitnehmer ein drastischer Einschnitt und löste große Unzufriedenheit aus. Wir mussten als Vertrauensleute immer wieder deutlich machen, dass es besser ist, die dreißigtausend Beschäftigten in Deutschland zu halten, als sie zu entlassen. Die ganze Region rund um Wolfsburg hätte schwer gelitten, wenn so viele sozialversicherungspflichtige Löhne weggefallen wären. Die Arbeitslosigkeit war hier ohnehin groß.

Das VW-Gesetz ist ein Dorn im Auge vieler Aktionäre. Das ist aber auch die Stärke von VW, es sichert eine gewisse Ruhe in der Belegschaft. Ohne das VW-Gesetz und die Sperrminorität von 20 Prozent Aktienanteil beim Land Niedersachsen wäre wahrscheinlich Wolfsburg schon lange nicht mehr Hauptgeschäftssitz von VW. Die Diskussionen darüber gehen seit Jahren. Der Bund hat sein Aktienpaket auf dem freien Markt verkauft und mit dem Land Niedersachsen gibt es ein ständiges Hin und Her. Die frühere SPD-Landesregierung schreckte natürlich vor dem Verkauf zurück und hat entschieden, die VW-Anteile zu behalten. Aber CDU und FDP haben schon immer gefordert, zu verkaufen. Jetzt, wo die CDU in Hannover regiert, ist Ministerpräsident Wulf auch dafür, das Aktienpaket zu halten. Nur von der FDP kommen immer wieder Störungen, die würden lieber heute als morgen verkaufen. Inzwischen haben wir das Problem mit der EU. Der ehemalige EU-Kommissar Fritz Bolkestein aus Holland hat gefordert, das VW-Gesetz zu kippen. Wir müssen abwarten, wie die EU und der Europäische Gerichtshof entscheiden. Es scheint so, als könnten die Gegner des VW-Gesetzes Erfolg haben.

Mein Wohnort Schöningen liegt drei, vier Kilometer von der früheren Zonengrenze entfernt. Da war ein Zaun, eine Mauer, dort konnte man nicht hin. Wir hatten Verwandte im Osten, aber zu denen gab es keine Kontakte. Als in den achtziger Jahren unser Polomotor in Wartburg und Trabant eingebaut wurde, kamen oft Leute aus dem Osten zur Schulung nach Wolfsburg und unsere Kollegen sind auch rüber gefahren. Ich selbst hatte aber damit weniger zu tun. Wenn ich nach Berlin fuhr, wurde ich am Grenzübergang Marienborn immer gründlich gefilzt. Das war sehr unangenehm und ziemlich umständlich. Zur Leipziger Messe ist mir einmal ein Ding passiert. Ich hatte mich auf der A 2 an einem Kreuz verfahren, merkte das aber gleich und hielt an. Niemand zu sehen, also fuhr ich die fünf Meter zurück. Sofort standen Polizisten an meinem Auto, und ich musste bezahlen. Das war schon komisch.

Der Herbst '89 hat bei mir Ängste und Unbehagen ausgelöst. Das war eine neue politische Dimension, mit der ich nicht gerechnet hatte. Als es hieß, dass die Grenzen offen sind, bin ich gleich zum Kontrollpunkt nach Helmstedt-Marienborn gefahren. Die Dunstwolke von den Zweitaktern Trabant und Wartburg riss nicht ab, das war phänomenal. Und die Leute waren alle euphorisch. Innerlich habe ich mich gefreut, überlegte aber auch, was da wohl alles auf uns zukommt. Nach der Grenzöffnung war hier in der grenznahen Region der Bär los. Wir sind regelrecht überlaufen worden. Die Straßen waren verstopft, und in den Rathäusern standen Schlangen, um das Begrüßungsgeld abzuholen. Die Leute staunten natürlich, was es hier alles zu kaufen gibt. Als ich eines sonntags von einem Lehrgang im Harz zurückkam, hatten sie bei uns in Schöningen den Grenzübergang aufgemacht. Ich bin gleich los und zu Fuß über die Grenze nach Hötensleben. Beeindruckend war die Riesenwolke Kohlenmonoxid, die hatten noch alle Braunkohlenheizung und verbrannten auch Holz. Erstaunt war ich, wie groß der Ort ist. Das hatte ich nicht erwartet, das war schon enorm. Ein paar Tage später habe ich mein Auto an der Grenze abgestellt und bin mit einem Kollegen nach dem Kegeln ein Bier trinken gegangen. Zu meiner Überraschung schloss die HO-Gaststätte halb neun. Die Kneipe war bis obenhin voll und der Rubel rollte. Ich fragte die Bedienung: Was ist denn nun los? Die hatten Feierabend. Das war für mich Neuland, als Angestellte war es ihnen völlig egal, ob sie Umsatz machen oder nicht. Ein Gast bemerkte unsere Unzufriedenheit und nahm uns kurzerhand mit zu sich nach Hause. Als wir zu dritt dort ankamen, war seine Frau schon im Nachthemd. So kamen wir doch noch zu unserem Bier. An diesem Abend ist eine Freundschaft entstanden, die hält bis heute.

Bei VW hat sich seit dem Fall der Grenze viel verändert. Vor allem bei »Auto 5000« sind viele aus Thüringen und aus Sachsen-Anhalt beschäftigt, inzwischen kommen sie von überallher. Der Verdienst ist bei »Auto 5000« zwar niedriger als bei den traditionellen VW-Arbeitern, aber eine sichere Arbeit ist heute viel wert. Viele Arbeitsplätze sind inzwischen in das sächsische VW-Werk in Mosel verlegt worden, ob das VW direkt ist oder auch von anderen VW-Firmen. Ich habe aus gewerkschaftlicher

Sicht die Tarifverträge Ost mit begleitet. Die Arbeitnehmer in der ehemaligen DDR waren es ja nicht gewohnt, für ihre Rechte zu kämpfen. Die waren in der Nachwendezeit so eingeschüchtert, dass sie das nie allein bewältigt hätten. Als Wolfsburger haben wir auch die Streikwelle für die 35-Stunden-Woche im Osten unterstützt, die dann allerdings in die Hose ging. Bei VW in Mosel hätte man die Arbeitszeit ohne weiteres angleichen können, aber die Arbeitgeber haben sich natürlich gesträubt, und auch die Politik war dagegen. Am Ende haben die Medien sehr viel kaputtgemacht. Inzwischen sind sie bei VW in Mosel sehr selbständig und selbstbewusst. Die wissen, dass sie Qualität machen und dafür entlohnt werden müssen. Die brauchen heute keine Unterstützung mehr. Anders ist das bei den Kleinbetrieben in den neuen Bundesländern, da habe ich meine Zweifel, ob sie das alleine schaffen.

Auch die Osterweiterung der EU hat für VW Konsequenzen. Arbeitsplätze werden verlagert, nach Mladá Boleslav in Tschechien, nach Poznań in Polen. Ich war dort schon mehrmals vor Ort. Natürlich sind wir bemüht, die Arbeitsplätze in Deutschland und am Standort Wolfsburg abzusichern, aber das wird immer schwieriger. Im letzten Jahr haben wir einen Tarifvertrag abgeschlossen, der Beschäftigungssicherung bis 2011 festschreibt. Das hört sich wunderbar an, aber wenn ich die Klauseln in der Vereinbarung sehe, wird mir Angst und Bange. In den nächsten Jahren wird sich etwas tun müssen. Wir werden Personal abbauen, und es wird Personalüberhänge geben.

Als Gewerkschafter hatte ich mir vieles anders vorgestellt. Angefangen habe ich als Vertrauensmann meines Fachbereichs, mache das Geschäft also von der Pike auf. Nun bin ich schon sechs Jahre stellvertretender Betriebsrat und gehöre der IG Metall-Fraktion im VW-Werk an. An den komplizierten Auseinandersetzungen der letzten Jahre war ich also unmittelbar beteiligt. Dass die SPD unter Schröder die Sozialrechte dermaßen kaputtgemacht hat, ist schon phänomenal. Die Enttäuschung und der Frust war bei der Arbeitnehmerschaft von VW groß, denn schließlich hatten wir ihm damals mit auf den Thron geholfen. Deshalb haben wir uns als Betriebsrat bei der letzten Bundestagswahl zurückgehalten und nicht, wie sonst üblich, eine Wahlempfehlung an die Belegschaft gegeben. Es bringt aber nichts, der Partei den Rücken zu kehren. Wenn man etwas bewerkstelligen will, muss man dabeibleiben und mitarbeiten.

Ich habe immer auf vielen Klavieren gespielt. Neben der gewerkschaftlichen Arbeit im Betrieb und meiner ehrenamtlichen Referententätigkeit bei der IG Metall bin ich auch noch in der Kommunalpolitik in Schöningen für die SPD sehr eingespannt. Eigentlich sollte man nicht so viele Baustellen aufmachen, weil dadurch privat nur wenig Spielraum bleibt. Ich habe von frühester Jugend an Fußball gespielt und es mit Schöningen 08 sogar bis in die Verbandsliga geschafft. Nach einer Verletzung musste ich aufhören und habe nur noch gespielt, um mich ein bisschen fit zu halten. Aber auch das ist später aus Zeitgründen weggefallen. Meine Familie kann ein Lied davon singen, wie oft ich in den vergangenen Jahren nicht zu Hause war. Sicher fasse ich im Haushalt ab und an mit an, aber die größere Last trägt meine Frau.

Meine Frau habe ich, wie das damals so üblich war, in der Diskothek kennengelernt. Familie gründen hatte für mich immer Priorität und als ich 1970 zur Bundeswehr musste, haben wir geheiratet. Wir waren beide noch sehr jung, aber warum sollte ich das Geld, das ich als Verheirateter bei der Bundeswehr bekam, nicht mitnehmen? Meine Frau hat sich vor 25 Jahren hier in Schöningen als Friseurmeisterin selbständig gemacht. Die erste Tochter ist 1974 geboren, die zweite 1978. Meine Mutter hat die Kinder betreut. Die ältere Tochter ist Betriebswirtin bei der VW-Bank. Sie hat einen netten Mann geheiratet und in Braunschweig ein großes Haus gekauft. Die Enkelin wird jetzt ein Jahr. Meine zweite Tochter ist als Friseurmeisterin bei meiner Frau beschäftigt, sucht aber händeringend eine Arbeit an ihrem neuen Wohnort, wo sie mit ihrem Freund zusammen wohnt. Unser Wohnhaus ist Baujahr 1954 und gehört zur Bergarbeitersiedlung der Braunschweigischen Kohlebergwerke. 1980 habe ich es erworben, inzwischen ist es abgezahlt. Die Häuser hier sind alle relativ klein, an die 100 Quadratmeter Wohnfläche. Ich habe 800 Quadratmeter Grund und Boden.

In meiner Jugend hatte ich über den Fußball einen sehr großen Freundeskreis. Wir waren eine Truppe von 30, 40 Leuten und an den Wochenenden immer unterwegs. Mit vier, fünf Familien fuhren wir mit dem Käfer in Campingurlaub – großes Steilwandzelt, Sitze ausgebaut, hoch beladen. Teilweise waren wir mit 20, 25 Leuten unterwegs – Rimini, Venedig, Barcelona, Castell de Fels in Spanien. Da gibt es die tollsten Erinnerungen an Geburtstagsfeiern im Urlaub. Durch die Familie ist später dann alles ein bisschen weniger geworden, die Familie hatte natürlich Vorrang. Inzwischen ist Camping teuer geworden, und bevor du das alles zusammen kramst, nimmst du dir lieber ein Zimmer im Hotel. Heute fahren wir sehr viel nach Dänemark und mieten uns zusammen mit meinem Schwager ein Haus mit Pool, mit Whirlpool und allem drum und dran. Da ist man vom Wetter unabhängig und die Luftveränderung ist schon sehr wichtig. Die

Kosten teilen wir uns. Natürlich machen wir auch Flugreisen nach Kreta, Spanien, die Balearen.

Die Probleme sind heute in Ost und West die gleichen. Aus der Wirtschaft hört man immer nur: Wir können uns das nicht leisten, wir müssen länger arbeiten. Ich weiß nicht, wie wir die Arbeitslosigkeit bekämpfen wollen, wenn die Arbeitszeit wieder verlängert wird. Das ist mir unbegreiflich. In einem Arbeitskreis von Rürup, in dem ich mitgearbeitet habe, hieß es: Wir haben kein Problem mit den Einnahmen, wir haben ein Ausgabenproblem. Das widerspricht sich, denn wenn ich nichts einnehme, kann ich nichts ausgeben. Wenn die Leute eine Beschäftigung hätten, würden sie in die Sozialversicherungskassen einzahlen und die Ausgaben entlasten. Dann wären auch weniger Ausgaben für ABM-Maßnahmen notwendig. Mein Bekannter aus Hötensleben ist Dreher, den haben sie in eine ABM-Maßnahme gesteckt und zum Kraftfahrer umgeschult. Da fasst man sich an den Kopf. Den hätten sie als CNC-Dreher oder CNC-Fräser ausbilden sollen, der hätte schon lange wieder Arbeit. Mit 42 ist er arbeitslos geworden, jetzt ist er 52. Wenn der ins Rentenalter kommt, gibt es ein böses Erwachen.

Nach der Wende ist vieles falsch gelaufen. Da wurden Betriebe im Osten für einen Appel und ein Ei verkauft und anschließend kaputtgemacht. Die Armaturenfabrik in Hötensleben hat einer aus Westdeutschland gekauft, die Produktbestellungen übernommen, das Know-how abgesaugt und dann den Laden dichtgemacht. Andererseits sind die Ostdeutschen oft auch nicht flexibel genug. Sie hatten ihre Arbeitsstelle am Ort und als die plötzlich wegbrach, waren sie ratlos. Ich habe schon oft zu meinem Bekannten gesagt: Du kannst nicht nur am Ort arbeiten, heute musst du flexibel sein. Ich fahre auch jeden Tag 100 Kilometer – daran gewöhnt man sich.

Politisch gibt es nach wie vor Schranken zwischen hüben und drüben. Die Älteren verstehen zum Beispiel nicht, dass die im Osten die gleiche Rente bekommen wie die Leute bei uns. Und die Jüngeren ärgern sich darüber, dass die Betriebe lieber Beschäftigte aus dem Osten nehmen, weil sie billiger sind. In Harbke hat eine Firma aufgemacht, die Kinderspielzeug herstellt; dort wurden nur Leute aus Sachsen-Anhalt eingestellt. Das war bei uns über Jahre ein Problem, hat sich aber inzwischen normalisiert. Ich denke, dass das Zusammenwachsen von Ost und West noch viel Zeit in Anspruch nimmt. Mit unserer Generation glückt das wahrscheinlich nicht mehr, aber in der nächsten Generation wird man kaum noch Unterschiede merken. Vielleicht sprachliche Unterschiede, aber die gibt es überall.

Die Bäuerin

Christa Erdmann, Abtsbessingen/
Thüringen
geb. 1948 in Abtsbessingen
Gärtnerin/Studium in Erfurt
Genossenschaftsbäuerin
in der Schweinemast
verheiratet, eine Tochter, zwei Söhne

Beate Simon, Westerkappeln/
Nordrhein-Westfalen
geb. 1944 in Ostpreußen
Landwirtschaftsausbildung
Bäuerin auf dem eigenen Hof/
Schweinemastbetrieb
verheiratet, zwei Töchter, ein Sohn

Weites fruchtbares Land in der Nähe von Osnabrück, ein einsames Gehöft am Ende des schmalen Weges – dort lebt und arbeitet Beate Simon als Bäuerin auf dem 300 Jahre alten Simon-Hof. Christa Erdmann, die Genossenschaftsbäuerin, ist in einem kleinen Dorf am Nordrand der Thüringer Tiefebene geboren und bis heute geblieben. Dass beide seit mehr als einem Vierteljahrhundert mit Schweinen zu tun haben, ist ein Zufall. Ob das Schwein zurecht als Glücksbringer gilt? Die beiden müssten es wissen!

Durch ihre Lebensberichte zieht sich ein typischer Ost-West-Unterschied. Beate Simon beginnt ihr Berufsleben in einer gräflichen Gutsverwaltung. Später heiratet sie in einen traditionellen Familienbetrieb mit den ihm eigenen familiären Hierarchien. Christa Erdmann in Thüringen ist eigentlich Gärtnerin und kommt auf Umwegen in die LPG ihres Heimatdorfes. Dort hat sie als Genossenschaftsbäuerin eine geregelte Arbeitszeit und freie Wochenenden, vermisst aber die Anerkennung im Beruf.

Beider Lebensgeschichten haben aber auch vieles gemeinsam. Die Alltagspflichten der Landfrau im Mehrgenerationenhaushalt und die schwere körperliche Arbeit ließen ihnen in jungen Jahren kaum Raum für eigene Träume. Inzwischen sind die pflegebedürftigen Eltern gestorben, die Kinder aus dem Haus, und die Arbeit ist durch computergesteuerte Fütterung leichter geworden. Versäumtes könnte jetzt nachgeholt werden, wären da nicht die Gedanken an die Kinder und die Sorge, ob der eigene Hof, ob die Genossenschaft überleben wird. Die Wendezeit hat das Leben der Familie von Christa Erdmann grundlegend verändert, während sie im Alltag von Beate Simon kaum spürbar war. Beide haben ihre Erfahrungen mit den Brüdern und Schwestern im anderen Teil Deutschlands gemacht und sehen fast zwanzig Jahre nach der Wende die »von drüben« eher kritisch.

Christa Erdmann, Abtsbessingen

Meine Eltern hatten nach dem Krieg eine kleine Gärtnerei in Abtsbessingen. Schon als Zehnjährige war ich in den Sommerferien jeden Tag auf dem Feld und habe bei der Veredlung von Kirschbäumchen und Stachelbeersträuchern geholfen. Das machte mir mehr Spaß, als mit den anderen Dorfkindern zu spielen. Als wir in der 9. Klasse gefragt wurden, was wir werden wollten, sagte ich ohne zu zögern: Ich will Gärtner werden. Meine Mutter ist fast umgefallen. Ihr Arbeitstag begann morgens um vier, und nachts nach zwölf ging sie ins Bett. Das wollte sie mir ersparen und hatte für mich eine Lehrstelle im Büro besorgt. Aber mir graute davor, den ganzen Tag hinter dem Schreibtisch zu sitzen, ich brauche Luft, ich brauche Bewegung. Ich habe meinen Kopf durchgesetzt und Gärtner gelernt. Schon in der Schule und auch in der Lehre hatte ich sehr gute Zensuren und wusste, dass ich mehr kann. Also bewarb ich mich nach der Facharbeiterprüfung kurzerhand an der Fachschule für Gartenbau in Erfurt. Ich musste mich um alles selbst kümmern, mein Vater war Anfang der zehnten Klasse gestorben, und meine Mutter ist nie aus Abtsbessingen herausgekommen. Ich kannte mich in Erfurt nicht aus, aber ich habe mich durchgefragt. Bei dem Aufnahmegespräch hätten sie mich fragen können, wann ich geboren bin, ich hätte es nicht gewusst, ich war leer. Eine Woche später bekam ich Bescheid – ich war angenommen.

Mein Schwerpunkt im Studium war der Obstbau, aber ich habe auch sonst überall reingeschnuppert. Der Dozent für Obstbau merkte, dass ich mit Leib und Seele dabei war. Gegen Ende des Studiums sagte er zu mir: Du Christa, ich habe für dich einen Bomben-Einsatzbetrieb. Du kannst in der Baumschule in Kröpelin im Bezirk Rostock anfangen. Zu der Zeit war ich schon verheiratet und schwanger. Mein Mann war mit mir in eine Klasse gegangen und hatte auch Gärtner gelernt. Er wäre viel lieber Schlosser geworden, aber damals musste wenigstens ein Kind aus jeder Bauernfamilie einen landwirtschaftlichen Beruf erlernen. Als ich meinem Mann von der Arbeit in Kröpelin erzählte, sagte er postwendend: Ich geh da nicht mit. Er war während seiner Armeezeit in Rostock und hatte genug von diesem vielen Sand dort oben. Ich ließ mich einschüchtern. Heute weiß ich, er wäre mitgegangen, er hätte mich nicht alleingelassen.

1970 ist unsere Tochter geboren. Als sie ein halbes Jahr alt war, begann ich in meinem ehemaligen Lehrbetrieb in Greußen als Lehrausbilder. Die Kleine behielt tagsüber meine Mutter. Kurze Zeit darauf war ich wieder schwanger. 1972 das zweite Kind – ein Junge. Jetzt stand ich da. Eine Krippe gab es hier im Ort nicht, und im Kindergarten nahmen sie die Kinder erst mit drei Jahren. Also musste ich meine Arbeit aufgeben. Als der Junge zweieinhalb Jahre war, bekam ich einen Kindergartenplatz. Aber nun fand ich keine Arbeit, denn in unserer Gegend gab es keine Obstbaubetriebe. Ich war sehr unglücklich, dass kein Weg in meinen Beruf zurückführte.

Eines Tages sagte mein Schwiegervater: Mädchen, ist es nicht egal, was du machst? Wir suchen in der Genossenschaft jemanden für den Kuhstall. Obwohl ich noch nie etwas mit Kühen zu tun hatte und nicht melken konnte, sagte ich zu. Am Anfang spürte ich manchmal meine Hände nicht mehr. Alles Handarbeit, wir hatten noch keine Rohrmelkanlage und mussten in Kannen melken. 1978 war ich wieder schwanger. Da habe ich gestreikt. Mit einem Kleinkind im Hause konnte ich unmöglich früh um vier in den Stall gehen. Mein Brigadier hatte die brillante Idee: Geh doch in den Schweinestall, dort beginnt die Schicht erst um sechs.

Inzwischen arbeite ich fünfundzwanzig Jahre im Schweinestall der Genossenschaft und habe alle Höhen und Tiefen mitgemacht. Am Anfang wurde das Futter noch mit der Schubkarre gefahren, das war eine Riesenknufferei. Im Winter froren die Kartoffeln und die Rüben im Futterhaus fest. Mit der Kreuzhacke haben wir sie losgehackt und auf die Förderbänder geschaufelt. Das war alles noch ziemlich primitiv. Anfang der achtziger Jahre baute die Genossenschaft vier neue Ställe. Nach und nach wurden die alten Ställe ersetzt, die Produktion lief dabei weiter. Wenn alle Ställe voll waren, hatten wir 3 000 Schweine. In den neuen Ställen gab es Rohrleitungen und Tröge, sodass die Tiere von beiden Seiten fressen konnten, alles war moderner und die Arbeit viel leichter.

Die Genossenschaft hat sich im Laufe der Zeit sehr verändert. In Abtsbessingen gab es viele Bauern, die Anfang der sechziger Jahre freiwillig in die Genossenschaft eingetreten sind, weil ihre Betriebe sehr klein waren und sie kaum das Existenzminimum schafften. Schon vor der Gründung der LPG haben die sich gegenseitig geholfen und gemeinsam Maschinen gekauft. Diese Bauern waren der Kern der Genossenschaft. Bei meinen Eltern war das anders, die sind in die Genossenschaft gezwungen worden. In den zehn, fünfzehn Jahren nach dem Krieg hatten sie sich mit ihrer kleinen Gärtnerei ganz mühsam hochgearbeitet. Als die LPG gegründet wurde, hatten sie es gerade soweit geschafft, dass die Familie davon leben konnte. Mein Vater wollte nicht in die Genossenschaft. Er hatte den Betrieb mit so vielen Entbehrungen aufgebaut und wollte ihn für seinen Sohn erhalten.

Ich erinnere mich an den Abend, als drei Mann aus Sondershausen bei uns waren. Die Eltern schickten uns raus, aber wir haben auf dem Flur gelauscht. Die Mutter weinte, mein Vater war verzweifelt. Das hat ihn und auch meinen Bruder zum Gegner der DDR gemacht. Später leitete mein Vater in der LPG die Gärtnerei, aber bald danach ist er krank geworden, und die Gärtnerei ist eingeschlafen. Meine Mutter arbeitete in der Genossenschaft im Feldbau. Sie sagte oft: Im Nachhinein ist es gut, dass die LPG gekommen ist. Wenn wir privat geblieben wären, würde ich längst im Grabe liegen. Arbeitsmäßig ging es ihr in der LPG einfach besser.

In den ersten Jahren gab es in Abtsbessingen eine LPG Typ I. Die bewirtschafteten nur die Felder genossenschaftlich, die Viehwirtschaft blieb privat. Die Böden sind hier sehr gut, eigentlich wächst bei uns alles – Zuckerrüben, Kartoffeln, Getreide, Mais. Wir sind damals gleich in die LPG Typ III eingetreten, wo auch die Schweine und Rinder genossenschaftlich versorgt wurden. Ein Schweinchen haben wir aber immer selbst gehalten und auch ein paar Hühner. Für uns als junge Familie mit drei kleinen Kindern war die Genossenschaft ideal. Wir verdienten nicht schlecht. Es war kein Riesenverdienst, aber wir konnten gut leben und auch etwas sparen. Für die Arbeit in der LPG bekamen wir Arbeitseinheiten, die wurden dann in Mark umgerechnet. Zwei Drittel bekamst du als Lohn ausgezahlt, ein Drittel blieb erst einmal in der LPG. Am Jahresende gab es die Endauszahlung, das war noch einmal ein schöner Betrag. Auf die Arbeitseinheiten bekamen wir auch Naturalien – Getreide, Kartoffeln, Runkeln. Für die Naturalien brauchtest du nichts zu bezahlen, die wurden gratis nach Hause geliefert. So konntest du dir ein bisschen Vieh halten, und wenn du fleißig warst, hat sich das gelohnt.

In den achtziger Jahren haben sich die Genossenschaften aus Abtsbessingen, Rockstedt, Bellstedt und Thüringenhausen zu einer großen Genossenschaft zusammengeschlossen. Feldbau und Tierzucht wurden getrennt, ich gehörte zur LPG Tierzucht. In Abtsbessingen hatten wir einen Kuhstall, einen Schafstall und vier Schweineställe. In Rockstedt gab es einen großen Bullenstall, einen Kälberstall und einen Schafstall. In Bellstedt war eine große Milchviehanlage und in Thüringenhausen waren die Kälber. Das war dann schon eine richtige Großproduktion.

Im Schweinestall gab es wie in der Industrie feste Arbeitszeiten. Von sieben Uhr früh bis viertel zwölf, und nachmittags noch einmal von eins bis halb fünf. Zum Verladen mussten wir manchmal auch nachts raus, aber das wurde extra vergütet. Mit den Jungfacharbeitern waren wir im Stall insgesamt neun Mann, jetzt sind wir nur noch anderthalb. Wir Frauen bekamen jeden Monat einen Haushaltstag, und wenn ich mit den Kindern zum Arzt musste, dann konnten wir das untereinander absprechen. Seit 1980 gab es hier im Ort eine Großküche, die für die ganze Umgebung gekocht hat. Die Kinder bekamen in der Schule ihr Essen, mein Mann und ich haben in der LPG gegessen, und für die Mutter nahm ich das Essen mit nach Hause. Dadurch hatte ich mehr Zeit für mich.

Meine Arbeit erledigte ich immer nach bestem Wissen und Gewissen, aber eine besondere Anerkennung bekam ich dafür nicht. Vielleicht war ich den Chefs zu unbequem. Wenn mir etwas nicht gefiel, dann habe ich es gesagt, ob sie es hören wollten oder nicht. Mein Mann war viermal Aktivist, ich nicht einmal. Die schönste Anerkennung meiner Arbeit war eine Reise auf die Krim, die mir die LPG geschenkt hat. Das bleibt für mich ein unvergessliches Erlebnis, mitten im Winter kamen wir in Jalta bei zwanzig Grad plus direkt in den Frühling.

Ich hätte in der Genossenschaft ganz gerne Brigadier gemacht. Aber in meinem Hinterkopf war immer: Du musst erst einmal deine Kinder aus dem Gröbsten raus haben, die brauchen dich. Außerdem war zu der Zeit meine Mutter sehr krank, sie hatte Alzheimer. Anderthalb Jahre lag sie im Bett, ohne dass sie sprechen konnte. Manchmal schlief ich vor Erschöpfung im Sessel neben ihrem Bett ein. Ich hätte sie ins Altersheim geben können, aber das kam für mich nicht infrage. Obwohl ich nicht gläubig bin, war es selbstverständlich, dass ich sie zu Hause pflege. Ich bin zwar konfirmiert, aber in der DDR-Zeit aus der Kirche ausgetreten. Da hat niemand Druck auf mich ausgeübt, Religion gibt mir einfach nichts. Mich ärgert immer, wenn Leute, die so alt sind wie ich, sagen: Sie wurden unter Druck gesetzt, sie mussten in die FDJ oder sie mussten in die Partei. Mich hat zum Beispiel keiner in eine Partei gepresst. Der Stellvertretende Direktor der Fachschule, das war ein ganz Roter, hat mich ein einziges Mal gefragt, ob ich nicht in die Partei will. Ich habe gesagt: Herr Doktor Schmidt, das tut mir sehr leid, ich bin dafür einfach nicht reif genug. Wenn ich denke, dass ich in die Partei gehen will, dann sage ich das. Danach hat mich niemals wieder jemand gefragt.

Wir waren eigentlich zu DDR-Zeiten recht glücklich, du brauchtest dir keine Sorgen zu machen. Ich habe nie daran gedacht, dass mich einmal solche Zukunftsangst quälen könnte wie jetzt. Wir haben uns das Häuschen gebaut, 1980 sind wir eingezogen. Normalerweise bekam man mit der Baugenehmigung das Material zugeteilt, aber wir wollten nicht warten bis wir dran sind. Beim Amt sagten sie uns klipp und klar: Ihr könnt bauen, das

Material müsst ihr euch aber selber besorgen. Mein Mann musste mächtig kämpfen, um das Material ranzuschaffen, das war das Schwierigste überhaupt. Im Dorf hatten wir einen sehr guten Zusammenhalt. Abends nach der Arbeit kamen die Brüder, manchmal auch der Nachbar, und halfen auf der Baustelle. Das war ganz anders als jetzt. Es gab auch nicht so einen Neid wie heute. Jetzt schreiben sie in die Arbeitsverträge: Über den Arbeitslohn zu sprechen, ist ein Kündigungsgrund. Zu DDR-Zeiten hat jeder gewusst, was der andere verdient. Was ist denn schlimm daran? So entsteht doch nur Misstrauen, und schon der Verdacht reicht, um eine Kluft zwischen den Menschen zu schaffen.

Ich denke, wir haben in unserer Ehe wirklich eine gute Gleichberechtigung. Um das Geld und das Konto kümmere ich mich. Wir hatten nie getrennte Kassen. Mein Mann scheut sich auch nicht, ab und an mit abzuwaschen. Gut, mit dem Kochen hat er es nicht so. Aber wenn es mir mal schlecht geht, sagt er: Komm, ruh dich aus. Das findet man auch nicht überall. Ich habe meine Lebenseinstellung auf unsere Kinder übertragen und sie zur Achtung ihrer Eltern erzogen. Nie hat jemand gesagt, dass sie frech sind oder die Nachbarn nicht grüßen. Was meine Kinder gelernt haben, das haben sie von mir gelernt. Mein Mann hat sich da nicht eingemischt. Aber sie wussten genau, wir können nicht zu Vati gehen und Mutti austricksen. Manchmal bereue ich, dass ich sie so erzogen habe. Die haben keine Ellenbogen, genauso wenig wie ich. Wir waren mit ihnen nur ein einziges Mal im Urlaub. Die LPG hatte Wohnwagen an der Talsperre in Saalburg und in Mecklenburg am See, die konnten wir gegen ein ganz geringes Entgelt nutzen. Aber wir mussten ja unsere Schweine und Hühner versorgen und im Sommer den Garten pflegen. Außerdem reise ich nicht gern. Wenn ich eine Reise in die Türkei oder nach Ägypten gewinne, schenke ich sie meinen Kindern oder der Nachbarin. Ich sehe mir die Länder lieber im Fernsehen an, da habe ich mehr davon.

Im Herbst 1989 lief bei uns Tag und Nacht der Fernseher. Plötzlich hieß es: Die Grenzen sind offen – ein Jubel. Ich saß da und sagte zu meinen Kindern: Kinder, wenn nur die Hälfte von dem wahr ist, was wir in der Schule gelernt haben, dann wird das nicht zum Jubeln. Ich hatte so ein ungutes Gefühl, aber vorstellen konnte ich mir nicht, was da kommt. Andererseits freute ich mich, dass die Mauer weg war, denn so ein Land gehört nun einmal zusammen. Ich kannte den Westen nicht, denn wir hatten keine Verwandten drüben. Mich hat auch nichts gelockt, ich war nicht neugierig. Wir wussten eigentlich alles aus dem Westfernsehen.

Als wir das erste Mal über die Grenze nach Eschwege fuhren, waren wir natürlich von dem Warenangebot überwältigt. Wir hatten hier vieles nicht, zumindest nicht in dem Maße, wie wir es uns gewünscht hätten. Aber wir haben das eigentlich nicht so empfunden. Wenn es bei uns auf dem Dorf Bananen gab, bekamst du eine Zuteilung pro Kind. In einer der beiden Verkaufsstellen arbeitete mein Cousin und in der anderen bekam ich auch ein paar, schon hatte ich die doppelte Menge. Schwierig war es manchmal, für die Kinder die Kleidung zu bekommen, die ich mir vorgestellt hatte. Nackig sind sie trotzdem nicht herumgelaufen. Wenn ich Weihnachten irgendetwas Schönes ergattert hatte, freute ich mich immer höllisch. Wir konnten uns auch über Kleinigkeiten freuen. Und jetzt – was ist Weihnachten?

Meine Bedenken bei der Maueröffnung bestätigten sich sehr schnell. Es fing damit an, dass uns kein Schlachthof mehr unsere Schweine abnahm. Die Holländer haben sie dann für Pfennige abgeholt, sozusagen entsorgt. In der LPG hieß es: Konkurs. Niemand wusste, wie es weitergehen soll, der Vorstand war hilflos. Die D-Mark hätten sie behalten können, viel wichtiger wäre es gewesen, uns zu sagen, wie wir wirtschaftlich auf die Beine kommen. Aber mit der Wende haben die uns ins kalte Wasser geschmissen. Für mich war es ein unerträglicher Gedanke, die Arbeit zu verlieren und als Bittsteller auf das Arbeitsamt zu gehen. Die Genossenschaft hat überlebt, ist aber stark geschrumpft. Viele Bauern haben ihr Land verkauft. Mein Nachbar hat seinen Boden aus der LPG genommen, Flächen dazu gepachtet und sich seine Genossenschaftsanteile in Maschinen auszahlen lassen. Er bewirtschaftet jetzt 200 bis 300 Hektar und hat sich sehr mühsam hochgearbeitet. Für meine Familie mit den vier Hektar wäre das unsinnig gewesen. Von der kleinen Fläche kann man nicht leben und nicht sterben, wir hätten schon lange aufgeben müssen.

Die vier Orte, die sich in den achtziger Jahren zur Großgenossenschaft vereinigt haben, arbeiten noch zusammen, Tierproduktion und Pflanzenproduktion sind wieder in einer Genossenschaft. Die Feldwirtschaft hat sich grundlegend verändert. Wir bauen nur noch Getreide an, Kartoffeln und Rüben gibt es bei uns so gut wie nicht mehr. Früher wurde im Wechsel ein Jahr Kartoffeln, im nächsten Jahr Rüben und dann wieder Mais und Getreide angebaut. Jetzt laugen die Böden aus, weil keine Fruchtfolge mehr stattfindet. Beim Getreide treten Pilzkrankheiten auf, sodass mehr gespritzt werden muss, und das belastet wieder den Menschen. Das ist ein Teufelskreis. In der Schweinemast haben wir rund dreitausend Schweine, das machen wir mit anderthalb Personen. Gefüttert wird nur Getreide und Schlempe aus der Schnapsfabrik in Nordhausen, keine Kartoffeln. Früher hatten wir auch Brot und Kuchenreste, aber bei der computergesteuerten Fütterung macht sich das schlecht. Jedes Jahr fragen wir uns: Geht es überhaupt noch weiter mit der Genossenschaft? Wir tun alles, um nicht aufzugeben, denn was hast du für eine Perspektive, wenn die Genossenschaft kaputtgeht? Für mich ist der Zug bald abgefahren, ich gehe mit 60 in Rente. Mit den Abstrichen kann ich leben, Geld spielt bei mir sowieso eine untergeordnete Rolle. Aber hier sind viele Jüngere, wo sollen die wieder Arbeit finden, wenn die Genossenschaft kaputtgeht?

Wir leben heute nicht schlechter, aber auch nicht besser. Früher hatten wir drei Sauen, die hat uns der Schlachthof mit Kusshand abgenommen. Dadurch konnten wir einen schönen Pfennig zusätzlich verdienen. Jetzt lohnt das nicht mehr. Dafür verdient mein Mann ein bisschen mehr, das hebt sich auf. Alles kann man sich nicht auf einmal leisten, damals nicht und jetzt auch nicht. Auf das Häuschen haben wir jahrelang gespart, jetzt spare ich auch, um das Dach neu zu decken. Aber ich bin zufrieden, ich muss nicht alles haben. Wir bauen unsere Kartoffeln, die Runkeln und auch das Getreide für die Hühner noch selber an. Vor kurzem haben wir uns ein kleines Treckerchen angeschafft, und für die Enkel hat mein Mann zwei Ponys gekauft. Ich hole mir ein halbfertiges Schwein, füttere es groß und dann schlachten wir selbst. Ich habe 20 Flugenten, 15 Laufenten, 30 Kaninchen, acht Hühner und ein paar Schäfchen. Die Familie ist groß, die Jungs haben immer Hunger. Außerdem brauche ich ein bisschen was zum Bemuttern. Für die Enkelkinder stricke ich ab und zu Strümpfe, die sind wild auf Omas bunte Socken. Oder Mützen oder mal einen Schal, eben nur Kleinigkeiten. Ich finde, es gibt so schöne Sachen zu kaufen, da braucht man nicht mehr selbst zu stricken.

Gott sei Dank hat mein Mann wieder Arbeit. Er ist technisch sehr bewandert, der kann jeden Kran und jeden Bagger fahren. Gleich nach der Wende fand er bei einer großen Straßenbaufirma im Eichsfeld Arbeit. Erst hat er auf der Straße gearbeitet, später in der Betonmischanlage. Die Firma hat inzwischen Pleite gemacht, und er war arbeitslos. Vor zwei Jahren bekam er vom Arbeitsamt eine Maßnahme im Tierheim, die wäre jetzt im November ausgelaufen. Aber wir hatten Glück, der Bruder meines Mannes suchte für seine Eisenhandelsfirma einen Fahrer. Das gefällt ihm sehr. Meine Tochter hat Schweinezucht gelernt, aber keine Chance, Arbeit zu finden. Sie ist jetzt 35 und hat drei Kinder, zwei Jungs, einer dreizehn, einer elf, und das Mädelchen wird vier. Mein Schwiegersohn arbeitet in Belgien als Eisenflechter, er kommt nur alle vierzehn Tage nach Hause. Ab und zu macht sie Aushilfsarbeiten bei Ferrero, damit sie ein bisschen dazu verdient. In einem Altenheim hat sie sich als Hilfskraft beworben, aber ohne Erfolg. Sie hat ganz schön zu kämpfen, denn mein Schwiegersohn verdient nicht viel und sie kriegt weder Hartz IV noch sonst etwas. Meine Jungs haben Gott sei Dank beide Arbeit.

Ich bin der Meinung, die sollen die Mauer wieder hinstellen. In Greußen war eine Konservenfabrik, in der arbeitete eine Bekannte von mir. Die hatten Maschinen auf dem neuesten Stand. Über Nacht war der Betrieb leer geräumt und alles nach drüben gebracht. Der Betrieb ist tot. Oder die Fleischfabrik in Greußen, das ist eine Ruine. Im Bergbau in Sondershausen hatten so viele Menschen Arbeit. Nach der Wende erfüllte unser Kali angeblich nicht den geforderten Standard – zugemacht! Und jetzt kommen sie von drüben und buddeln nach unserem Kali. Na, ist denn so etwas noch normal? Wir sind eine tote Region, wer hier noch Arbeit findet, der muss dankbar sein. Und dann sagen die noch, wir hätten alles niedergewirtschaftet. Das ist nicht wahr, das waren moderne Betriebe. Sie haben hier alles zerstört. Von mir aus können sie die Mauer wieder hinsetzen.

Besonders bedrückt mich die Kinderfeindlichkeit dieser Gesellschaft. Ich sehe das bei meiner Tochter. Bis jetzt bekam sie die Schulbücher als Leihexemplare, ab diesem Jahr muss sie 50 Euro bezahlen. Zusammen mit den Schulmaterialien kommen pro Kind locker 150 Euro zusammen. Im Dorfkindergarten wollen sie jetzt den Beitrag auf 200 Euro im Monat erhöhen. Wer bringt denn dann auf dem Dorf sein Kind noch in den Kindergarten? Aber für die Kleine ist es wichtig, dass sie unter Kinder kommt. Für eine junge Familie ist es fast eine Zumutung, sich Kinder anzuschaffen. Ich sehe das bei meinem Großen, der ist jetzt das vierte Jahr verheiratet, beide sind über dreißig und wollen noch keine Kinder. Meine Schwiegertochter hat eine gute Stellung, und bei einem Kind besteht die Gefahr, dass sie die Arbeit verliert. Das finde ich ungesund, wo soll das hinführen?

Beate Simon, Westerkappeln/Westfalen

Mein Großvater konnte wunderbar erzählen. Wenn ich als kleines Kind an den Wochenenden bei den Großeltern war, träumten wir gemeinsam von Ostpreußen, dem Leben auf dem Hof und wie es sein wird, wenn wir alle wieder zurückkommen. Er weckte in mir die Liebe zur Natur. Sehr früh wusste ich: Ich will in die Landwirtschaft. Eigentlich war das ein recht naiver Entschluss, zumal ich sehr zart und klein war. Ich habe ihn unbeirrt durchgesetzt, ging ohne Abitur von der Schule ab und begann in Schleswig-Holstein eine landwirtschaftliche Ausbildung. Meine Spezialrichtung war Hauswirtschaft, aber weil ich Trecker fahren und mit Tieren umgehen wollte, habe ich danach noch Außenwirtschaft und Buchführung gelernt.

Nach der Ausbildung fand ich eine schöne Anstellung als Gutssekretärin in einer gräflichen Gutsverwaltung in der Nähe von Bielefeld. Für damalige Verhältnisse war das ein großer Betrieb. Sie hatten 90 Hektar eigene Ackerwirtschaft, 90 Kühe, Schweinehaltung und 400 ha Forst. Ich wohnte in der Hausgemeinschaft des Grafen. Graf und Gräfin waren sehr menschlich, sehr natürlich und haben selbst viel gearbeitet. Wenn der Schweizer Urlaub hatte, gingen die Gräfin und ich in den Stall. Der Graf arbeitete in der Heuernte mit, wenn Not am Mann war. Bei der großen Treibjagd musste ich die Adligen aus dem Umkreis mit ihren Titeln ansprechen und vor der Baronin, der Mutter der Gräfin, einen Hofknicks machen. Ich weiß noch, dass ich bei der Protokollführung der Treibjagd einmal seiner Durchlaucht Fürst Bentheim einen Hasen zu wenig angeschrieben habe. Der Graf und die Gräfin sind inzwischen weit über siebzig und feierten vor kurzem Goldene Hochzeit. Dort habe ich auch die acht Kinder wiedergesehen, zum Teil sind sie adlig verheiratet, zum Teil auch nicht. Der jüngste Sohn hat den Betrieb übernommen, und weil er nicht verheiratet ist, macht die Gräfin nach wie vor den Haushalt.

1970 habe ich in den Simonhof eingeheiratet. Meinen Mann hatte ich durch seine Schwester kennengelernt, mit der ich auf der Landwirtschaftsschule und später im halbjährigen Praktikumseinsatz in Schweden zusammen war. Als ich sie einmal besuchte, traf ich dort zufällig ihren Bruder, und so hat sich das dann entwickelt. Dass ich als Auswärtige und Flüchtlingsmädchen in den Hof einheiratete, gefiel der Verwandtschaft meines Mannes nicht. Hier in der Gegend war es üblich, untereinander zu heiraten, damit die Höfe vergrößert wurden. Aber er hat sich durchgesetzt. Ihm war es nicht wichtig, dass ich keine große Aussteuer, kein Land und keine Kuh mitbrachte. Ich konnte nur meine Arbeitskraft einbringen. Meine Schwiegermutter hatte Verständnis, weil sie das Gleiche erlebt hatte. Sie stammte von einem Hof mit Sandboden, und Sandboden ist von geringerem Wert als der fruchtbare Boden hier in dieser Gegend.

Die Ahnentafel des Hofes Simon geht bis in das 17. Jahrhundert zurück. Mein Schwiegervater war im Krieg vermisst, und nach dem Höferecht in Westfalen ist mein Mann der Hoferbe. Als klar war, dass der Vater nicht wiederkommt, hat meine Schwiegermutter meinen Mann vom Gymnasium genommen. Er musste die landwirtschaftliche Lehre machen und den Hof übernehmen. Im Vergleich zu anderen Betrieben, wo der Vater weiter bestimmt und der Sohn nicht viel zu sagen hat, hatte mein Mann recht gute Bedingungen. Die einzige Schwierigkeit gab es mit dem Nennonkel. Der war im Krieg als Flüchtling aus Ostpreußen auf den Hof gekommen und führte den Betrieb über Jahre mehr oder weniger. Er glaubte, er wäre weiter der Verwalter. Dagegen musste sich mein Mann erst durchsetzen.

Zur Zeit unserer Hochzeit hatte der Hof rund 40 Hektar Eigenland, Milchkühe, Schweine und ein paar Hühner für den eigenen Bedarf – eigentlich ein ganz gemischter bäuerlicher Familienbetrieb. Uns war klar, dass wir intensivieren und den Betrieb vergrößern mussten, damit zwei Familien vom Hof leben konnten und wir konkurrenzfähig blieben. Als Erstes schaffte mein Mann die Milchkühe ab. Er mochte es nicht, wenn ihm die Kuhschwänze ums Gesicht flogen. Wir haben uns dann voll auf Mastschweine und Zuchtsauen umgestellt und einen großen Maststall für 440 Plätze gebaut. Dazu musste das notwendige Inventar angeschafft, zusätzliches Ackerland gepachtet, neue größere Ackergeräte gekauft und der Viehbestand aufgestockt werden. Das kostete viel Geld, und wir mussten einen großen Kredit aufnehmen. Beschäftigte konnten wir uns nicht leisten, aber zur Not war die Arbeit allein zu schaffen.

Wir wohnten alle zusammen in einem Haus und hatten, wie das auf den Höfen üblich war, einen gemeinsamen Haushalt und eine gemeinsame Küche. Nach der Hochzeit haben wir den großen Boden ausgebaut. Dadurch entstanden für uns ein eigenes Wohnzimmer, Kinderzimmer, Badezimmer und Schlafzimmer. Meine Schwiegermutter und der Onkel hatten jeder einen Schlafraum und einen Aufenthaltsraum. Der Onkel behielt bis zu seinem Lebensende Wohnrecht auf dem Hof, er ist erst vor drei Jahren im Alter von 93 Jahren verstorben. Meine Schwiegermutter kochte für die ganze Familie, und so konnte ich im Außenbetrieb beim Ackern und Ernten mitarbeiten. Die Kinder und das Kinderbekommen schränkten meine Außenarbeit natürlich ein. 1971 ist unsere älteste Tochter geboren, 1973 die zweite Tochter und 1976 unser Sohn. Trotzdem habe ich weiter in der Außenwirtschaft gearbeitet. Das war ja das Positive an der Großfamilie, dass die Kinder beaufsichtigt und versorgt waren. Selbstverständlich versuchte ich, so viel wie möglich für die Kinder da zu sein, aber im Vergleich zu den jungen Frauen heute, die ihre Kinder alleine betreuen oder fremde Kräfte nehmen müssen, war dieser voll funktionierende Familienbetrieb eine gute Sache. Dafür lohnten sich auch die Kompromisse.

Mein Arbeitstag war immer sehr lang. Als die Kinder noch zur Schule gingen, frühstückten wir alle zusammen, und ich bin erst danach in den Stall gegangen. Damals fütterten wir noch mit der Hand. Getreide, Eiweißkomponenten und Mineralstoffe wurden in großen Kästen gemischt, auf dem Wagen durch die Ställe geschoben und mit der Schaufel in die Buchten geworfen. Die Sauen lagen auf Stroh, da musste gemistet, neues Stroh abgeworfen und eingestreut werden. Mittags um zwölf wurde gegessen, um eins ging es wieder raus. Die Kinder kamen später aus der Schule, dabei passierte es manchmal, dass ich sie erst abends wiedersah. Aber ich wusste sie bei der Schwiegermutter gut aufgehoben. Wenn ich meinen Mann bat, in der Küche mit zuzufassen, widersprach meine Schwiegermutter: Solange ich hier bin, braucht Gerhard nicht abzutrocknen. Das war die Einstellung der älteren Generation, heute macht er mit.

Weil mein Mann eine Allergie gegen Getreidestaub hat, fuhr ich den Mähdrescher – damals ohne Kabine und Elektronik. Das Schlimmste war im Sommer der Staub. Auch die Trecker waren nicht so komfortabel wie jetzt, die Sitze kaum gefedert. Durch die viele körperliche Arbeit und das schwere Heben habe ich heute mächtige Probleme mit dem Rücken. Inzwischen hat sich in der Technik vieles verbessert. Mein Mann, der lieber Elektroingenieur geworden wäre, hat unsere automatische Fütterung selbst entwickelt und gebaut. Dadurch konnten wir schon Anfang der achtziger Jahre die Fütterung auf Flüssigfütterung umstellen. Das Futter wird computergesteuert durch Rohrleitungen in die Ställe gepumpt. Unser Sohn hat voriges Jahr ein neues Programm für die Fütterung geschrieben. Wenn es funktioniert, kann ich gut damit umgehen. Wenn es nicht funktioniert und mein Mann nicht da ist, muss ich unseren Sohn in England anrufen.

Über den Betrieb entscheidet eigentlich mein Mann. Es wird zwar einiges besprochen, aber für meine Begriffe zu wenig. Letztlich hatte ich ja auch nichts mitgebracht. Das war für mich immer ein Handicap, das liegt mir bis heute im Magen. Manchmal denke ich: Schade, wenn du eigenes Geld hättest, würdest du einiges verändern. Die Verwaltung des Geldes hat mein Mann mir sofort anvertraut, da war er sehr großzügig. Er macht es selber nicht gern, und ich habe die Buchführung gelernt. Vom ersten Tag an hatte ich die finanzielle Übersicht. Auf anderen Höfen billigt der Mann der Frau oft nur Haushaltsgeld und Taschengeld zu, ansonsten lässt er sie nicht in die finanzielle Situation hineinblicken.

Die Nachbarschaft ist hier eigentlich sehr nett, aber durch unsere Einzelhoflage ist es nicht einfach, Freundschaften zu pflegen. Mein Mann war lange Zeit Kreislandjugendvorsitzender. Dadurch hatte er einen großen Bekanntenkreis, in den ich sehr herzlich aufgenommen wurde. Nach ein paar Jahren merkte ich, dass mir etwas fehlte, etwas nur für mich selbst. Ich war immer sehr sportlich, deshalb meldete ich mich im Sportverein an. Dort habe ich eine Gymnastikgruppe aufgebaut und später, als meine Kinder älter waren, noch Kinderturnen und Mutter-Kind-Turnen übernommen. Jeden Montag Nachmittag stand ich für den Verein in der Turnhalle. Das habe ich mir herausgenommen und 25 Jahre lang durchgehalten.

Unsere Kinder sind in den Kindergarten gegangen, obwohl das bei unserer bäuerlichen Struktur nicht nötig gewesen wäre. Sie sollten Kontakt zu anderen Kindern bekommen, denn in der Umgebung hatten sie nur Felder und Wiesen, aber niemanden zum Spielen. Weil die Bauernschaften hier alle sehr auseinandergezogen sind, haben wir in einer Elterninitiative einen Kindergartenbus organisiert. Sie konnten vor dem Hof einsteigen und wurden mittags zurückgebracht. Mittags- oder Ganztagsbetreuung gab es damals noch nicht. Unsere Kinder fanden es immer schade, dass wir nie gemeinsam Familienurlaub machen konnten. Im Sommer konnten wir ohnehin nicht verreisen, höchstens in den Osterferien oder mal im Herbst. Unser Sohn litt an asthmatischer Bronchitis, deshalb bin ich häufig mit den Kindern an die See gefahren. Ich konnte noch am ehesten weg, weil meine Schwiegermutter im Haus war. Mehrmals habe ich Studienreisen mitgemacht, die der Pastor unserer Gemeinde anbietet. Meine erste Studienreise ging 1976 nach Israel, später war ich in der Türkei und in Italien. Mein Mann war in Griechenland, die Antike interessiert uns sehr. Aber wir erleben das immer nur getrennt.

Früher hatten wir zwei Kilometer von hier in Velpe einen eigenen Bahnhof, eine eigene Post, Schule, Kirche und einen eigenen Kindergarten. Heute ist Velpe nach Westerkappeln eingemeindet und es gibt hier kein Geschäft mehr. Bis auf Kirche, Schule und Kindergarten ist alles weg. Seit 18 Jahren bin ich im Kirchenvorstand. Wir haben eine sehr lebendige Kirchengemeinde und bieten viele Veranstaltungen für Erwachsene und Jugendliche an. Unsere Kirchengemeinde war früher durch Vererbung und Schenkung von Liegenschaften sehr reich. Aus den Pacht- und Mieteinnahmen wurden in den sechziger Jahren in Velpe zwei Kirchen, ein großes Gemeindehaus und das Pfarrhaus gebaut. Jetzt nach über 40 Jahren sind die Gebäude reparaturbedürftig und mit hohen Unterhaltskosten belastet. Unser Hauptproblem ist, alles zu erhalten, aber die Einnahmen sind rückläufig, weil viele wegen der Kirchensteuer aus der Kirche austreten. Mehr und mehr sind wir auf Spenden angewiesen, vielleicht müssen wir sogar eine Kirche schließen. Mich ärgert, dass den Ausgetretenen keine Nachteile entstehen und sie weiter alle Angebote der Gemeinde nutzen können.

Über die Kirche hatten wir schon lange vor der Wende gute Beziehungen nach Ostberlin. Wir trafen uns regelmäßig zu einem kirchlichen Gesprächskreis, den eine Pastorin aus Berlin-Weißensee ins Leben gerufen hatte. Bei diesen Treffen sprachen wir über soziale und theologische Themen, vor allem aber ging es um Kontakte zwischen den Menschen. Wir wohnten immer bei derselben Familie, ich freute mich jedes Mal auf dieses Wochenende. Ostberlin war ja bekanntlich das Aushängeschild der DDR, von daher hatte ich nie so einen schlechten Eindruck vom Osten. Weiter als bis Ostberlin bin ich damals nicht gekommen, aber aus den Erzählungen konnte man sich in etwa ein Bild machen. An der Grenze hatten wir immer Angst und irgendwie zitterten mir jedes Mal die Knie. Einmal musste ich mit meinem ganzen Gepäck in die Grenzstation, dort wurde alles durchleuchtet. Unser Bekannter in Berlin hatte sich eine Sense für seinen Garten gewünscht, das war natürlich nicht erwünscht. Aber ich durfte die Sense dann doch mitnehmen. Das erste Mal, als ich meinen Mann überredet hatte, mitzufahren, habe ich in Helmstedt an der Grenze seinen Pass verloren. Als wir das kurz vor Westberlin merkten, sind wir auf den Parkplatz gefahren – und schon kam ein Vopo. Er rief gleich in Helmstedt an, der Pass war tatsächlich gefunden worden. Mit Vopo-Begleitung durften wir nach Dreilinden fahren, dort haben sie uns einen Ersatzpass ausgestellt. Ich glaube, 25 oder 30 Mark mussten wir bezahlen. Dann konnten wir weiterfahren, auf der Rückreise haben wir den Pass wiederbekommen.

Das DDR-Geld ließen wir bei unseren Bekannten oder kauften uns Bücher und Schallplatten. Mein Mann hat sich »Das Kapital« und Briefe von Marx und Engels gekauft. Er wollte unbedingt ein Amateurfunkbuch haben, aber wir als Westdeutsche bekamen es nicht. Ich glaube, man merkte uns an, wo wir herkamen. Unser Bekannter hat das Buch später besorgt. Mit der Landwirtschaft im Osten hatten wir keinen Kontakt. Wir wussten, dass es Kolchosen gab und dass die Landwirtschaft im großen Stil betrieben wurde. Die großen Flächen waren schon imponierend und beneidenswert, aber das Getreide stand oft sehr dünn. Ich denke, es fehlte an Dünger.

Die Öffnung der Grenze hat mich sehr tief bewegt, ich habe vor Rührung geweint. Noch jetzt bekomme ich Gänsehaut, wenn ich daran denke. Ich fand das alles wahnsinnig aufregend, unfassbar. Oft habe ich auf der ostdeutschen Seite vor dem Brandenburger Tor gestanden, und jedes Mal dachte ich: Wenn ich da doch noch einmal durchgehen könnte. Dass das dann so plötzlich kam und auch so ohne Vorbereitung, das empfand ich als Wahnsinn. Das erste Mal nach der Wende sind wir im Dezember nach Berlin gefahren. In Helmstedt keine Kontrolle mehr, man hatte zittrige Knie vor Aufregung und vor Freude. Wir sind Bernauer Straße rüber, quer durch Berlin. Bevor unser Sohn vor vier Jahren nach England ging, war er eine Woche zu Hause, und wir konnten uns gemeinsam Berlin, Dresden und Weimar ansehen. Rügen kennen wir nicht, es soll auch sehr schön sein.

Es war natürlich eine große Freude, dass die Bekannten aus Berlin-Weißensee nun auch zu uns kommen konnten. Inzwischen hat sich der Kreis leider aufgelöst. Ich bin immer sehr gern dorthin gefahren, weil ich den Zusammenhalt und dieses Familienleben so schön fand. Das ist inzwischen auch zerfallen, alle haben keine Zeit mehr für menschliche Beziehungen. Schade! Jetzt sieht jeder nur sich selber, vorher brachte die Not den Zusammenhalt. Inzwischen sind wir die Einzigen, bei denen der Kontakt gehalten hat. Aber unsere Bekannten haben sich auch verändert. Neulich war ich ärgerlich und dachte: Sie beanstanden auch jetzt vieles und fühlen sich immer noch als Menschen zweiter Klasse behandelt. Manchmal denke ich, das ist eine Veranlagung. Als ich sie klipp und klar fragte: Sagt doch bitte ehrlich: Geht es euch jetzt schlechter oder besser? Da gaben sie zu – doch es geht uns besser, eigentlich ist es uns noch nie so gut gegangen. Sie machen auch jedes Jahr schöne Urlaubsreisen.

Auf dem Hof hat sich in den letzten Jahren viel verändert. Wir haben jetzt 900 Mastplätze, die auf sechs Ställe aufgeteilt sind. Die Ferkel bekommen wir mit 30 Kilo, mit 100 Kilo Lebendgewicht werden sie nach fünf, sechs Monaten verkauft. Wenn wir Tiere einstallen, muss unser Tierhändler melden, aus welchen Ställen er sie geholt hat, und wir müssen melden, von welchem Viehhändler mit welcher Registriernummer wir sie bekommen haben. Falls irgendwo eine Seuche oder eine Krankheit auftaucht, kann die Herkunft nachvollzogen werden. Das ist inzwischen ein riesiger Schriftkram geworden, ohne Bürokratie geht gar nichts mehr. Die Fütterung hat sich grundlegend verändert. Zweimal in der Woche bekommen wir einen Container mit Kuchenabfällen von der Kuchen- und Tortenfabrik Coppenrath & Wiese in Westerkappeln. Entweder Trockenkuchen, der zu hell oder zu dunkel geworden ist, oder Brötchen, die nicht aufgegangen sind, oder Kuchenteig, der nicht in Ordnung ist. Einmal in der Woche kommt ein Container mit Sahne oder Sahneabfall. Das bekommen wir natürlich nicht umsonst, das Kilo Trockenkuchen kostet 9 Cent, ein Fass Sahne 125 Euro. Nur so kommen wir finanziell einigermaßen über die Runden.

Wir haben jetzt 90 Hektar landwirtschaftliche Nutzfläche. Um die Gülle von den 900 Schweinen zu entsorgen, mussten wir 65 Hektar hinzupachten. Für den Hektar gibt es 280 Euro Subventionen vom Staat. Im Grunde ist das der Preis, um die Bauern in der Landschaft zu halten. Sonst müsste man staatliche Landschaftsgärtner anstellen, und das wäre noch viel teurer. Wenn wir ohne Subventionen wirtschaften würden, müssten wir Geld mitbringen. Bio-Landbau hat nach unserer Meinung keine Zukunft. Wenn wir der Meinung wären, dass es vernünftig ist, würden wir es machen. Im Grunde genommen ist Bio-Landbau ein Rückschritt – man darf keinen Pflanzenschutz durchführen, und ohne Pflanzenschutz gibt es Pilze und andere Krankheiten im Korn. Dadurch erntet man sehr viel weniger. Das Produkt ist nicht besser, der Nutzen für den Verbraucher eine Illusion.

Jeder fragt uns, was aus dem Hof werden soll. Wir können keine Antwort geben. Von unseren Kindern wird keiner den Hof übernehmen. Unsere Älteste hatte konkrete Vorstellungen – Pferdehaltung, therapeutisches Reiten. Sie wäre gerne hierher gezogen, aber ihr Mann fragte sie: Willst du so leben wie deine Eltern? Nie zusammen Urlaub machen, nie zusammen wegkönnen, keine Freizeit, jedes Wochenende gebunden? Ich nicht! Damit waren die Würfel gefallen. Sie ist Lehrerin, hat früh geheiratet, hat inzwischen vier Kinder und lebt in Brunsbüttel. Unsere zweite Tochter sagte schon als Kind: Hier stinkt es, ich ziehe in die Stadt! Was sie auch getan hat. Sie wohnt in Frankfurt, ist Bankkauffrau und arbeitet bei der DZ-Bank. Inzwischen ist sie auch verheiratet, hat eine Tochter. Unser Sohn ist Techniker durch und durch. Er hat in Aachen Informatik studiert und promoviert jetzt in England an der Uni in Canterbury. Wenn er hier ist, arbeitet er zwar ganz gerne mit, aber auch da sind die Würfel gefallen. Es ist schade, dass sie alle drei so sehr weit weg sind.

Die Situation in der Landwirtschaft ist nicht gut. Es gibt Zeiten, da muss man Geld einbringen, da machen wir bis zu zwanzigtausend Euro Verlust im Jahr. Dann gibt es wieder mal Jahre, in denen wir gut Geld verdienen. Das Problem ist der Unterhalt der Gebäude. Die Scheune muss unbedingt repariert werden, sonst fällt sie zusammen. Wenn wir weitermachen wollen, müssen wir sehr, sehr viel investieren, uns vergrößern oder uns mit anderen Landwirten zusammenschließen. Unser Nachbarbetrieb hat hundert Hektar und tausend Mastschweine, und wir haben ebenfalls rund hundert Hektar und tausend Mastschweine. Wenn beide zu einem Betrieb zusammengelegt würden, wäre es vielleicht eine Lösung für die nächsten zwanzig Jahre. Nur die Ländereien zu verpachten, wäre kein Problem, aber davon könnten wir nicht leben.

Der Bürgermeister

Manfred Koch, Wasungen/Rhön
Thüringen
geb. 1950 in Wahns bei Wasungen
Schlosser, Studium in Weimar und Potsdam-Babelsberg
Dipl. Staatswissenschaftler
Bürgermeister in Wasungen
verheiratet, fünf Kinder

Hans Hartmann, Ostheim v. d. Rhön
Bayern
geb. 1934 in Ostheim
Studium in Würzburg
Lehrer/Schulleiter
Bürgermeister in Ostheim
seit 1997 in Pension
verheiratet, drei Töchter

Zu Fuß sind es keine drei Stunden bis in die Rhön, egal ob man von Ostheim in Bayern oder von Wasungen in Thüringen startet. Die Städtchen gleichen sich in vielem: im Zentrum die Kirche, auf dem Berg eine Burg, quer durch die Stadt die verkehrsreiche Marktstraße. Und dazu der gleiche, unverwechselbar fränkische Dialekt. Schon wenige Wochen nach der Grenzöffnung vereinbarten Ostheim und Wasungen eine Städtepartnerschaft, unterschrieben von den Bürgermeistern Manfred Koch und Hans Hartmann. Diese Partnerschaft hat eine Vorgeschichte mit deutsch-deutschem Briefverkehr und einem Besuch des Ostheimer Bürgermeisters im Bürgermeisteramt Wasungen – schon vor dem Mauerfall. Hans Hartmann war oft in der DDR, zum Wandern oder im Leipziger Gewandhaus, aber jedes Mal war er froh, wenn er die Grenzkontrolle wieder hinter sich hatte.

Hans Hartmann war auf der bayrischen Seite 20 Jahre Bürgermeister, zunächst zweiter und von 1989 bis 1997 erster Bürgermeister von Ostheim. Sein wesentlich jüngerer Amtsbruder aus Thüringen übt dieses Amt mittlerweile fast 25 Jahre aus. Bis zur Wende war Manfred Koch Bürgermeister der DDR-Karnevalshochburg Wasungen, und als er vor sieben Jahren erneut für das Bürgermeisteramt kandidierte, haben sich die Wasunger mit großer Mehrheit für ihn entschieden. Bei der letzten Wahl im Sommer 2004 wollte niemand mehr gegen den neuen Alten antreten.

In so kleinen Gemeinden wissen die Bürgermeister alles über die Sorgen der Leute. Hier kommt jeder direkt zum Bürgermeister, egal worum es geht. Das ist auch so geblieben, obwohl sich inzwischen vieles in Ost und West geändert hat. Manches zum Guten, manches zum Schlechten. Was Manfred Koch sagt, gilt wahrscheinlich nicht nur für die Wasunger: Die haben früher kritisiert und kritisieren heute genauso.

Manfred Koch, Wasungen/Thüringen

Am 1. Februar 1980 habe ich in Wasungen als Bürgermeister angefangen und am 14. Februar war Karneval. Als Zuschauer kannte ich den Wasunger Karneval, aber was der Bürgermeister dabei zu tun hat, wusste ich natürlich nicht. Kabarett und Büttenredenhalten mache ich ganz gerne, deshalb bin ich mit den Jungs vom Karnevalsverein gleich gut klargekommen. Unser Karneval ist eigentlich ein Novum. Normalerweise hat er nur dort Tradition, wo die katholische Kirche stark ist, und wir sind hier eher eine evangelische Gegend. Der Wasunger Karneval geht angeblich auf Fastnachtsspiele vor 470 Jahren zurück, bei denen der Bürgermeister ein Fass Bier spendiert hat. Zu der Zeit war vom Rheinland noch keine Rede, dort wird der Karneval erst seit Napoleon gefeiert.

Der Karneval war zu DDR-Zeiten für die Wasunger eine willkommene Gelegenheit, Kritik los zu werden und deshalb bei unseren offiziellen Stellen nicht sehr beliebt. Wir hatten hier ständig Korrespondenten aus der Bundesrepublik dabei, sogar der Lothar Löwe war hier. Als Stadtverwaltung mussten wir immer mitdenken und uns vorher ansehen, was sie auf dem Wagen hatten. Sicherlich versuchten wir, Einfluss zu nehmen, aber wenn heute von Zensur gesprochen wird – so war das nicht. Es ging eher darum, die Leute auf den rechten Weg zu bringen, nach dem Motto: den Sozialismus stärker propagieren, weniger kritisieren. Ich bin der Meinung, man hätte mehr Kritisches bringen können. Das hätte nach draußen signalisiert: Guckt doch mal an, was in der DDR alles möglich ist. Im Verhältnis zu anderen Teilen der DDR ist in Wasungen sowieso einiges anders gelaufen. Das besonders Kritische des Wasunger Völkchens hat Tradition, die haben früher kritisiert und kritisieren heute genauso.

Mein Vorteil als damals junger Bürgermeister war, dass ich hier in der Region zu Hause bin. Ich komme aus einer Arbeiterfamilie, mein Vater war Elektriker beim Reichsbahn-Ausbesserungswerk in Meiningen. Wie viele in unserer Gegend habe ich auch beim RAW gelernt und meinen Facharbeiter als Betriebsschlosser gemacht. Ich gehöre zu den bodenständigen Menschen. Noch heute lebe ich in meinem Elternhaus in Wahns, einer Nachbargemeinde von Wasungen. Nach meiner Armeezeit beim Wachregiment in Berlin suchten sie in Meiningen junge Leute für die Stadtverwaltung, und so kam ich als ganz junger Spund in das Referat Rechtspflege. Dort hatte ich vor allem mit Haftentlassenen und kriminell gefährdeten Bürgern zu tun. Das waren nicht unbedingt die Spitzen der Gesellschaft, die hatten ihren eigenen Umgangsstil mit der Staatsmacht. Die Stadt Meiningen delegierte mich 1972 an die Fachschule für Staatswissenschaft in Weimar, und als ich zurückkam, wurde ich stellvertretender Leiter des Wohnungsamtes, kurze Zeit danach Stadtrat für Wohnungspolitik. Später habe ich dann noch ein fünfjähriges Hochschulfernstudium Staats- und Rechtswissenschaft in Potsdam-Babelsberg mit dem Abschluss als Diplom-Staatswissenschaftler absolviert. Also: Betriebsschlosser – Armee – Verwaltung. Mit 26 Jahren war ich der jüngste Stadtrat in Meiningen. Dem Leiter des Wohnungsamtes erging es in der DDR wie dem Unteroffizier in der Armee: Es gibt Druck von unten und es gibt Druck von oben. Das war nicht das wahre Vergnügen, es gab in Meiningen knapp tausend Wohnungssuchende. Wenn neue Wohnblöcke gebaut wurden und du konntest jemandem helfen, hattest du natürlich ein gutes Gefühl. Insgesamt überwogen aber die negativen Erlebnisse. Da hat man schon schlimme Schicksale kennengelernt.

Anfang 1980 war der Wasunger Bürgermeister gestorben und keiner wollte das Amt übernehmen. Da hat die Partei gesagt: Manfred, du musst nach Wasungen – diskutieren brauchst du nicht. Ich höre noch den zweiten SED-Kreissekretär in unserem Dialekt: Gast freiwillig oder soll ich dir nen Parteiauftrag ga? Da bist du eben freiwillig gegangen. Neuland in dem Sinne war es nicht, wenn du vordem Stadtrat warst. Mehr Leute, mehr Verantwortung, ein bisschen andrer Führungsstil. Mein Vorteil war, dass ich die Fachbereiche, vielleicht mit Ausnahme von Finanzen, einigermaßen kannte. Dazu kam das Studium, sodass ich auch von der Gesetzlichkeit her ganz gut drauf war. Der Stellvertreter passte auch, wir konnten uns gut ergänzen. Der war zwar 18 Jahre älter als ich, aber ein Ur-Wasunger. Ansonsten bin ich ein Mensch, der im Prinzip mit jedem so einigermaßen zurechtkommt.

Ich denke, dass wir für DDR-Verhältnisse in Wasungen viel auf die Beine gestellt haben. Vor allem im Wohnungsbau ist viel passiert – 15 bis 20 Eigenheime sind pro Jahr entstanden. Vieles musste an den Planmechanismen vorbei organisiert werden, damit es erst einmal ins Laufen kam. Wir hatten zum Beispiel noch aus Kaisers Zeiten eine alte Kegelbahn. Wenn dort niemand hinten die Kugel gefangen hat, ist die bis auf die Straße gerollt. Schon seit Jahrzehnten forderten die Sportsleute eine neue Anlage, aber im Plan war keine Kegelbahn vorgesehen. Schließlich haben wir gesagt: Jetzt fragen wir überhaupt keinen und fangen einfach an. In den Haushaltsplan schrieben wir: Bau einer befestigten Sportfläche.

Damit konnte niemand etwas anfangen, und wenn doch mal einer vom Kreis fragte, habe ich ihnen etwas von Tischtennisplatten und FDGB-Urlaubern erzählt. In ganz kurzer Zeit haben wir direkt neben der Eisenbahnstrecke Eisenach-Meiningen die Betonplatte für das Fundament gebaut. Dummerweise war zu dieser Zeit das Auto des Kreisbaudirektors kaputt, und er fuhr mit dem Zug zur Arbeit nach Meiningen. Überall fehlte es an Baumaterial und hier stand plötzlich ein großes leeres Betonfeld: 55 Meter lang, 20 Meter breit. Am nächsten Tag musste ich beim Vorsitzenden des Rates des Kreises antanzen und bekam eine Standpauke, die sich gewaschen hatte. Also haben wir uns am Wochenende mit den Sportsleuten in Wasungen hingesetzt und über 20 Seiten zur Begründung der Kegelbahn aufgeschrieben: vom Kegeln in der Arbeiterbewegung bis zu den Initiativen, die wir selbst organisieren. Am Ende gab uns der Kreisvorsitzende grünes Licht. So entstand in Wasungen die modernste Kegelbahn im Bezirk Suhl. Die anderen Gemeinden im Bezirk lästerten: na ja – immer die Wasunger, die schaffen alles!

Wenn das Verhältnis zu den Betrieben und zu den Betriebsleitern stimmte, war trotz aller Materialknappheit allerhand zu machen. Man musste es nur geschickt anstellen und die passende Begründung finden. Am Ende tat ich es ja nicht für mich, sondern für die Stadt – dafür bin ich auch persönliche Risiken eingegangen. So eine Stadt war ja eine Art Schicksalsgemeinschaft. Kanäle und Bürgersteige für die Wohngebiete haben wir nur in Feierabendarbeit gebaut. Da ist nicht immer die TGL eingehalten worden, aber die Leute mussten nicht mehr durch die Pfützen waten. Wir besorgten das Material und die Genehmigungen, die Betriebe stellten die Technik zur Verfügung und ihre Brigaden arbeiteten am Wochenende in der Stadt. Die Bürger wollten nicht unbedingt etwas Gutes für die Gesellschaft tun, aber sie wussten, dass es nicht anders geht – und außerdem gab es für jede Stunde fünf Mark.

Wir haben in Wasungen immer die Mitbestimmung der Bürger gewollt und auch angeboten. Die Möglichkeiten wurden manchmal besser und mit mehr persönlichem Engagement angenommen als jetzt. Heute hängen wir die Einladungen für die Stadtratssitzungen in den Schaukasten und geben sie an die Zeitung. Da kommt nur, wer Lust hat. Früher wäre eine geringe Bürgerbeteiligung Ausdruck dafür gewesen, dass das Thema keinen interessiert. Im Schnitt saßen bei uns 50, 60 Leute in der Stadtratssitzung. Das Wichtigste war die Bürgerfragestunde. Heute wird das immer groß gelobt, aber das hatten wir in der DDR schon. Das Gefühl: jawoll, du kannst mitreden, war ein Anliegen der sozialistischen

Demokratie. In der Bürgerfragestunde haben die Leute ihre Meinung gesagt und sich Luft gemacht. Dabei ging es natürlich vor allem ums Kommunale – die Straße, die Sauberkeit, die Versorgungsprobleme. Alles, was das öffentliche Gemeinschaftsleben betrifft, wurde sehr kritisch und offen angesprochen. Aber über die Ursachen der Probleme und dass wir vielleicht in der Politik umdenken müssten, darüber hat keiner in der Versammlung geredet. Am Biertisch schon!

Ich hatte als Bürgermeister immer ein gutes Verhältnis zur Kirche. Ich bin selber konfirmiert und auch getauft. Als ich Mitglied der Partei wurde, bin ich aus der Kirche ausgetreten. Wir haben als Stadt immer die Kirche einbezogen, das war im Übrigen auch verfassungsmäßig geklärt. Regelmäßig einmal im Jahr habe ich den Kirchenvorstand und den Herrn Pfarrer zur Ratssitzung eingeladen, um Bilanz zu ziehen und zu hören, welche Probleme es gibt. Die Stadt war zu DDR-Zeiten für die Erhaltung des Pfarrhauses und der Kirche mit verantwortlich. Da ist viel gemacht worden, aber wir hatten natürlich nicht die Möglichkeiten wie heute. Die Kirche konnte unsere städtischen Gebäude und Anlagen kostenlos nutzen. Mehrfach hat der Herr Pfarrer dem Stadtrat persönlich den Dank für die Unterstützung ausgesprochen. Wenn mich die Kirche als Bürgermeister zu ihren Veranstaltungen einlud, habe ich ohne Herzdrücken mit dem Parteiabzeichen in der ersten Reihe gesessen. In Wasungen hat allerdings die Kirche auch nicht bewusst provoziert. Im November '89 habe ich den Pfarrer angerufen: Herr Pfarrer, ich stelle die Vertrauensfrage als Bürgermeister. Wenn Sie vielleicht auch anwesend sein wollen? Ich schätze, so 450 Leute waren da, die ehemalige Speisehalle war bis zum letzten Stuhl gefüllt. Da hat sich der Herr Pfarrer gemeldet und ein Loblied auf den Bürgermeister der Stadt Wasungen gesungen. Das hätte für die Begründung der DDR-Verdienstmedaille gereicht.

Meine Frau war auch drei Jahre lang Bürgermeister. Ich denke, wir waren die einzige Bürgermeisterfamilie in der DDR: ich Bürgermeister in Wasungen und meine Frau in der Nachbargemeinde Wahns. Wir konnten das einigermaßen koordinieren, weil meine Mutter im Haus war und sich um die Kinder kümmerte. Das Haus ist Baujahr 1937. Meine Eltern hatten als junge Leute angebaut, und ich habe in den achtziger Jahren noch einmal angebaut. Die Einrichtung war DDR-Standard. Alles Nötige war da, aber kein Luxus. Was hat der Bürgermeister von Wasungen verdient? 1.200 DDR-Mark, vielleicht noch 150 Mark Aufwandsentschädigung. Das waren die feinen Unterschiede zum Westen. Wenn man es innerhalb des Landes vergleicht, lag ich von einem normalen Produktionsarbeiter gar nicht weit entfernt. In den Metallwerken haben sie in der Produktion mit Schichtprämie und anderen Zuschlägen durchaus 1.000 Mark verdient. Leute, die nicht Hochschule oder Fachschule hatten, sondern ganz normal zur Arbeit gingen. Beim Bürgermeister gibt es keinen Feierabend. Auf die Stunde umgerechnet, die ich täglich unterwegs war, lag ich weit unter dem, was ein Produktionsarbeiter verdiente. In unserer Region waren die materiellen Bedingungen nicht so sehr unterschiedlich, in einer kleinen Gemeinde wie Wahns mit 500 Einwohnern kann man das überblicken. Viele fuhren ein Auto oder zwei. Obwohl meine Frau immer gearbeitet hat, besaßen wir kein Auto und unser Haus war auch nicht größer als bei anderen. Ob das damals alles so richtig war, darüber kann man streiten.

Ich kenne aber auch keinen, der zu DDR-Zeiten am Rande des Existenzminimums gelebt hätte – selbst wenn sie Rentner waren und nur 300 Mark Rente bekamen. Bei uns in den Dörfern lebten wir in der Großfamilie. Die jungen Leute waren alle in Arbeit, und die Oma schmiss den Haushalt und versorgte die Kinder. Irgendwie hat das alles funktioniert. Wenn es einem ganz schlecht ging, hatte das Ursachen: Alkohol, Arbeitsbummelei oder so etwas. Sicher verhungert heute auch keiner, aber die Abstände sind schon gewaltig. Zwischen ALG II-Empfängern und Menschen, die in normalen Diensten stehen, liegen Welten.

Meine Kinder haben noch die Segnungen der sozialistischen Gesellschaft mitbekommen: Kinderkrippe, Kindergarten, Schule. Man hat den Kindern geboten, was damals möglich war. Im Urlaub waren wir oft in Dresden oder am Mellensee, südlich von Berlin. Dort hatte der Betrieb meines Schwiegervaters eine Siedlung mit Ferienbungalows. Mit meiner Frau war ich in Moskau und in Leningrad und natürlich in der Tschechei. Nach der Wende haben wir Europa westwärts kennengelernt. Die Kinder sind inzwischen selbständig unterwegs. Meine Tochter Angelina war schon in den USA, in Ecuador, in Frankreich. Die Jüngste qualifiziert sich gerade in Italien als Hotelfachfrau. Dass die Leute bei uns nicht in diese Länder reisen konnten, war ein gewaltiges Handicap. Ich denke, das hat viel Schaden angerichtet. Ich habe Verwandte in den alten Bundesländern, man hätte sich kennenlernen und besuchen können.

Eines schönen Tages, es war noch tiefe DDR, kam ein Brief aus Ostheim in Bayern an den Bürgermeister von Wasungen. Ich hatte keine Bindungen nach Ostheim, aber es gab Wasunger, die Verwandte in Ostheim hatten, und der damalige Bürgermeister von Ostheim stammte aus Wasungen. Es gab bei uns eine Dienstanweisung, dass alle Post aus der Bundesrepublik in einem verschlossenen Kuvert dem Rat des Kreises zu übergeben ist. Weil da Ostheim draufstand, wollte ich doch mal wissen, was in dem Brief drinsteht. Also hielt ich den Brief beim Kaffeekochen über den Wasserdampf, öffnete ihn und konnte lesen, dass die Stadt Ostheim beabsichtigte, eine Städtepartnerschaft mit der Stadt Wasungen einzugehen. Ich habe den Brief abschreiben lassen, wieder schön verklebt und abgegeben. Von offizieller Seite hörte ich nie wieder etwas davon. Ein guter Freund von mir im Kreis sagte mir im Vertrauen, was in dem Brief stand. Darauf ich: Das weiß ich schon lange. Er: na woher denn? Ich: Ich habe reingeguckt. Da hat er gestaunt. Als ich später einmal mit meinem Dienstwagen nach Meiningen fuhr, hörte ich auf Bayern 3 ein Interview mit dem Ostheimer Bürgermeister. Da kam das Gespräch auch auf die Städtepartnerschaft mit Wasungen, und dass das keiner will und sie nichts von uns hören.

Irgendwann war der stellvertretende Ostheimer Bürgermeister, der Herr Hartmann über den kleinen Grenzverkehr hier. Er hat mich aber nicht angetroffen. Eine Kollegin kam ganz aufgeregt an: Der Bürgermeister von Ostheim war da, der wollte mit dir reden. Ich hab ihm gesagt, du bist nicht da. Noch heute meint der Hans Hartmann, dass der Koch vielleicht doch Angst hatte und sich verleugnen ließ. Ein paar Wochen später kommt wieder ein Brief. Das gleiche Prozedere: geguckt, abgeschrieben, zugeklebt. In dem Brief stand, sie haben von der Ständigen Vertretung der DDR in Bonn einen Brief bekommen, dass im Moment kein Interesse besteht. Aber sie bemühen sich weiter, vielleicht kommt doch irgendwann noch eine Städtepartnerschaft zustande. Ich kannte das von Meiningen, da lief in den achtziger Jahren die Städtepartnerschaft Meinungen – Neu-Ulm an. Der Meininger Bürgermeister hatte mir damals erzählt, dass diese Partnerschaften der Erich persönlich entscheidet, nicht der Kreis und nicht der Bezirk. Jedenfalls wusste ich nun, dass es noch läuft, aber vorläufig wird's nix.

Dann war die Grenze offen. Kurz danach bin ich mit meinem Bekannten vom Rat des Kreises rüber gefahren. Wir haben uns beim Hans Hartmann vorgestellt, und ich sagte ihm, dass ich lesen kann und auch des Schreibens mächtig bin, aber es sollte halt mit der Städtepartnerschaft nicht sein. Wir waren uns schnell einig und haben am 18. Mai 1990 die Partnerschaft offiziell besiegelt. Danach waren wir viel in Ostheim und konnten feststellen, dass vieles ähnlich organisiert ist wie bei uns. Auf der kommunalen Ebene gab es nicht so große Unterschiede. Wir besuchten uns auch gegenseitig zu Hause, ich weiß noch wie heute, dass der Hans beim ersten Besuch eine ganze Palette Joghurt mitbrachte. Daraus ist eine gute Freundschaft entstanden, wir sind auch heute noch oft zusammen. In diesem Jahr feiern wir 15 Jahre Städtepartnerschaft. Jetzt geht es nicht mehr jeden Tag hin und her, aber die Partnerschaft wird nach wie vor gepflegt. Bei unserem Fest im Botanischen Garten stellte sich auch Ostheim dar, und beim Stadtfest in Ostheim waren wir beim Umzug dabei. So wollten die Ostheimer die Partnerschaft verstanden wissen: nicht dass die Offiziellen ständig große Reden schwingen, sondern dass sich die Kontakte auf der Ebene der Vereine und der Bürger entwickeln.

In Wasungen hat sich die Wende insgesamt vergleichsweise ruhig vollzogen. Auch die Montagsdemos verliefen hier recht geordnet. Sie richteten sich nicht gegen jemand persönlich, sondern waren Ausdruck der Unzufriedenheit mit der Staatsführung. Bei den Sonntagsgesprächen ging es nicht gerade herzlich zu, aber es ist nie eskaliert. Beim ersten Gespräch waren bestimmt 400 Leute da, beim zweiten Sonntagsgespräch hatten sich die Reihen schon gelichtet. Zum Schluss kamen bestenfalls noch 50 Leute. Dann war die Kommunalwahl und ich dachte: o.k., ich mache das jetzt ganz einfach, ich trete alleine an. Ich will doch mal sehen, ob die Wasunger die Leistungen des Bürgermeisters Koch würdigen oder nicht. Als Einzelkandidat hatte ich die meisten Stimmen – 1.300, der zweite lag bei 400 Stimmen. Aber der Bürgermeister wurde nicht direkt gewählt, sondern von den Stadträten und von denen bekam ich nur zwei Stimmen, meine eigene und wahrscheinlich die von der PDS. Die anderen 15 stimmten für den Kandidaten von den Freien Wählern. Das entsprach sicher nicht dem Wählerwunsch, aber das war eben auch eine Art von Demokratie.

Als in meinem Heimatdorf Wahns zum gleichen Zeitpunkt in der Folge der Kommunalwahl auch ein Bürgermeister gewählt werden musste, wollte keiner der elf Gemeinderäte den Bürgermeister machen und so wählten sie mich zum ehrenamtlichen Bürgermeister. Kurz danach schlossen sich vier Gemeinden zu einer Verwaltungsgemeinschaft zusammen, und ich wurde der Geschäftsführer. 1995 kam das Angebot von Wasungen für eine große Verwaltungsgemeinschaft mit zehntausend Einwohnern. Die Verbandsräte wählten mich zum hauptamtlichen Vorsitzenden, aber nebenbei war ich immer noch ehrenamtlicher Bürgermeister von Wahns. 1998 stand die Wahl des Bürgermeisters in Wasungen an, und ich stellte mich erneut zur Verfügung. Es gab zwei Kandidaten, Frau Hofmann, die schon Stadträtin war, und ich. Bei der Wahl hatte ich 80,2 Prozent, also war ich wieder Bürgermeister in Wasungen – im alten Reich sozusagen. Bei den Bürgermeisterwahlen 2004 votierten 97,3 Prozent für mich als Bürgermeister. Bei dieser Wahl hatte ich jedoch keinen Gegenkandidaten.

Das erinnerte geradezu an DDR-Zeiten und das viel diskutierte Thema Wahlfälschung. Als Verantwortlicher für eine Stadt kann ich sagen, dass es auf der Ebene der Kommune nicht möglich war, Stimmen verschwinden zu lassen. Das gab es weder in der Gemeinde noch in der Stadt, dafür lege ich die Hand ins Feuer. In jedem unserer fünf Wahllokale saßen Vertreter aller Parteien und auch parteilose Bürger. Wenn die bei der öffentlichen Auszählung so und so viel Neinstimmen hatten, dann waren es so viel Neinstimmen. Ich bin mir sicher, dass in der Stadt Wasungen alles ordnungsgemäß gelaufen ist. Ein ganz anderes Thema ist die Einflussnahme auf die Wahlen. Das Wahlergebnis galt als Ausdruck des Vertrauens in die Politik der DDR. Die Grenzgemeinden sollten bis 10 Uhr gewählt haben und mindestens 95 Prozent Wahlbeteiligung erreichen. In der Regel hatten bei uns bis Mittag 70 bis 80 Prozent gewählt. Manche blieben ganz bewusst zu Hause sitzen und warteten auf die sogenannten Agitatoren. Sie wussten, dass man bei den Wahlen etwas erreichen konnte und dann hieß es: Na ja, ich würde ja wählen gehen, aber ich warte seit sechs Jahren auf eine Wohnung. Danach gingen die meisten doch noch zur Wahl. Das war dann schon ungerecht, wenn ich 90 Wohnungssuchende habe und gebe die Wohnung den fünfen, die nicht wählen wollen. Wasungen hatte nie 100 Prozent Wahlbeteiligung, aber über 95 Prozent waren es meistens. Heute haben wir 58 Prozent Wahlbeteiligung. Nicht hinzugehen ist auch Demokratie.

Die Aufgaben eines Bürgermeisters waren sicherlich zu Kaisers Zeiten ähnlich wie heute – für den Bürger da sein, die Verhältnisse verbessern. Im Vergleich zur DDR geht es heute nicht mehr so politisch zu. Man ist eher Einzelkämpfer und kann mehr eigene Ideen verwirklichen. Zu DDR-Zeiten war die finanzielle Ausstattung zentral vorgegeben, aber du konntest viel über Kommunalverträge mit den Unternehmen lösen. Heute kann ich höchstens mal um eine Spende für einen Verein bitten. Für den Bürgermeister ist es einfacher geworden, weil, wie bei mir als parteilosem Einzelkandidaten, der ganze politische Kram raus ist und er sich ganz und gar auf die Kommune konzentrieren kann. Im Moment sind in unserem Stadtrat fünf Leute von der PDS, gleich nach der Wende war es nur einer. Die CDU hat auch fünf, die SPD zwei und die Freien Wähler vier. Auf der kommunalen Ebene gehen die Parteien ganz normal miteinander um. Die Beschlüsse, die wir in Wasungen in den letzten Jahren gefasst haben, waren fast alle einstimmig. Letztlich ist entscheidend: Ist es für Wasungen gut – ja oder nein?

Das Land redet dir in dem Sinne nicht rein, aber letztlich sind sie natürlich Herr des Verfahrens. Wenn du clever bist und eigene Mittel hast, kannst du über die Förderprogramme – in Thüringen sind es über 300 an der Zahl – etwas für die Stadt tun. Aber dann bist du doch wieder von den Entscheidungen im Land abhängig. Das Städtebauförderprogramm zum Beispiel hat sich für Wasungen sehr gut ausgewirkt. Das Wasunger Rathaus, Baujahr 1533, wurde nach der Wende mit rund acht Millionen DM, davon 4,6 Millionen DM Fördermitteln rekonstruiert und sieht jetzt wieder schmuck aus. Das hätte die DDR nie leisten können, weder finanziell noch materiell.

Die wirtschaftliche Lage ist in Wasungen insgesamt nicht rosig. Die größeren Unternehmen, die viele Arbeitsplätze hatten, sind nach der Wende fast alle untergegangen. Das Uhrenkombinat zum Beispiel ist völlig weg. Den Wintersportgerätehersteller hat einer aus Bayern gekauft, das ist eine Ruine, die rostet vor sich hin. Der Betrieb für Papier und Pappe ist auch weg, hat sich aber in der Umgebung niedergelassen und neue Arbeitsplätze geschaffen. Lediglich das Metallwerk, früher mit über 400 Beschäftigten der größte Tubenproduzent in der DDR, ist Gott sei Dank gut rüber gekommen. Sie gehören jetzt zur Tubex-Firmengruppe mit Sitz in den Alt-Bundesländern und Österreich. Die haben in Wasungen etwa 185 Beschäftigte, das ist gemessen an den heutigen Möglichkeiten sehr viel. Die ehemaligen Produktionsgenossenschaften des Handwerks arbeiten wieder als kleine Handwerksbetriebe mit ein, zwei Beschäftigten. Wenn man alles zusammenzählt, die Tubex plus Geschäfte, Gaststätten, Schmied, Klempner, Heizungsinstallateur, Schule, Kindergarten usw., gibt es in Wasungen um die 1000 Arbeitsplätze.

Die Arbeit haben, sind heilfroh und zufrieden. Im Landkreis liegt die Arbeitslosenrate, obwohl viele nach Bayern und Hessen auspendeln, bei 18,3 Prozent. Ich kenne einige, die bis Fulda fahren. Aus der Arbeitslosenstatistik kann man die Zahl der Arbeitslosen für die Stadt Wasungen nicht feststellen. Nur durch Ein-Euro-Jobs können wir erkennen, wer arbeitslos ist. In den ersten Jahren nach der Wende war ABM ein Riesenmarkt. Selbst in der kleinen Gemeinde Wahns hatten wir in Spitzenzeiten

50 Leute in ABM. Jetzt ist ABM maximal gekürzt worden, zur Zeit laufen bei uns überhaupt keine mehr. In der Verwaltungsgemeinschaft haben wir 74 Ein-Euro-Jobs initiiert, in Wasungen fangen jetzt 27 an. Aber die dürfen ja nichts machen, wo sie anderen die Arbeit wegnehmen.

Die Einwohnerzahl ist erheblich rückläufig, weil es hier wenig Angebote gibt und die jungen Leute der Arbeit hinterher ziehen. So ist es in jedem Ort und jedem Landkreis in Thüringen. In Wasungen haben wir jetzt 3.800 Einwohner, wir hatten mal 4.200 und einen. Uns fehlen die Kinder, deshalb hat Wasungen jetzt keine Grundschule mehr, die Kinder fahren jeden Tag nach Walldorf. Weil die Bevölkerung immer weniger wird, gibt es sicher in Thüringen noch eine Gebietsreform. Man hätte 1990 einen Schnitt machen müssen, aber selbst die Eingemeindungen aus DDR-Zeiten wurden damals wieder rückgängig gemacht. Wir können es zwar nicht finanzieren, aber jeder macht nach wie vor sein: »Mir sein mir!« Man hätte Milliarden gespart, und Anfang der neunziger Jahre wäre das auch noch akzeptiert worden, weil ja alles, was aus dem Westen kam, »gut« war.

Hans Hartmann, Ostheim vor der Rhön/Bayern

Ich bin ein richtiger Ostheimer und trotzdem ein geborener Thüringer. Bis 1945 war Ostheim eine Enklave im nord-östlichen Zipfel Bayerns und gehörte zu Thüringen. Nach dem Krieg wurden wir der amerikanischen Zone zugeschlagen, weil Gott sei Dank ein schmaler Streifen Bayern zwischen Ostheim und Thüringen lag. Damit war aber Ostheim plötzlich von allem abgeschnitten. Die für uns zuständigen Ämter befanden sich in Meiningen und auch die Wirtschaft war seit Jahr und Tag auf Thüringen ausgerichtet. Die beiden Ostheimer Brauereien verkauften früher 90 Prozent ihrer Produktion nach Thüringen und mussten sich neue Märkte im Westen suchen. Andererseits hatten wir als Grenzregion auch Vorteile. In Ostheim und Umgebung bekamen die Unternehmen im Rahmen der sogenannten Grenzlandförderung vom Staat deutlich mehr Zuschüsse als anderswo. Profitiert haben davon vor allem die, die sich hier neu angesiedelt oder ihren Betrieb erweitert haben. Auch die Gemeinde hat davon profitiert, zum Beispiel bei der Straßenerneuerung oder beim Schulbau, überhaupt bei der ganzen Infrastruktur. Aber auf der anderen Seite – wir waren hier am Ende der Welt.

Dass ich einmal Bürgermeister von Ostheim werde, hat mir niemand an der Wiege gesungen. Als ich das Gymnasium beendete, rieten mir meine Eltern zum Lehrerstudium. Zu der Zeit gab es noch kein Bafög, und Geld hatten wir zu Hause wenig. Mein Vater schaffte in einer Schuhfabrik hier in Ostheim. Also war klar, dass ich nicht das studieren kann, was ich gern möchte, sondern mir ein Studium suchen muss, wo ich schnell fertig werde. Vielleicht wäre ich zur Bundeswehr gegangen, um zu studieren, aber diese Möglichkeit gab es damals noch nicht. Wahrscheinlich hätte mir das auch nicht gelegen. So entschied ich mich ganz pragmatisch für das Lehramtsstudium. Nach dem Studium unterrichtete ich sieben Jahre lang an einer Einklassenschule in der Umgebung von Ostheim. Fünfzig Kinder von der ersten bis zur achten Klasse in einem Raum. Das ging damals, auf dem Dorf waren die Kinder gefügig, freundlich, hilfsbereit. Das wäre heute unmöglich. 1962 kam ich nach Ostheim an die hiesige Schule, wo ich bis zu meiner Wahl zum Ersten Bürgermeister im August 1989 als Lehrer und Schulleiter gearbeitet habe. Ich habe für die SPD kandidiert, die anderen Parteien hatten niemand aufgestellt. Anscheinend meinten die Leute: Lasst das den mal machen. Sie kannten mich, schließlich war ich schon elf Jahre ehrenamtlich zweiter Bürgermeister.

Wir sind eine relativ kleine Gemeinde mit etwa viertausend Einwohnern, dreitausend in Ostheim, tausend in den zwei eingemeindeten Ortschaften. Der Ostheimer Bürgermeister ist auch Vorsitzender der Verwaltungsgemeinschaft, zu der noch zwei weitere Gemeinden gehören. Das Schöne in einer kleinen Gemeinde ist, dass die Leute mit ihren Problemen direkt zum Bürgermeister kommen. Wir haben hier in Ostheim keine ausgesprochene Prominenz, also Bürgermeister, Apotheker, Lehrer, Pfarrer oder so. Und auch die Kirche spielt keine so große Rolle. Etwa 80 Prozent der Ostheimer sind evangelisch, 20 Prozent katholisch. Durch das Enklavedasein war Ostheim durch Sachsen-Weimar evangelisch geprägt, während rundherum alles katholisch ist. Die katholische Kirche hält ihre Schäfchen ein bisschen mehr zusammen, aber streng gläubig sind die Leute hier sowieso nicht.

Ein freies Wochenende gibt es für den Bürgermeister nicht. Silberne Hochzeit, Goldene Hochzeit, 80. Geburtstag, da musste ich hin. Das gehörte nun mal zum Job. Und dann gibt es den täglichen Kleinkram, was eben gerade so anliegt. Echte Interessenkonflikte gab es in meiner Zeit als Bürgermeister eigentlich nicht. Das alte Straßenpflaster musste raus und neu verlegt werden, auch die gesamte Wasserversorgung war zu erneuern. Wir haben hier in Ostheim zusammen mit drei anderen Orten eine eigene kommunale Wasserversorgung. Die Frist der Kläranlage war abgelaufen und wir mussten zusammen mit der Nachbargemeinde neue Brunnen bohren und anschließend die Beiträge von den Anliegern erheben. Die Leute haben nichts dagegen, dass etwas gemacht wird, die haben nur etwas dagegen, wenn sie zahlen müssen. Bei Wasser waren das damals bei Grundstücken um die 800 bis 1 000 m² zwischen drei- und fünftausend Mark – dazu die Kläranlage. Manche Eigentümer waren dreifach belastet, das war dann schon happig. Heute ist alles bezahlt, und nun sind die Leute froh, dass alles in Ordnung ist.

Aus der Sicht meines Berufes als Lehrer und Schulleiter gab es trotz der unmittelbaren Grenznähe zu Thüringen keine Kontakte in den Osten. Mit dem Bildungswesen in der DDR hatten wir nichts zu tun. Aber privat waren meine Frau und ich über den kleinen Grenzverkehr mindestens zweimal im Jahr drüben, besuchten Bekannte, die in Grenznähe wohnten oder trafen uns irgendwo unterwegs mit Verwandten und Freunden aus Naumburg oder Leipzig. Manchmal waren wir während der Messe drei, vier Tage in Leipzig. Weniger wegen der Messe, sondern wegen der Konzerte im Gewandhaus. Zu unseren Burg-Serenaden in Ostheim haben wir immer Musiker von München, von Salzburg und irgendwann dann auch Musiker vom Leipziger Gewandhaus und von der Staatskapelle Dresden eingeladen. Die zwei, drei Serenaden im Jahr habe ich damals organisiert. Vor der Wende waren das immer Riesenpublikumserfolge. Es war einfach ein bisschen exotisch, wenn da Leute von Leipzig kamen. Die mussten ihr Visum in Berlin holen, und das bekamen sie meist erst am Tag vor der Ausreise. Deshalb konnte man nie hundertprozentig sicher sein, ob es auch klappt. Wir waren immer heilfroh, wenn die ersten Trabis um die Ecke bogen. Mit diesen Musikern sind richtig gute Freundschaften entstanden, die bis heute anhalten.

Wir sind auch im Osten gewandert, auf den Gleichbergen und auf der Geba. Ich war damals aktives Mitglied in unserem Rhön-Club. Dieser Rhön-Club war für die Nomenklatura drüben ein revanchistischer Verein. So steht es auch in meiner dicken Stasi-Akte. Die habe ich mir kopieren lassen und dabei rausgefunden, dass sie mich zum IM machen wollten. Auf dem Aktendeckel stand schon IM Wanderer. Ich war immer froh, wenn wir wieder über die Grenze kamen. Wir wurden ja drei-, viermal kontrolliert bis wir drin und wieder raus waren. Zum Teil mit allen Schikanen, sogar die Hosentaschen mussten wir umkrempeln. Es war schlimm, manchmal sehr schlimm. Ich fühlte mich immer beklemmt, weil ich das Gefühl hatte: Irgendwo ist dir ein Fehler unterlaufen, hast das Maul aufgemacht, wo es sich nicht gehört, oder du bist zu schnell gefahren. Beklemmt ist vielleicht übertrieben, auf jeden Fall unsicher.

Es gab damals in Thüringen schon einige Ost-West-Partnerschaften, Oberhof zum Beispiel hatte damit begonnen. Wir wollten in Ostheim keine Städtepartnerschaft mit einer Gemeinde irgendwo in Südfrankreich, sondern eine in Thüringen. 1985 haben wir beschlossen, eine Partnerschaft mit Wasungen anzustreben. Mein Vorgänger als Bürgermeister war ein gebürtiger Wasunger. Er hatte in Ostheim einen handwerklichen Beruf gelernt und später hierher geheiratet. In den fünfziger Jahren haben die Ostheimer noch in Wasungen Fußball gespielt. Wasungen hat viele Ähnlichkeiten mit Ostheim. Es ist auch ein mittelalterliches Städtle. In der Stadt steht die Kirche – wie bei uns auch, ganz oben auf dem Berg steht die Burg – wie bei uns auch. Hier wie dort wird der fränkische Dialekt gesprochen, da gibt es nur ganz feine Nuancen. Thüringisch spricht man hier unten im Meininger Raum überhaupt nicht, das findet man erst nördlich vom Rennsteig.

1986 habe ich das erste Mal an die Stadt Wasungen und an die Ständige Vertretung der DDR geschrieben, ohne die wäre ja nichts gegangen. Da kam eine Ablehnung: Sie wollen erst Erfahrungen sammeln. Als ich mit meiner Frau wieder einmal über den kleinen Grenzverkehr in Wasungen war, habe ich zu ihr gesagt: Wir gehen jetzt einfach mal nauf ins Rathaus zum Bürgermeister, der kann uns ja net mehr als nausschmeißen. Aber er war nicht da. Na gut, er hatte auch seine Vorschriften. Anfang 1989 habe ich noch einmal geschrieben, da kam eine ehrliche Antwort. Im Sommer war dann der Bundespräsident Richard von Weizsäcker in Ostheim zu Besuch. Meine einzige Bitte war, uns beim Zustandekommen der Partnerschaft mit Wasungen zu helfen. Die Ministerialen haben sich das notiert – und das war es. Schon zwei Tage nach der Grenzöffnung hat mich der Bürgermeister Koch aus Wasungen besucht. Von da an ist es dann gelaufen, und im Mai 1990 haben wir die Städtepartnerschaft perfekt gemacht. Nachdem wir schon lange unterschrieben hatten, kam die Anfrage vom Bundespräsidialamt, ob sie uns helfen sollen.

Die Wendezeit haben wir hier sehr turbulent erlebt, wir hatten gar keine Zeit nachzudenken. Die Verwandten kamen, es war Wahnsinn. Die Szenen, die sich in diesen Tagen abspielten, waren erhebend. Man hätte es filmen müssen, ich hätte aufs Tonband sprechen sollen, was so alles am Tage passiert ist. Gleich am ersten Tag, ich war gerade aufgestanden und wollte mich rasieren, kam ein Geschäftsmann zu mir nach Hause und sagte: geschwind, wir müssen eine Zahlstelle aufmachen. Wenige Stunden später haben wir im Rathaus die Zahlstelle für das Begrüßungsgeld geöffnet. Es war bitterkalt, und die DDR-Leute standen in einer drei-, vierhundert Meter langen Schlange. Wir begannen jeden Tag um sieben und oft ging es bis in die Nacht. Manche konnten mit den kleinen Kindern nicht mehr zurückfahren und mussten hier übernachten. Von den Amerikanern weit hinter der Rhön haben wir Betten geholt, damit die Leute in der Turnhalle und im Feuerwehrhaus schlafen konnten. Wir mussten dann auch noch für Frühstück sorgen. Aber es gab auch unangenehme Geschichten. Einmal kam ein Mann ganz aufgeregt aus der Zahlstelle unten im Rathaus zu mir: Da unten ist der Stasi-Offizier, der mich ins Gefängnis gebracht hat – das sind wieder die ersten, die hier Geld holen. Die Geschäfte in Ostheim haben natürlich im ersten Jahr schwer profitiert. Das Begrüßungsgeld ist zu 90 Prozent gleich hier wieder ausgegeben worden. Die Ostheimer sind weggefahren und haben woanders eingekauft, weil hier nichts mehr ging. Das lief so bis nach Weihnachten – zu Weihnachten war ich dann krank.

Für die Stadt als Kommune hat sich nach der Vereinigung nicht viel verändert. Etliche Leute sind von Thüringen hierher gezogen, haben einen Arbeitsplatz gefunden oder einen Mann oder eine Frau. Die Arbeitslosigkeit ist hier deutlich niedriger als in Thüringen, sie liegt bei uns im Landkreis bei acht Prozent. Von den paar alten Unternehmen, die wir hier in der Grenzregion hatten, sind die meisten über die Jahre eingegangen. Neue haben sich nach der Wende kaum angesiedelt, weil in Thüringen die Förderung größer ist. Gut laufen bei uns der Fremdenverkehr und der Einzelhandel, darum beneiden uns die Nachbargemeinden. Unsere Geschäftsleute sind ganz rührig. Das liegt aber auch an unserer Marktstraße, die führt durch die ganze Stadt, ist schön breit ist und bietet gute Parkplätze. Vom Straßenbauamt war eine Umgehungsstraße geplant, aber die Ostheimer Geschäftsleute waren dagegen. Die wollen die Durchfahrt erhalten. Die Anwohner an der Marktstraße wohnen seit Generationen dort und sind an den Verkehr gewöhnt.

Die politischen Verhältnisse haben sich in den letzten Jahren in Ostheim verändert. Die CSU ist stark geworden, sie stellt jetzt auch den Bürgermeister. Sie haben sechs Sitze, Freie Wähler und SPD haben je fünf Sitze. Früher war auch die FDP stark, das ist vorbei. Die Grünen spielen keine Rolle. Bei uns hatte nie eine Partei die absolute Mehrheit, also mussten wir immer bei anderen Parteien Verbündete suchen. Der Umgang zwischen den Parteien ist sachbezogen und relativ offen, nicht polemisch. Natürlich gibt es auch Streit, aber hinterher geht man zusammen ein Bier trinken. Die finanzielle Situation der Stadt hat sich wie überall in den Kommunen in den letzten Jahren dramatisch verschlechtert. Natürlich sehen die Leute nach dem Osten, wohin nach wie vor viel Geld fließt. An den Stammtischen hört man dann schon recht kritische Äußerungen – es ist ja auch was dran. Aber auf der anderen Seite geht es nicht, dass die neuen Länder in 20, 30 Jahren immer noch am Tropf hängen, die müssen sich irgendwann selbst ernähren. Wir sind öfter oben in Mecklenburg-Vorpommern. Wenn man da durch die Dörfer fährt, ach Gott, das ist ja so arm, da ist Thüringen Gold dagegen.

Die einfachen Leute hier ärgern sich darüber, dass sie weniger Rente bekommen als ihre Bekannten in Thüringen. Bei uns haben die Frauen im Unterschied zu den Frauen in der DDR meist nur halbtags geschafft. Die Frauen im Osten erhalten daher eine deutlich höhere Rente als viele Rentnerinnen bei uns. Aber das wird sich auch angleichen. Ich persönlich sehe nicht ein, dass die Gehälter und die Pensionen zwischen Ost und West unterschiedlich sind. Der Lehrer in Meiningen hat die gleichen Probleme wie der Lehrer in Ostheim. Warum soll er nicht das gleiche Geld verdienen? Der Bürgermeister in Wasungen drüben hat eine Gehaltsgruppe weniger als der Ostheimer, obwohl er mehr Sorgen hat. Das ist nicht in Ordnung, aber andererseits können die Gemeinden häufig auch nicht mehr zahlen.

In den ersten Jahren der Partnerschaft mit Wasungen ist zwischen den Vereinen mehr gelaufen als heute. Einige Vereine haben noch gute Kontakte, manches ist inzwischen auch eingeschlafen. Vielleicht ist da mal was schiefgelaufen, mit Gewalt kann man das nicht aufrechterhalten. Das liegt immer an Personen, ob die miteinander können oder nicht. Meine Frau und ich, wir sind öfter drüben, weil wir mit dem Manfred Koch befreundet sind. Auch die Stadträte treffen sich ein-, zweimal im Jahr, aber auch das ist nicht so intensiv, wie man es sich gewünscht hätte. Die haben eben ihre Sorgen, und wir haben unsere Sorgen.

Als ich nach acht Jahren aus dem Bürgermeisteramt ausschied, war ich zweiundsechzig. Ich hätte in den Schuldienst zurück gekonnt und auch wieder eine Rektorenstelle bekommen. Aber nicht in Ostheim, die war inzwischen besetzt, sondern irgendwo jotwede. Deshalb bin ich 1997 in Pension gegangen, ich war ja auch raus aus dem Geschäft.

Ich habe immer sehr viel Sport gemacht, Fußball gespielt, bin gewandert. Später war ich Trainer und Vorstand im Sportverein. Wie das halt so ist: Du bist Lehrer, da kannst du doch das und das übernehmen! Einige Jahre habe ich zwei Chöre dirigiert. Schon in meinem Elternhaus wurde viel musiziert, von dort kommt auch meine Liebe zur Musik. Leider spielen wir heute nicht mehr so oft. Ab und zu häng ich mich ans Klavier und klimpere ein bisschen, die Geige hab ich schon jahrelang nicht mehr ausgepackt. Ins Konzert gehen wir noch regelmäßig im Meininger Theater, das ist immer ganz schön. Und einmal im Jahr fahren wir nach Leipzig ins Gewandhaus oder in die Oper und treffen uns mit unseren Musikerfreunden.

Meine Frau hilft ab und zu unserer Tochter im Büro. Als wir uns kennenlernten, war sie Angestellte im Landratsamt in Mellrichstadt. Sie fuhr mit dem Zug nach Mellrichstadt, ich fuhr als junger Lehrer auch jeden Tag nach Mellrichstadt und musste dort umsteigen – so haben wir uns getroffen. Als das erste Kind unterwegs war, hat sie aufgehört zu arbeiten. Unsere drei Töchter sind dicht hintereinander geboren: 1958, 1959 und 1960. Obwohl meine Frau damals nicht arbeitete, sind alle drei in den Kindergarten gegangen. Als die Töchter aus dem Allergröbsten raus waren, hat meine Frau wieder angefangen zu schaffen – als Steuergehilfin bei einem Steuerberater. Eine Tochter ist auch Steuerberaterin und hat ihr Büro hier im Hause. Die zweite ist Architektin in Ostheim und lebt in meinem Elternhaus. Die dritte ist in Schweinfurt verheiratet. Ihr Mann ist Lehrer für evangelische Religion an einem Gymnasium, er war vorher Pfarrer. Sie hat zwei Kinder und ist deshalb nicht berufstätig. Das Haus, in dem wir wohnen, haben wir 1986 gebaut. Große Besitztümer gibt es bei uns nicht, aber wir können zufrieden sein. Das Wichtigste war für uns, dass die Kinder eine gute Ausbildung bekommen.

Ich hoffe, und das hoffe ich sehr, dass diese Mauer in den Köpfen irgendwann einmal verschwindet – hüben wie drüben. Gestern Abend sind sie im Fernsehen im Kabarett aus Magdeburg wieder über die Wessis hergezogen. Und wenn ich zum Karneval nach Wasungen gehe, wo wir immer eingeladen sind, machen sie sich nur über die Wessis lustig. Hier bei uns – umgekehrt! Das ist nicht gut, überhaupt nicht gut. In den letzten Jahren hat sich das sogar wieder hochgeschaukelt. Wenn sie aber unsere Leute fragen: Warst du schon mal am Kyffhäuser, oder kennst du Leipzig? Nix, obwohl der Osten gleich nebenan liegt. Teneriffa, Tunesien? ja!

Als SPD-Mann macht man sich natürlich seine Gedanken über die Zukunft. Sozialismus hat für uns immer so einen DDR-Touch. In reiner

Form wird es das leider nicht geben, aber die Idee ist gut. Heute können die Unternehmen ihre Arbeiter ungeheuer unter Druck setzen, und sie machen das auch. Der Staat hat die Voraussetzungen geschaffen, dass sie wieder Leute einstellen könnten, aber das entlockt denen nur ein müdes Lächeln. In den nächsten Jahren wird das nicht besser werden. Wenn ich z. B. nach Schweinfurt schaue, Kugelfischer, Fichtel & Sachs. Die haben Hallenbäder gebaut, die haben Sportanlagen gebaut, die haben Wohnungen gebaut. Heute sind diese Firmen von Rheinmetall oder was weiß ich von wem geschluckt. Die haben überhaupt kein Interesse, in die Kommune zu investieren. Da geht es nur darum, wie hoch ist die Dividende, mehr interessiert die nicht.

Der Handwerker

Klaus Hellebrandt, Chemnitz
geb. 1942 in Chemnitz
Kfz-Klempner – Handwerksmeister
PGH Kfz-Handwerk
25 Jahre selbständiger Handwerker
VW- und Audi-Händler
Werkstattleiter Lackiererei

verheiratet, eine Tochter

Wolfgang Hennig, Hamburg
geb. 1954 Hamburg
Dreher, Fertigungsleiter Ind.
Schlosser- und Maschinenbaumeister
Bezirkshandwerksmeister in
Hamburg-Altona
Schlosserei Hennig
Altonaer Handwerkerring e.G.
verheiratet, zwei Söhne

Die Lebensmuster von Klaus Hellebrandt und Wolfgang Hennig haben wenig Gemeinsames.

Wolfgang Hennig wollte nie Handwerker werden, weil er glaubte, dass das Handwerk keine Zukunft hat. Inzwischen ist er Bezirkshandwerksmeister in Hamburg-Altona und streitet für die Handwerker in seinem Bezirk. Klaus Hellebrandt fegte schon als Kind im Karosseriebaubetrieb seines Vaters in Chemnitz die Werkstatt – da gab es nie einen Zweifel, dass er Kfz-Klempner wird. Zu DDR-Zeiten betrieb er zusammen mit seinem Bruder eine florierende private Autowerkstatt, nach der Wende das größte Autohaus in Chemnitz. Heute ist er Werkstattleiter in einer Lackiererei.

Beide haben Erfahrungen mit Handwerkergenossenschaften gemacht. Klaus Hellebrandt war Anfang der sechziger Jahre in Karl-Marx-Stadt Mitglied der ersten Produktionsgenossenschaft des Kfz-Handwerks. Obwohl Genossenschaften in der DDR gefördert wurden und er sehr gut verdiente, verließ er die PGH. Der Hamburger Wolfgang Hennig gründete vor kurzem gemeinsam mit anderen Handwerkern eine Genossenschaft, den Altonaer Handwerkerring. Im Handwerk der Bundesrepublik ist das eher ungewöhnlich. Wolfgang Hennig sieht in seiner Genossenschaft eine Chance für die kleinen Altonaer Handwerksunternehmen, dem immer härter werdenden Konkurrenzkampf zu widerstehen.

Eines haben beide gemeinsam: Sie hatten immer zu wenig Zeit für Familie, Urlaub und Hobbys.

Klaus Hellebrandt, Chemnitz

Mein Vater, der Max Hellebrandt, hatte nach dem Krieg in Chemnitz einen Karosseriebaubetrieb. Viele Jungs wollten damals in die Autobranche, und für mich war natürlich klar, dass ich die Chance, im elterlichen Betrieb Kfz-Klempner zu lernen, nutze. Kfz-Klempner war mein Traumberuf. Schon mit zwölf Jahren habe ich mit in der Werkstatt gestanden und Kotflügel abgeschraubt oder abends ausgekehrt. Wir waren in der Werkstatt zehn Mann: dreimal Hellebrandt – der Vater, mein Bruder Manfred und ich sowie sieben andere Kollegen. Mehr durfte mein Vater als Handwerker nicht einstellen, sonst wäre er als Industriebetrieb eingestuft worden und hätte mehr Steuern zahlen müssen. An den Aufträgen lag es nicht, davon hatten wir immer genug. Wir hätten Tag und Nacht arbeiten können.

1959 sollte in Chemnitz, damals Karl-Marx-Stadt, eine Produktionsgenossenschaft des Kfz-Handwerks für alle Trabant- und Wartburgreparaturen gegründet werden. Dafür brauchten sie Schlosser, Klempner und Lackierer. Mein Vater ist mit seinem Karosseriebaubetrieb in die Genossenschaft gegangen, allerdings nicht ganz freiwillig. Da wurde schon ein bisschen Druck auf den Max gemacht: Wenn du nicht in die Genossenschaft willst, dann müssen wir uns mal deine Löhne und die Verwendung deines Privatgeldes ansehen. Am 30. April unterschrieb er das Gründungspapier, und am 1. Mai wurden wir als erste PGH des Kfz-Handwerks in Karl-Marx-Stadt an der Tribüne gefeiert. Die Genossenschaft hat meinem Vater den Betrieb bezahlt. Die Ersatzteile, also Reifen, Öl, Schweißdraht wurden sofort bezahlt und die Maschinen in zehn Jahresraten. Das war ein Wert von ungefähr zwanzigtausend DDR-Mark. Das Geld bekam er pünktlich in Zweitausendmark-Raten, und wegen seiner Erfahrungen wurde der Vater bei der Gründung der Genossenschaft Chef der Karosseriewerkstatt.

Bevor ich 1962 zur Armee bin, habe ich drei Jahre in der PGH gearbeitet. Wir verdienten in der Genossenschaft sehr gut, über tausend Mark im Monat. Außerdem bekamen wir die Jahresendprämie, das waren jedes Mal zwei-, dreitausend Mark zusätzlich zu dem guten Verdienst. Die Genossenschaft mietete jedes Jahr eine Gaststätte für die Jahresvollversammlung und für das Betriebsvergnügen mit den Angehörigen. Am nächsten Tag war das Geld auf unseren Sparbüchern bei der Genossenschaftsbank gutgeschrieben. Mit Hilfe der Baubetriebe, Maler, Elektriker, für die wir die Autos reparierten, haben wir uns in Sachsen an der Talsperre Triebstein ein wunderschönes Wochenendhaus ausgebaut. Und wenn mal privat etwas zu transportieren war, konnten wir die Fahrzeuge der Genossenschaft unentgeltlich nutzen. Das war alles in allem eine gute Sache.

Trotzdem träumten mein Bruder und ich von einer eigenen Reparaturwerkstatt. Wir hatten einfach den Drang, uns selbständig zu machen. Also mieteten wir 1965 in Adelsberg, einem Ortsteil von Karl-Marx-Stadt, eine Tankstelle und den dazugehörigen Pflegedienst. Als mein Bruder seinen Kfz-Meisterbrief und wir beide die Prüfung für das Elektroschweißen bestanden hatten, befürwortete die Handwerkskammer unseren Antrag auf eine eigene Karosseriewerkstatt. Zu unserem Glück bekamen wir durch einen Kollegen vom Autowerk Sachsenring Zwickau einen Werkvertrag für den Trabant. Die Trabantkarosse war zwar aus Plaste, aber die Plaste wurde genauso mit der Bandsäge gesägt wie eine Metallkarosse. Der Vertrag mit Sachsenring war unser großes Plus, weil uns das Werk mit Ersatzteilen beliefern musste. Ersatzteile und Material waren bekanntlich in der DDR immer Engpässe. Als wir mit unseren Beschäftigten über die Zehn-Mann-Grenze kamen, haben wir den Betrieb geteilt. Ich übernahm den Karosseriebau, mein Bruder den Pflegedienst und die Tankstelle. Durch diese Trennung war es uns möglich, mehr Leute zu beschäftigen. Wir verdienten gutes Geld, im Schnitt hatten mein Bruder und ich im Jahr einen Gewinn von fünfundzwanzig, dreißigtausend Mark. Aber wir arbeiteten auch jeden Tag 14 bis 16 Stunden. Die Tankstelle war von 7 bis 18 Uhr offen, sonntags von 8 bis 12. Meine Frau hat von 1970 bis 1994 in der Tankstelle gearbeitet. Zu Pfingsten oder anderen Feiertagen verkauften wir bis abends um zehn, und früh um sechs machten wir wieder auf.

Da konnte es passieren, dass freitags um neun das Benzin ausverkauft war. Sonnabend früh um fünf kam der Tankwagen, aber das klappte nur, wenn sie den Dispatcher persönlich kannten und – das kann man ja jetzt erzählen – ihm einen Kasten Radeberger reinstellten. Da mussten wir immer beweglich sein. Für den Trabant gab es zum Beispiel so kleine Klappdächer. Die Kunden waren dankbar, wenn ihnen die Firma Hellebrandt ein Klappdach einbaute, und so stand in jedem Auto ein Kasten Bier oder ein Erzgebirgisches Räuchermännl. Vieles war zu DDR-Zeiten eine Beziehungsfrage, aber das waren andere Beziehungen als heute. Zwei Tage vor der Wahl brach einmal beim Vorsitzenden der Nationalen Front die Gelenkwelle vom Wartburg-Tourist. Freitagabend machten wir uns ran und Sonnabendfrüh um sechs fuhr das Auto wieder. Natürlich konntest du da mal einen Wunsch vorbringen, denn der besaß einen gewissen Einfluss. Das kam dir zugute, das waren keine Privilegien. Da hast du gesagt: Du, wie sieht es mal mit der Zuweisung eines Transporters B 1000 aus? Der machte zwar keine Zusage, aber wenn die Verteilung erfolgte und du warst unter den Antragstellern, dann hast du einen bekommen. Wir haben in unserem Betrieb vielleicht etwas mehr möglich gemacht, weil wir nicht so auf die Stunde geguckt haben. Aber da wurde nichts verschenkt, das ist alles ordentlich bezahlt worden.

Wir fuhren jeder einen 7er Lada. Das war ein sehr schönes Auto, den können sie locker mit einem Renault oder Peugeot vergleichen. Selbstverständlich, wenn so ein Benz kam, da glänzten meine Augen – mein Traum war immer ein Mercedes. Ein paar Kunden von uns hatten einen Mercedes, in denen habe ich auch mal drin gesessen und bin ein Stück gefahren. Auf Westgeld waren wir nicht aus, das hatten wir nicht nötig. Die Westdeutschen bezahlten mit Forumschecks und für die 20 DM konnten wir im Intershop einkaufen. Wenn natürlich einer sagte: Ich gebe dir eins zu vier, dann hast du das nicht abgelehnt. Alles andere wäre gelogen.

In den 25 Jahren bis zur Wende habe ich bei meinen Kunden vielleicht hundert Mark eingebüßt. Wenn einer mal kein Geld mithatte und sagte, er bringt es übermorgen, da brauchten sie keinen Schuldschein auszuschreiben. Der kam pünktlich. Aber die gleichen Bürger, die wir zehn Jahre lang mit dem Trabant gut bedient hatten, haben uns in den neunziger Jahren betrogen. Mit Spitzfindigkeiten wurde reklamiert und die Rechnung nicht bezahlt. Ich bin enttäuscht, wie sich die Menschen gewandelt haben. Bescheißen ist das erste, was sie als Bürger der Bundesrepublik gelernt haben. Aber vielleicht sind sie auch betrogen worden und geben es einfach weiter.

Mein Bruder und ich, wir waren beide sehr engagierte Fußballer. Ich spielte beim Sportclub, schaffte es aber dann leistungsmäßig nicht zur Spitze. Außerdem konntest du in der DDR beim Fußball nichts verdienen. Wir spielten bei der SG Adelsberg, das war ein ganz kleiner Verein. Mit der Mannschaft waren wir in Ungarn, in der Tschechei, in Bad Elster, an der Ostsee, im Zittauer Gebirge. Freitag sind wir losgefahren, vier Pkw, in jedem vier Männer drin. Das hat Spaß gemacht. Die Frauen meckerten immer ein bissl, weil sie die Tankstelle alleine machen mussten. In der Mannschaft gab es keine Unterschiede – der Manfred und ich, wir waren Handwerker, ein Chefarzt, ein PGH-Vorsitzender, zwei Ingenieure, drei Arbeiter, ein paar Angestellte. Bis nachts um zwei haben wir zusammen gesessen, gelacht, geredet. Das war eine schöne Zeit. Da konnte auch der Arbeiter eine Runde Bier ausgeben, die kostete gerade mal fünf Mark.

Natürlich haben wir auch über Politik gesprochen. In unserer Mannschaft spielte der stellvertretender Parteisekretär vom Buchungsmaschinenwerk, dem größten Betrieb in der Stadt, der Peter Franz. Der war vom Sozialismus überzeugt. Manchmal tat er mir richtig leid, wie wir den niederdiskutiert haben: Du mit deinem Scheiß-Sozialismus! Der hat mit uns Bier getrunken, der hat keinen angezeigt. Sicher wird es Fälle geben, aber ich kenne keinen, den sie eingesperrt haben. Wir bewegten uns in dem Rahmen, den wir hatten. Na klar, wenn die an die Mauer gegangen sind, die mussten doch wissen, welche Gefahr sie eingehen. Was in Mexiko an der Grenze stirbt, was in Irland stirbt, darüber redet keiner. Auch über die Stasi wird viel Mist erzählt. Als die Stasi 1982 in Adelsberg baute, haben die öfter bei uns getankt. Da wurde uns auch nachgesagt: Die Hellebrandts handeln mit der Stasi, bei denen geht die Stasi ein und aus. Bei uns ging der Pfarrer ein und aus, bei uns ging auch der LPG-Bauer ein und aus. Wir hatten nichts mit der Stasi zu tun, aber wir hatten auch keine Berührungsangst. Einer besucht uns heute noch, der war damals dort Fuhrparkleiter.

Um Politik habe ich mich nicht gekümmert. Der Stadtrat für Nachrichten und Verkehr, der in Karl-Marx-Stadt über die Verteilung der Fahrzeuge entschied, gab uns den Tipp: geht in die NDPD! Wir brauchten dringend ein Fahrzeug und haben den Vorteil genutzt. Mein Bruder ist in die NDPD eingetreten und war später auch Mitglied der Stadtverordnetenversammlung Karl-Marx-Stadt. Tatsächlich sind wir mit dem Fahrzeug ein Jahr eher dran gekommen. Außerdem wussten wir aus der Stadtverordnetenversammlung, was in der Stadt los ist, welche Straßen verlegt werden, wo was gebaut wird. Mich hatten sie mal nach Schwerin zu einer Kreisdelegiertenkonferenz der NDPD eingeladen. Da war ich enttäuscht, das war nicht mein Fall. Die waren nicht besser als die SED, vielleicht sogar noch schlimmer.

Über die Bundesrepublik wussten wir gut Bescheid und hatten auch viele Beziehungen nach drüben. Meine Schwester ist 1957 nach Stuttgart gegangen, zu ihr gab es immer einen engen Kontakt. Außerdem kannten wir einen westdeutschen Handelsvertreter, der viel im Felgenwerk in Ronneburg zu tun hatte. Der besorgte uns Luftmeißel und Schlagschrauber, damit konnten wir viel schneller und besser arbeiten als mit unserem Handmeißel. 1988 war ich zum 65. Geburtstag der Tante meiner Frau in Mönchengladbach. Da lief gerade das Spiel Frankfurt gegen Bayern München, Meister gegen Pokalsieger. Mit dem Hausbesitzer, einem Malermeister, der bei Schalke im Vorstand war, habe ich vorm Fernseher über die Spieler und die Bundesliga geredet. Da sagt der zu mir: Du weißt ja besser über unseren Fußball bescheid als ich. Wir wussten alles über die Bundesliga, die spielten einfach einen besseren Fußball. Die einzige Sportart übrigens, wo sie besser waren als wir. Aber die wussten nichts über uns, die wissen heute noch nicht mal, was die Hauptstadt von Sachsen ist. Beeindruckt war ich damals, als ich das Materiallager des Malers gesehen habe. Das ging mir nicht in den Kopf: Wenn der zwanzig Maler hat, kann der doch nicht bloß die fünf Leitern und zehn Töpfe haben, die in seiner Doppelgarage standen. Ich war richtig erschrocken und fragte ihn: Wo hast du denn dein Lager? Wieso Lager?, antwortete er ganz erstaunt. Das Material wurde direkt auf die Baustelle geliefert und sofort verarbeitet. Das war schon beeindruckend und auf jeden Fall auch finanziell lukrativ.

Ich habe nie daran gedacht, nach dem Westen zu gehen. Dafür ging es uns zu gut. Ich hatte eine gute Familie, ein Grundstück von viereinhalbtausend Quadratmetern, ein schönes Einkommen. Uns fehlte es an nichts. Ein Einrichter, der 1986 das Werk für Salamander im Erzgebirge mit eingerichtet hat, war mal mit seiner Frau bei mir zu Hause. Als sie sich bei uns umgesehen hatten, sagte er zu mir: Ich verstehe, dass du nicht abhaust – wie du hier lebst, das kannst du dir drüben gar nicht leisten. Ich gehöre auch nicht zu denen, die 1989 gerufen haben: Wir sind das Volk! Sicher war das damals nicht so einfach, aber vielleicht waren da auch ein paar darunter, die später sagen wollten: Ich war dabei. Für mich war das kein Thema. Natürlich hat mich die Wende gefreut, ich habe mir auch die hundert D-Mark geholt. Aber ich bin sehr spät rüber gefahren. Nicht wie andre, die noch nachts losgefahren sind.

Gleich nach der Maueröffnung wurde unsere Werkstatt von den Autoherstellern bedrängt. Die Ingenieure vom Wissenschaftlich-technischen Zentrum Motorenbau, die VW sich für den Außendienst geholt hatte, kannten uns und sagten: Macht unbedingt VW und Audi! Als wir noch am überlegen waren, kam abends mal ein älterer Herr von Gastroll in die Werkstatt. Wir arbeiteten gerade an einem Mercedes-Oldtimer und hatten zur Pause einen großen Schinken vom Schweineschlachten aufgebaut. Der hat mit uns gegessen und sagte danach zu uns: Ich kenne euch zwar nicht, aber macht keinen Vertrag mit VW. Ihr seid viel zu alt dafür – ich war damals 48, Manfred 51 –, außerdem seid ihr keine Kaufleute, sondern viel zu viel Handwerker. Macht mit fünf Mann eine Oldtimerwerkstatt auf, das entspricht euren Fähigkeiten, und ihr müsst keine Kredite aufnehmen. Wir haben nicht auf ihn gehört. Jetzt nach fünfzehn Jahren sage ich: Das war ein Fehler. VW ist zu dominant. Wir hatten nichts mehr zu sagen, die haben alles entschieden. Wir hätten mit einer kleinen Type wie Suzuki anfangen müssen. Diese Händler gibt es heute noch.

VW und Audi war natürlich für uns etwas ganz Großes, und so kurz nach der Wende konnten wir nicht übersehen, was auf uns zukommt. Es ging auch ganz friedlich los – als wir ein ASU-Gerät brauchten, hieß es: Könnt ihr kriegen, ihr müsst nicht gleich bezahlen. Das war das Verführerische. Wir hatten einen sehr guten Start mit VW. 1991 verkaufte Hellebrandt in Chemnitz die meisten Autos, da waren wir schon 25 Mann. 1993 fanden in Chemnitz die Audi-Tage statt. Der Karl Hahn, der Chef von VW und Audi war hier. Der hat früher bei der Autounion in Chemnitz gelernt und alle, die ihn kannten, waren eingeladen. Bei einem persönlichen Gespräch riet er uns, zu expandieren und bot an, mit uns das erste separate Audi-Autohaus in den neuen Bundesländern zu machen. Wir hatten in Adelsberg auf unserem eigenen Gelände eine wunderschöne Werkstatt, eine richtige Puppenstube. Wenn du aber dann die Vorplanung für das neue moderne Audi-Projekt siehst, da bist du schon ein bissl gerührt. Also haben wir den Rohbau des Autohauses in der Zschopauer Straße als Mietobjekt übernommen und nach den großzügigen Plänen von Audi ausgebaut.

Im August 1994 wurde das Audi-Autohaus Hellebrandt mit großem Bahnhof eröffnet. Katharina Witt war da, der Bürgermeister war da, die ganze VW- und Audi-Creme, es war wunderbar. Wir haben gedacht, nun kann uns nichts mehr passieren, jetzt sind wir wer. Das Geschäft ließ sich gut an. Von den 600 Audis, die 1995 in Chemnitz verkauft wurden, hat Hellebrandt allein 320 verkauft. Da warst du stolz. Wir haben große Reisen gemacht, wir wurden nach Norwegen eingeladen, ich war mit dem Glacier-Express in Zermatt. Das waren wunderschöne Erlebnisse.

Hellebrandt hatte jetzt fünf Standorte in Chemnitz, das bedeutete fünfmal Kosten. Wir brauchten den Kundendienst, einen bei VW und einen bei Audi. Wir brauchten Lagerleiter, einen bei VW und einen bei Audi. So waren wir auf 96 Mitarbeiter angewachsen. Die Löhne wurden von VW vorgeschrieben, der Kundendienstleiter bekam fünftausend Mark brutto. Die Miete für das neue Autohaus kostete 24 000 Mark im Monat, davon zahlte Audi die Hälfte. 1994 wird der Vertriebsleiter abberufen. Der Neue wusste von nichts, und wir hatten nichts schriftlich. Ein Jahr haben sie uns noch die Vorführwagen gelassen, aber die Miete mussten wir sofort voll bezahlen.

Mitte der neunziger Jahre ging es mit den Pleiten im Leasinggeschäft los. Als Sachsenbau Pleite ging, standen die zwöf geleasten Transporter wieder auf unserem Hof. Weil es der Baufirma vorher schon schlecht ging, hatte sie keine Durchsichten mehr machen lassen, und du kannst die Fahrzeuge nur noch zum halben Preis verkaufen. Bei fünf Pleiten sind gleich mal dreihunderttausend Mark weg. Die Leasinggesellschaft interessiert das nicht, die will den vollen Preis haben. Zur gleichen Zeit wurde der Markt immer enger. Die Leute, die Geld verdienten, sind wegen der Arbeit aus Chemnitz weggegangen. Die kauften sich auch ihre Autos drüben, in Chemnitz sind die Rentner und die Kinder geblieben. Wir verkauften zwar immer noch viel Autos, aber der Ertrag war nicht gut. Wir hatten auch zu viele Leute, niemandem haben wir gekündigt. Wir waren zu anständig, zu sozial, wir hätten wenigstens mit den Löhnen runter müssen. Uns fehlten einfach die Ellbogen.

Am Ende hat uns VW regelrecht ausgebootet. Die wussten genau, was wir für Umsätze hatten. Über die Rechnungsstelle in Unna kannten sie unsere Ertragsrechnung und sahen: Hellebrandt ist finanziell am Ende. Wir hatten nichts mehr, unsere Wohnhäuser waren im Unternehmen, überhaupt alles. Am 17. Oktober 1999 um fünf Uhr nachmittags wurden wir in die Zentrale von VW in Chemnitz geladen. Wir sollten zwei junge dynamische Ersatzmänner stellen, aber wir hatten jeder bloß eine Tochter. Am 18. Oktober früh um neun waren die Tieflader aus Wolfsburg da und haben die Autos weggeholt. Wir konnten sagen, was wir wollten, das Schicksal der Firma Hellebrandt war schon besiegelt. Nun war es rum und stand in der Morgenpost: Der Chemnitzer VW-Haupthändler Hellebrandt ist pleite.

Was ich danach erlebt habe, wünsche ich nicht meinem ärgsten Feind. Ein Insolvenzverwalter, der riesige Bearbeitungskosten berechnet und bis heute das Insolvenzverfahren nicht abgeschlossen hat. Ein Anwalt, wie der Insolvenzverwalter aus dem Westen, der versäumt hat, uns sofort als Gesellschafter abzuberufen. Dadurch sind für Umsatzsteuer und Lohnsteuer noch einmal 368 000 DM Schulden aufgelaufen, für die mein Bruder und ich unbegrenzt haften. Das alles ist nicht fair, schließlich hatten wir für 96 Leute Arbeit und Brot geschaffen.

Persönlich bin ich platt. Meine Lebensversicherung ist weg, meine Pensionszulage und mein Haus sind weg. Sobald ich etwas über die Grenze verdiene, muss ich abzahlen, und die Steuern bleiben mir lebenslänglich. Da muss man mit einer Frau lange verheiratet sein, um das alles zu verkraften. Meine Frau hat es mehr getroffen als mich. Sie betreut die Enkel, dadurch ist sie wenigstens ausgelastet. Meine Frau wäre sonst eingegangen. Mein Gartengrundstück hat Gott sei Dank der Holasek Werner für uns ersteigert. Er hat mir versprochen, ich kann dort wohnen, solange ich lebe. Ich behandle es auch wie mein Eigenes, und wenn ich mal im Lotto gewinne, zahle ich es ihm zurück. Wir kennen uns seit mehr als 50 Jahren. Als kleiner Junge wollte er einmal bei uns in Adelsberg an dem Katzenbuckel Schi, fahren und die Adelsberger Jungs ließen ihn nicht rauf, weil er nicht aus Adelsberg war. Der hat geheult und da habe ich dafür gesorgt, dass er mitfahren durfte. So ist er mein Freund geworden, das ist eine gute Freundschaft. Er hat auch unsere Lackiererei aus der Insolvenz rausgekauft. Dadurch habe ich meinen sicheren Arbeitsplatz, das ist natürlich sehr viel wert. Ich mache den fachlichen Teil des Betriebes, bin sozusagen der Werkstattleiter. Der Werner ist der Geschäftsführer und der Buchhalter, so haben wir es uns eingeteilt.

In meiner Familie hat sich eigentlich nichts geändert. Wir führen eine gute Ehe und haben sehr guten Kontakt zu unserer Tochter und den Enkeln. Ich hatte das Glück, dass meine Frau in unsrem gemeinsamen Leben nur sieben Tage nicht bei mir war, sonst waren wir immer zusammen. Ich kann mir noch nicht mal einen Kaffee kochen, und die Erziehung der Tochter hat sie im Grunde auch getragen. Meine Tochter Kathrin arbeitet jetzt hier im Büro. Sie hat die Schule mit eins-null gemacht, hat dann Handweber gelernt, in Schneeberg Textildesigner studiert und als Diplom-Desinger abgeschlossen. Wegen ihrer guten Leistungen bekam sie das Angebot, für fünf Jahre an der Restaurierung des Dresdner Schlosses mitzuarbeiten. Damals hatte sie einen Mann kennengelernt, und statt nach Dresden zu gehen, fing sie in seinem Getränkehandel als Disponentin an.

Ich bekomme jetzt mit 63 Rente, wenn es auch wenig ist. Die Rente ist unpfändbar, wenigstens die kann ich behalten. Meine Frau würde gern arbeiten, aber sie findet keine Arbeit und Geld bekommt sie auch nicht. Was wir nicht unbedingt brauchen, müssen wir einsparen. Wir heizen mit Flüssiggas, da erschrickst du, wenn eine Rechnung über 1.750 Euro kommt und du weißt nicht, wo du das Geld hernehmen sollst. Von den Menschen bin ich sehr enttäuscht. Dass mal einer gekommen wäre: Du Klaus, du hast jetzt bestimmt keinen Transporter mehr – wenn du mal ein Problem hast... Nicht einer, das hätte ich nicht gedacht. Die Hilfsbereitschaft in den Gärten ringsum hat dermaßen nachgelassen. Früher hast du mal eine Rolle Dachpappe besorgt und abends dein Bier zusammen getrunken. Wir waren so eine gute Truppe, das gibt es alles nicht mehr. Durch die Arbeit habe ich viel mit Leuten zu tun, da denkst du nicht immer daran. Du hast ein bisschen Erfolg, und ich sage ganz ehrlich: Eigentlich bin ich mit der Arbeit zufrieden. Wir haben wieder ein gutes Kollektiv. Was hätte es genutzt, wenn ich mich in die Ecke gesetzt hätte? Davon wäre es auch nicht besser geworden.

Wolfgang Hennig, Hamburg

Ich hätte mir nie träumen lassen, dass ich einmal selbständiger Handwerker werde und für die Belange des Handwerks kämpfe. Aufgewachsen bin ich in einem Hamburger Stadtteil, wo sehr viele sozial Schwache wohnten. Mein Vater war Betriebsschlosser in einem Margarinewerk, meine Mutter Krankenschwester, und so lag es auf der Hand, dass ich nach der 9. Klasse in die Industrie gehe. Bei Heidenreich & Harbek, einer bekannten Werkzeugmaschinenfabrik in Hamburg, habe ich Dreher gelernt. Die Firma ist später von einem Konzern aus Bielefeld aufgekauft worden, gehört mittlerweile einem Japaner und ist heute nur noch ein ganz kleiner Betrieb. Nach der Lehre habe ich über den zweiten Bildungsweg die mittlere Reife, das Fachabitur und zwei Meister gemacht. Daran sieht man, dass Jugendliche aus solch kritischen Stadtteilen nicht zwangsläufig im Aus landen müssen. Dass ich selbständig geworden bin, war mehr oder weniger Zufall. Ich arbeitete damals als Fertigungsleiter in einem Industriebetrieb. Eines nachmittags sagte der Chef zu mir: Herr Hennig, geben Sie bitte den Schlüssel ab. Sie brauchen ab morgen nicht mehr zu kommen. Arbeit war genügend da, daran lag es nicht – das war einfach hire and fire. Daraufhin habe ich mir gesagt: Das passiert mir kein zweites Mal, ich mache mich selbständig.

Die Schlosserei hier mittendrin in Altona existiert schon seit Mitte der dreißiger Jahre. Ringsherum gab es viele Betriebe aus dieser Zeit. Damals haben sich genau wie jetzt Leute selbständig gemacht, denen das Wasser bis zum Halse stand. Der Mann, von dem ich 1990 die Schlosserei und die zwei Mitarbeiter übernahm, hatte das Rentenalter erreicht und wollte aufhören. In den ersten Jahren sind wir kontinuierlich angewachsen auf sieben, acht, zeitweise zehn Mitarbeiter. Dann kam der Knick. Jetzt sind wir noch vier Mitarbeiter, zwei Gesellen, ein Azubi und ich. In den letzten drei Jahren hatten wir große wirtschaftliche Probleme und mussten sogar zwei langjährige Mitarbeiter entlassen. Einer war damals schon 62 Jahre alt und über 30 Jahre im Betrieb. Das ist mir sehr an die Nieren gegangen, aber es ging einfach nicht mehr anders. Wenn ich merke, dass ich mit dem Schiff manövrierunfähig werde und die Gefahr besteht, auf ein Riff zu laufen, dann muss ich handeln. Das war ein sehr schmerzhafter Einschnitt, ein knüppelharter Überlebenskampf.

Wir machen in der Schlosserei nur kleine Reparaturen, das sind nie Aufträge für eine ganze Woche. Viel hängt vom Tagesgeschäft ab. Die Kunden rufen an: Bei mir ist das Schloss kaputt, können Sie bitte mal kommen.

Meist fahre ich gleich vormittags hin und überlege, wie und wann wir das reparieren. Oft habe ich schon auf dem Rückweg die Lösung. In der zweiten Tageshälfte bereite ich Rechnungen vor, rufe Kunden an, mache Akquise. Früh bin ich viertel nach sechs, spätestens halb sieben in der Werkstatt, denn ich muss morgens die Mitarbeiter einteilen. Ich bin aber auch immer abends der Letzte. Ich kann nicht jedes Jahr einen Lehrling nehmen, aber im Zwei- oder Dreijahresrhythmus stellen wir einen Lehrling ein. Als Lehrlingswart der Metallinnung und Vorsitzender des Berufsbildungsausschusses ist es einfach meine Pflicht, Lehrlinge auszubilden. Wir nehmen auch gern Praktikanten aus unserem Bildungszentrum, die, wenn unser Lehrling vier Wochen nicht da ist, mit anfassen.

Der Umgang miteinander ist in so einem Handwerksbetrieb sehr familiär. Wir wissen voneinander fast alles, und wenn irgendwo der Goldfisch ein Kratzen im Hals hat, dann kriegt man das auch mit. In einem kleinen Betrieb ist es wichtig, dass man sich aufeinander verlassen kann. Ich erwarte von meinen Mitarbeitern, dass sie bereit sind, sich weiterzubilden und dass sie die Interessen der Firma vertreten. Ich hatte schon Mitarbeiter, die nur gekommen sind, um ihre Zeit abzusitzen. Die haben wir schon vor Jahren aussortiert, aber wenn ein Mitarbeiter über 50 ist, kann das ziemlich teuer werden. Aus meiner Sicht ist es völlig überzogen, dass ich bei jeder Entlassung eine Abfindung zahlen muss. Einen Lebenspartner kann ich heiraten, aber mit einem Mitarbeiter gibt es nun mal keinen lebenslangen Vertrag.

Früher habe ich immer gesagt: Das Handwerk hat kein Produkt, das hat für mich keinen Charme, keine Zukunft. Inzwischen weiß ich, dass das nicht stimmt. Über die Berufsausbildung bin ich in die Arbeit der Innung hineingewachsen. Weil der Vorsitzende des Ausbildungsausschusses der Innung aus Altersgründen ausschied, musste ein neuer gewählt werden. Ich war der Einzige unter den Meistern, der in Maschinenbau und Schlosserhandwerk ausgebildet ist, also war klar, dass ich den Vorsitz übernehmen muss. Obwohl ich ein Quereinsteiger bin und mich nie in den Vordergrund gedrängt habe, wurde ich kurze Zeit später auch noch zum Bezirkshandwerksmeister gewählt. Es ist eben so: Wenn man den kleinen Finger gibt, nehmen sie die ganze Hand.

Als Bezirkshandwerksmeister bin ich viel mit den Bezirkspolitikern im Gespräch. Es gibt in Hamburg sieben Bezirke, Altona ist einer davon. Die Bezirke sind mehr oder weniger alle gleich groß, aber sie sind natürlich politisch sehr unterschiedlich. Altona hat eine ganz aparte Koalition, nämlich schwarz-grün. Ich gehöre keiner Partei an, aber natürlich steht mir die eine oder andere Partei ein bisschen näher. Als Bezirkshandwerksmeister suche ich den Dialog mit allen Parteien, die für mich infrage kommen. Auch wenn die SPD im Moment in der Opposition ist, machen wir demnächst mit dem Hamburger SPD-Vorsitzenden einen Rundgang durch das Viertel, damit die Politiker erfahren, was hier so läuft. Die SPD-Fraktion wie auch CDU-Politiker waren schon bei mir in der Werkstatt. Mit der Fraktionsvorsitzenden der GAL habe ich Kontakt aufgenommen, weil hier ein Gebäude veräußert werden sollte, in dem Handwerker drin sind.

Vor zwei Jahren habe ich gemeinsam mit acht Handwerkern eine Genossenschaft gegründet. Von der Handwerkskammer gab es damals einen Aufruf zur Gründung einer Kooperation für ökologisches Bauen. Aus Erfahrung wussten wir aber, dass es mit Öko-Bau nichts wird und haben überlegt, wo wir ein Alleinstellungsmerkmal finden können. Dabei sind wir auf das barrierefreie Bauen gestoßen. Die Gesellschaft wird immer älter und die Menschen möchten im Alter in ihrer gewohnten Umgebung bleiben. Dafür müssen in den Häusern und Wohnungen bauliche Maßnahmen durchgeführt werden. Weil das für uns Handwerker ein Wachstumsmarkt ist, haben wir eine Genossenschaft für barrierefreies Bauen, den Altonaer Handwerkerring gegründet. Uns war nicht von vornherein klar, dass es eine Genossenschaft wird. Einige Kollegen sagten: Wir machen das ganz locker, mehr nach Stammtischart. Andere sagten: Nee, das wird so nichts, da muss ein bisschen System rein. Die Handwerkskammer stellte uns einen Coach zur Verfügung, denn allein hätten wir das niemals geschafft. Mit seiner Hilfe nahmen wir Kontakt zum Genossenschaftsverband in Hannover auf. Die haben uns sehr unterstützt, und am Ende war klar: Wir machen eine Genossenschaft. Wir hatten uns verständigt, dass wir uns intern nicht Konkurrenz machen wollen. Deshalb nahmen wir von jedem Gewerk nur einen Betrieb, wir wollten keine zwei Tischler, zwei Maler, zwei Schlosser. Das verlangt aber, dass alle voll mitziehen. Gerade vor 14 Tagen hatten wir wieder die Diskussion, dass sich jeder auf seinem Gebiet mehr am Riemen reißen muss. Der Vorstand besteht aus drei Mitgliedern. Vorstandsvorsitzende ist eine Frau, ich bin Stellvertreter und der dritte ist unser Architekt. Er sichert, dass der Kunde das Angebot aus einer Hand erhält und dass die Genossenschaft bei Streitfragen als Ganzes auftritt.

Bei mir macht das Volumen aus der Genossenschaft gut 5 Prozent meines Umsatzes aus. Nach wie vor bin ich mein eigener Herr, ich habe durch die Genossenschaft von meinem Betrieb nichts aufgegeben. Ganz im Gegenteil, ich habe hinzugewonnen, und für die Kunden bin ich interessanter geworden. Wenn ich früher gefragt wurde: Haben Sie nicht einen Klempner oder einen Tischler?, sagte ich wegen der schlechten Erfahrungen mit solchen Empfehlungen: Ich kenne keinen. Heute sage ich: Für Ihr Bad muss noch der Klempner kommen, soll ich Ihnen meinen Kollegen vorbeischicken? So machen es die anderen auch und dadurch gewinne ich noch einmal etwa 5 Prozent Umsatz. Ich würde jederzeit wieder in eine Genossenschaft gehen.

Ich war vor der Wende oft in der DDR, in der Nähe von Güstrow. Jugendfreundinnen meiner Mutter sind kurz vor Kriegsende auf der Flucht aus Danzig mit ihrer Familie dort hängengeblieben. Solange ich mich erinnern kann, haben wir Pakete in die DDR geschickt. Vor allem die Klamotten, die wir nicht mehr brauchten, mal ein Pfund Kaffee oder bisschen Kakao, Kaba und Spüli. Für uns hier im Westen war es nicht vorstellbar, dass sie nicht einmal Spülmittel hatten, und die Kinder da drüben keine Banane oder keine Zitrone kannten. Als wir Ende der siebziger Jahre das erste Mal rüber kamen, haben die Kinder unserer Bekannten die Bananen regelrecht verschlungen. Da wurden sogar die Spüli-Flaschen aufbewahrt, und die Wände hatten sie mit Zeitungen tapeziert weil es keine Tapeten gab. Also ein absoluter Mangelstaat – arm, arm, arm. Das habe ich alles live erlebt. Was die Lebensmittel anging, hatten unsere Bekannten Glück. Sie wohnten auf dem Lande und hatten eigenes Viehzeug, Schweine, Kühe und Hühner. Er war Landmaschinenschlosser in der LPG, der ging dann abends in das Gewächshaus der LPG und brachte Tomaten mit. Aus der Deichsel und den Federn eines Hängers hatte er eine Hollywoodschaukel gebaut, aus der Not geboren haben die da auch allerhand gezaubert.

Wenn wir durch die Städte und Dörfer nach Güstrow gefahren sind, hast du gedacht, du bist in einem Film kurz nach dem Kriege. Alles grau in grau. Das einzig Nette im Osten war der Zusammenhalt in den Familien. Unsere Bekannten haben eine riesengroße Familie. Die hielten ganz fest zusammen, was ich hier im Westen nicht kannte. Ansonsten war an positiven Dingen nichts zu entdecken. Wir haben uns deshalb auch das Ostfernsehen nicht angeguckt, obwohl wir es hier in Hamburg bekommen konnten. Das mussten wir uns nicht antun. Wenn ich in der DDR aufgewachsen wäre, wäre mein Leben bestimmt anders verlaufen. Ob ich beruflich das erreicht hätte, was ich hier erreicht habe, bin ich mir nicht sicher. Ich hätte in einen Kinderhort und in die FDJ gehen müssen, und ich bin nun mal keiner, der sich von oben etwas sagen lässt. Da hätte ich sicher Probleme gehabt.

Als ich '89 die Bilder von der Grenzöffnung im Fernsehen sah, begriff ich zuerst nicht, was da passiert. In der Bundesrepublik war die Wiedervereinigung doch eher das Wunschdenken einer Partei, richtig daran geglaubt hat hier keiner. Natürlich gab es zuerst eine große Euphorie, aber aus der Euphorie ist irgendwann Ernüchterung geworden. Heute stört mich, dass uns die Handwerker aus den neuen Bundesländern das Leben schwer machen. Wenn ich »uns« sage, dann meine ich die Hamburger Handwerker, die nach ortsansässigen Tarifen bezahlen.

Das Haus hier gegenüber gehört einem Städtischen Unternehmen, der SAGA. Das sind zehn oder zwölf Mieteinheiten, da hätten kleine Hamburger Betriebe gut zu tun gehabt, der Maurer, der Maler, der Elektriker. Das Haus ist vollständig von Betrieben aus den neuen Bundesländern saniert worden. Die Handwerker kamen aus Schwerin, aus Grabow, aus Rostock, teilweise aus Ostberlin. Die Metallbalkons hat die Schiffswerft Wismar gemacht – und das direkt neben meiner Schlosserei. Ich habe nichts gegen den Solidarbeitrag. Wenn aber Betriebe wie die Schiffswerft unterstützt werden, um Balkons in Hamburg zu bauen – einer Stadt, die zweihundert Kilometer entfernt liegt –, dann hab ich dafür kein Verständnis. Da geht bei mir der Blutdruck nach oben. Wir sind auf der einen Seite für den Umweltschutz, und auf der anderen Seite kommt ein 16 Tonner-LKW aus Schwerin und bringt Baumaterial. Und das ist keine Ausnahme. Vor zwei Jahren hatten wir wegen der öffentlichen Auftragsvergabe zusammen mit den anderen Hamburger Innungen und der Handwerkskammer einen Termin beim Vorstand der SAGA. Der Vorstandsvorsitzende sagte zwei ganz markante Sätze: Meine Herren, wir haben freie Marktwirtschaft! Und: Wir sind vom Senat zur Gewinnmaximierung aufgefordert. Da kann ich noch so viel Argumente bringen von wegen: Wir bilden aus, die Mitarbeiter kommen zu Fuß oder mit dem Bus, die kaufen hier ein, zahlen in Hamburg ihre Steuern – das juckt überhaupt keinen.

Natürlich kann ich mich in die Denke der Ostdeutschen hineinversetzen und verstehe, dass die jede Chance hier im Westen nutzen. Vielen steht das Wasser bis zum Halse und sie sagen sich: Ich muss irgendwie meine Familie satt kriegen. Die zwei Stunden, die ich jeden Morgen auf dem Weg nach Hamburg im Auto sitze, bekomme ich nicht bezahlt, aber da muss ich durch. Was soll dann aber das Gerede über Tariftreue. Wir zahlen hier Tarife von zirka vierzehn Euro und wenn ein Handwerker auswärts arbeitet, muss das auch gezahlt werden. Da kann doch ein Gerüstbauer aus Wismar mit 200 Kilometern Anfahrt nicht preiswerter sein als der Gerüstbauer aus Hamburg. Also was machen die? In den Büchern führen sie die Mitarbeiter mit vier Stunden pro Tag, die bezahlen sie korrekt nach Tarif. In Wirklichkeit arbeiten die Leute aber für dieses Geld zehn Stunden. Mehr Kontrollen würden da wahrscheinlich nichts bringen. Bei fünf Millionen Arbeitslosen gibt es genug Leute, die sich auf solche Bedingungen einlassen.

Aus Altona sind zwei große Hamburger Betriebe in die neuen Bundesländer gegangen – Kühne mit seinen Gurken und die Fischräucherei Friedrich, die jetzt beide in der Nähe von Zarrentin sind. Dort bekamen sie enorme Zuschüsse, und die Mitarbeiter wurden zu Osttarifen eingestellt. Ich habe damals gleich gesagt: Das ist der falsche Weg, wenn wir Wessis rübergehen. Wir Hamburger haben hier in Hamburg genug Arbeit.

Durch die Selbständigkeit sind meine Frau und ich nicht reich geworden. Vor einigen Jahren haben wir die Firma gekauft, da ist natürlich noch eine Menge zu bezahlen. Die Firma gehört meiner Frau. Sie ist von der Ausbildung her Industriekauffrau, das passt wie die Faust aufs Auge. Sie hat früher schon zu Hause die Bücher geführt, und jetzt macht sie auch den Jahresabschluss. Sogar die Homepage der Firma und der Genossenschaft hat sie überwiegend selbst eingerichtet. Vor vier Jahren sagte meine Frau: Wir müssen zwischen Privat und Arbeit einen Schnitt machen, ich komme mit in die Firma. Daraufhin haben wir das alte Büro, wo früher der Meister saß, umfunktioniert, sodass sie jetzt zweimal in der Woche hier arbeiten kann.

In den ersten Jahren waren unsere materiellen Bedingungen nicht üppig. Die ersten Waschmaschinen haben wir uns vom Sperrmüll geholt und manches Mal beim Einkauf überlegt: Nehme ich Salami in Scheiben oder nehme ich Leberwurst? Oft haben wir uns für Leberwurst entschieden, weil man die dünn streichen kann. Zum Glück waren wir als unsere Kinder klein waren noch nicht selbständig. Meine Frau war zu Hause und dadurch immer für sie da. Unsere Philosophie war: hundertprozentig für die Kinder! Damit sie Kontakt bekommen, sind beide in den Kindergarten gegangen, aber natürlich nur vormittags.

Inzwischen sind die Kinder erwachsen. Vielleicht ist es ein Zeichen von Trägheit, dass sie noch zu Hause wohnen. Vielleicht ist es aber auch ein Zeichen dafür, dass es ihnen bei uns gut geht. Meine Frau sagt manchmal: Bei uns ist es wie in einer großen WG. Wenigstens einmal im Monat koche ich für die Familie, zum Beispiel eine Frühlingsrolle für vier Personen. Oder auch Lasagne, da kriegt dann der Jüngere mit Hack, der Ältere, weil er kein Fleisch isst, ohne Hack. Einkaufen gehe ich mit meiner Frau gemeinsam, sauge auch mal Staub oder wische das Treppenhaus. Wir wohnen zur Miete. Wenn dieses Jahrzehnt zu Ende geht, wollen wir in die Firma ziehen, hier in das Zentrum von Altona, wo das Leben ist. Die Werkstatt muss dann woanders hin.

Für eigene Hobbys habe ich keine Zeit. Wenn man Familie und Selbständigkeit unter einen Hut bringen will, bleibt nicht mehr viel. Wir versuchen, immer mal ins Theater zu gehen oder ins Konzert. In Hamburg gibt es viele gute Angebote, man muss nicht immer in diese Mega-Veranstaltungen gehen. In der Schlosserei veranstalten wir zusammen mit unserem Stromanbieter, der HEW, Lesetage. Das ist ein ganz privates Happening. Diesmal lesen zwei Journalisten, einer aus Ost und einer aus West, die zusammen ein Buch geschrieben haben: Typisch Ossi – typisch Wessi. Die Karten waren ganz schnell ausverkauft. Zu den Lesungen kommen viele Leute aus dem Stadtteil, aber auch von ganz woandersher. Die Leute bleiben danach in der Schlosserei sitzen und reden miteinander.

Was ich mir wünsche für unser Land? Dass dieser Ost-West-Konflikt begraben wird und wir weiter zusammenwachsen. Ich weiß nicht, wie lange das dauern wird, vielleicht noch Generationen. Eine Patentlösung gibt es sicher nicht, die hat kein Politiker. Ich erkläre mir die heutigen Probleme immer mit einem Vergleich. Wenn sich eine Familie Haus und Grundstück kauft, verschuldet sie sich erst einmal und muss die nächsten Jahre Schmalhans zum Küchenmeister machen. Genauso ist das jetzt bei uns. Wir, das heißt die Bundesrepublik, haben vor gut 15 Jahren Land gekauft – eine Menge Land. Dadurch sind wir größer geworden, müssen aber auch einen hohen Preis dafür zahlen. Vor der Wende hat man sich in der Bundesrepublik keine Gedanken über die Wiedervereinigung gemacht. Wir haben im Westen sehr, sehr gut gelebt und leben auch heute im Vergleich mit anderen Ländern auf einem sehr hohen Niveau. Aber nun sind auch in den alten Bundesländern die Kassen leer, und wir haben eine hohe Staatsverschuldung. Die Folge ist, dass Schulen, Krankenhäuser, Kindergärten und Straßen immer mehr verfallen. Vor ein paar Jahren kam dann noch die Sache mit den Terroristen in New York dazu, die die ganze Weltwirtschaft ins Trudeln gebracht hat. Das sind eine Menge Bausteine, die eine Kette ergeben. Wenn ich mir dann noch vorstelle, dass VW in Dresden Autos baut, die zu 80 Prozent von noch weiter aus dem Osten kommen und in Deutschland nur noch die Radkappen und ein Aufkleber Made in Germany dran montiert werden – dann habe ich so meine Probleme.

Die Journalistin

Maria Moese, Berlin
geb. 1945 in Chemnitz/Sachsen
Volontariat beim Fernsehen
Ansagerin beim Fernsehen der DDR
Kunsthandwerkerin
ABM, seit 2004 freie Journalistin
verheiratet mit dem Karikaturisten
Willy Moese, eine Tochter, ein Sohn

Anita Rehm, Berlin
geb. 1947 in Armsheim/ Rh.-Pfalz
Festanstellung beim ZDF und
SFB-Werbung
freie Journalistin
25 Jahre Filmemacherin für das ZDF

Der Zufall führte in der Wendezeit die Journalistinnen Maria Moese und Anita Rehm in der Presseabteilung des letzten Außenministers der DDR, Markus Meckel, zusammen. Es war die Zeit der Zwei + Vier-Verhandlungen, des Einigungsvertrages, der Abwicklung der DDR-Botschaften und des DDR-Außenministeriums. Obwohl ihr Arbeitstag damals 20 Stunden hatte, sagen beide: Das war eine tolle Zeit.

Im geteilten Deutschland verlief das berufliche Leben von Anita Rehm und Maria Moese sehr unterschiedlich, was wohl mit den gesellschaftlichen Systemen in den beiden deutschen Staaten zu tun hatte. Inzwischen hat sich vieles angeglichen. Für eine freie Journalistin, Ost wie West, ist es schwer geworden, eine interessante Arbeit zu finden und davon den Lebensunterhalt zu bestreiten.

Ihre Lebensmuster sind sehr verschieden. Maria, durch und durch ein Familienmensch, kann zweimal am Tag zu ihrem Mann sagen: Ich liebe dich. Anita hingegen sah in Ehe und Kind immer eine Bedrohung ihrer Unabhängigkeit und schloss für sich eine feste Partnerschaft und Kinder konsequent aus. Dennoch bestand vom ersten Moment ihrer Begegnung eine herzliche Sympathie.

In den Monaten nach der Maueröffnung entstanden viele persönliche Kontakte zwischen West- und Ostberlinern. Die Euphorie scheint verraucht, heute treffen sich wieder die alten Freundeskreise zu Partys, Familienfeiern und zum guten Gespräch. Auch Maria Moese und Anita Rehm sehen sich selten.

Maria Moese, Berlin-Ost

Im Mai 1990 stand ein Mann vor meiner Haustür und sagte: Maria, ich muss dich sprechen. Ich kannte ihn aus der Ständigen Vertretung der BRD und wusste, dass er Bundesbürger und Mitglied der SPD ist. Er erzählte, dass er jetzt im Außenministerium der DDR als Berater von Markus Meckel arbeitet, der seit einigen Tage Außenminister in der Regierung de Maizière war. Und dann sagte er zu mir: Der Markus Meckel sucht händeringend eine Pressesprecherin. Er möchte gern eine Frau, und da haben wir sofort an dich gedacht. Ich war furchtbar erschrocken, und meine erste Reaktion war: Das traue ich mir nicht zu. Ich wusste, dass das eine riesige Verantwortung ist und auf diesen Platz eine Frau gehört, die das von der Pike auf gelernt hat. Ich hatte als Journalistin nie politisch gearbeitet und war schon lange aus meinem Beruf raus.

Mein Medium war das Fernsehen der DDR, wo ich viele Jahre als Ansagerin, Redakteurin und Moderatorin gearbeitet habe. Schon Anfang der sechziger Jahre, ich ging damals noch zur Oberschule, bewarb ich mich beim Fernsehen und hatte das Glück, die Sonntagmorgen-Sendung »Mach mit – mach´s nach – mach´s besser« mit aus der Taufe zu heben. Alle vier Wochen war ich damals in Berlin, wo ich tolle Leute kennenlernte. Mein Vater hätte es gern gesehen, dass ich Medizin studiere und seine Zahnarztpraxis in Chemnitz, damals Karl-Marx-Stadt, übernehme. Für mich war klar: Ich werde nie Ärztin. Ich wollte einen Beruf, bei dem ich mit Menschen zusammenkomme, die verrückte Ideen haben, sich unterhalten wollen, die echt nicht vom schrecklichen Zahnweh geplagt werden. Schon in der Schule moderierte ich Chorkonzerte und rezitierte Gedichte von Becher, Eichendorff und Brecht. Das hat mir unheimlich Spaß gemacht. Nach dem Abitur begann ich in Rostock, Romanistik und Germanistik zu studieren, musste aber das Studium abbrechen, weil meine Mutter schwer krank war und kurze Zeit später starb. Ich hatte Glück, das Fernsehen bot mir ein Volontariat an. In der zweijährigen Ausbildung arbeitete ich in allen Redaktionen und entschied mich letztendlich für die Sprecher- und Moderatorenrichtung.

Wir waren alles junge Leute, Rundfunkjournalisten und Fernsehjournalisten, bunt durcheinander gewürfelt. Das war eine gute Zeit, ich habe sehr viel gelernt. Aber irgendwann reichte mir das Fernsehen. Außerdem drängte meine Kaderleiterin, dass ich mich von meiner Schwester trennen sollte, die 1957 nach Westdeutschland gegangen war. Das kam für mich nicht infrage und deshalb war ich froh, als mich ein netter älterer Kollege zum Verlag Junge Welt vermittelte. Dort habe ich für die Kinderzeitungen »Frösi – Fröhlich sein und singen« und »Atze« gearbeitet. Die Kinderzeitungen wurden bei uns mit sehr viel Liebe und Ernsthaftigkeit gemacht. Wir erfanden die Geschichten nicht am Schreibtisch, sondern fuhren raus und sprachen mit den Leuten. Zu Karneval bin ich für einen Beitrag extra in die Rhön nach Wasungen gefahren.

Meine erste Amtshandlung beim Verlag Junge Welt bestand darin, den Willy Moese anzurufen, der damals schon ein bekannter Karikaturist war. So begann unsere Liebe. Ein Jahr später heirateten wir, und ich zog in das Haus meines Mannes, in dem wir noch heute leben. In den zwei Jahren beim Verlag arbeiteten wir viel gemeinsam, ich schrieb die Geschichten, und er machte die Zeichnungen dazu. Da mein Mann ein Nachtarbeiter ist, ich aber morgens halb sieben aus dem Haus musste, ließ sich das auf Dauer nicht durchhalten. Deshalb sagte ich: o.k. ich arbeite freischaffend, dann kann ich mir die Zeit einteilen. Als Freischaffende konnte ich verschiedenes nebeneinander machen – meine Moderationen im Fernsehen, aber auch Porträts und Reportagen für Zeitungen und für die Frauenzeitschrift »Für Dich«. Gemeinsam mit meinem Mann haben wir über Jahre eine Kinderseite für die »Neue Berliner Illustrierte«, bekannt als NBI gestaltet.

Fünf Jahre, bis zur Geburt meiner Tochter 1974, war ich freischaffend. Noch vier Wochen vor der Geburt von Karoline stand ich vor der Kamera und 14 Tage danach gleich wieder – das ging wunderbar. Zu der Zeit sagte ein Kollege zu mir: Mensch Maria, Sie sind schon solange beim Fernsehen, das Fernsehen muss Sie eigentlich anstellen. Mit Ihrem Mann kann mal was passieren, das ist einfach eine Sicherheit für Sie und das Kind. Das nahm ich dankend an, denn Sicherheit ist immer gut – zumal mein Mann 18 Jahre älter ist als ich. Natürlich arbeitete ich weiterhin freischaffend für Zeitungen und moderierte Veranstaltungen mit dem Zentralen Orchester der Nationalen Volksarmee oder beim Pressefest des »Neuen Deutschland«. Ich hätte nicht stur immer eine Sache machen können. Ich will mich immer wieder neu ausprobieren – bis heute.

Ich war übrigens die erste Ansagerin im Fernsehen der DDR, die im Ersten und im Zweiten Programm auf dem Bildschirm erschien. Ich setzte als Erste durch, dass ich meine Texte selber schreiben konnte. Es war einfach besser, meine eigene Sprache über den Bildschirm zu bringen, als auswendig gelernte Texte einer Redakteurin. Die schrieben auch toll, aber es war nicht meine Sprache. Einige meiner Kollegen zogen dann bald nach. In den Jahren 1974 und 1975 wurde ich beliebteste Ansagerin im Fernsehen der DDR. Das war keine Mogelpackung, sondern Ergebnis der Publikumsumfrage der Fernsehzeitschrift FF DABEI. Der Chefredakteur der FF DABEI rief mich an und sagte: Frau Moese, ich muss Ihnen gratulieren – Sie wissen ja gar nicht, wie viele Fans Sie in der ganzen DDR haben. Das war natürlich für mich ein unheimlicher Ansporn und hat mir auch wahnsinnig viel Freude bereitet.

Die Arbeit als Ansagerin ist wie ein Eisberg. Was man auf dem Bildschirm sieht, ist nur die kleine Spitze des Eisbergs, von den restlichen 90 Prozent erfährt der Zuschauer nichts. Wenn ich einen Tag frei hatte, fuhr ich meist nach Adlershof, sah mir den Film an, der an »meinem Abend« laufen sollte und sprach mit dem Regisseur. Die Recherche war damals viel aufwendiger als heute, denn das wunderbare Internet gab es noch nicht. Um Literatur oder ein Bonmot zu finden, musste ich in den Büchern kramen, in die Bibliothek gehen. Danach saß ich am Schreibtisch und schrieb meine Texte. Manchmal ging das ganz schnell von der Hand, manchmal verwarf ich die Texte wieder. Bei einem Film über den Krieg war das viel schwieriger als bei der Ansage von »Ein Kessel Buntes«.

Ich hatte einen Arbeitsvertrag über 14 oder 15 Ansagen im Monat. Dazu gehörten meist vier Abenddienste, fünf Nachmittagsdienste und sechs Frühdienste. Meine Aufgabe bestand in der Recherche, im Schreiben meiner Texte und der journalistischen Begleitung des gesamten Programms. Natürlich hat man geschaut: Wann bin ich zu Pfingsten, wann bin ich zu Weihnachten eingeteilt? Da gab es auch so ein bisschen Konkurrenzkribbeln. Ich freute mich natürlich, wenn ich Pfingstsonntag eingeteilt war und dachte: Ganz offensichtlich mögen sie mich! Die Dienste wurden eigentlich ganz gerecht verteilt, jeder kam mal dran. Die Kolleginnen und Kollegen waren alle recht gut, ich denke, jeder war auf seine Weise einmalig. Wir haben uns auch gut verstanden, ich jedenfalls habe keine Bösartigkeiten erlebt.

Über Politik konnte man bei uns offen sprechen. Da hatte ich nie Ärger, obwohl ich kein Blatt vor den Mund nahm. Natürlich wurden meine Texte durchgelesen, aber das ist legitim. Manchmal hat man vielleicht auch einen unglücklichen Dreh drin, wo ein zweites Auge hilfreich ist. Bis heute lasse ich meinen Mann, meinen Sohn und vor allem meine Tochter meine journalistischen Texte lesen. Bei einem nicht so tollen Fernsehfilm sagte ich einmal: Liebe Zuschauer, das war der Überblick für den heutigen Abend. Jetzt haben Sie die Wahl, ob Sie zum Buch greifen oder vor dem Bildschirm bleiben. Da kam natürlich die Senderedakteurin: Bist du des Wahnsinns! Darauf habe ich geantwortet: Ich weiß gar nicht, was du hast. Wir reden so oft darüber, dass wir kulturell interessierte Menschen erziehen wollen – warum soll ich nicht auch mal sagen: Hängt nicht immer nur an dieser Glotze. Andere sagten: Das hast du gut gemacht – Klasse! Wir wissen, Rundfunk und Fernsehen sind das Sprachrohr des Staates. Zumindest im Sozialismus war es so, zum Teil ist es auch im Westen nicht anders. Wir waren zwölf Ansager, davon waren ganze vier in der Partei. An mich ist man nicht ein einziges Mal herangetreten, dass ich in die Partei eintreten soll. Ich schaffte es bis zur beliebtesten Ansagerin, ohne dass ich in der Partei war oder mit einem von der Leitung geschlafen habe. Ich bin es einfach durch die Leistung geworden.

1976 war ich zu einem halbjährigen Spanisch-Intensivkurs. Wenn du zu der Zeit ein halbes Jahr vom Bildschirm wegwarst, hieß es gleich: Die ist nach dem Westen, oder was ist mit der los? Deshalb fragten sie mich, ob ich wenigstens am Wochenende ansagen würde, damit mich die Leute sehen. Ich war sehr dankbar dafür, so kam ich nicht raus und außerdem hätte ich ohne Fernsehen Entzugserscheinungen bekommen. Im November '76 passierte dann die Sache mit Biermann. Mein Mann hatte mit anderen Kulturschaffenden gegen die Ausbürgerung von Wolf Biermann protestiert. Vom Fernsehen gab es danach eine Resolution für das »Neue Deutschland«: Wir, die Ansager des DDR-Fernsehens, sind voll und ganz mit dem Beschluss der Regierung der DDR zur Ausbürgerung von Biermann einverstanden. Ich unterschrieb nicht, weil ich damit nicht einverstanden war. Immer wieder wurde ich zum Gespräch bestellt. Sie drohten mir: Entweder du unterschreibst oder du gehst. Ich sollte mich von meinem Mann trennen und von unseren besten Freunden, von Jurek Becker, Manfred Krug, Armin Mueller-Stahl, Stefan Heym, die auch gegen die Ausbürgerung protestiert hatten.

Ich glaube, damals hat es mit dem Ausverkauf von Kunst und Kultur angefangen. Diese Künstler wollten nicht die DDR abschaffen, die wollten sie positiv verändern. Auch Christa Wolf oder Stephan Hermlin, Angelica Domröse, Hilmar Thate, Jutta Hoffmann, Klaus Poche, Ulrich Plenzdorf, Frank Beyer – was haben die für wunderbare Filme gedreht! Das waren alles gestandene Leute, die sich Gedanken über dieses Land machten. Das wurde leider nicht verstanden, das war bitter. Wenn die Parteiführung nur einmal gesagt hätte: Wie meint ihr das? Lasst uns darüber reden! Es ging auch gar nicht um Biermann persönlich. Er war damals schon ein eitler

Mensch, so habe ich ihn jedenfalls mehrmals privat bei Freunden erlebt, aber er hat in vielen Sachen durch tolle literarische Texte einfach die Wahrheit gesagt. In unserem Ländernamen stand »Demokratische Republik«, und eine Demokratie muss mit solchen Leuten wie Biermann umgehen können. Auch ein missratenes Kind kann ich nicht einfach vor die Tür setzen und sagen: Du kommst hier nicht mehr rein. Viele unserer Künstler sind in dieser Zeit gegangen, weil sie nicht mehr auftreten durften. Die wollten eigentlich nicht weg. Mein Mann hatte weniger Schwierigkeiten, weil er als freischaffender Karikaturist arbeitete. Ein paar Sachen fielen weg, aber er wurde nicht verdammt. Bei mir war es sehr schlimm, ich hatte richtig Berufsverbot, bekam aber weiter mein Ansagegehalt – Berufsverbot gab es ja nur im Westen. Wenn man mit mir offen umgegangen wäre und gesagt hätte: Pass mal auf, das ist eine politische Sache, die du hier vertreten musst. Tut uns leid, geh in die Redaktion. Aber man hat es auf eine miese Weise gemacht und meine Arbeit schlecht geredet. Anfang 1980 war ich wieder schwanger. Da war natürlich das Fernsehen froh, weil sie erzählen konnten, dass ich im Schwangerschaftsurlaub bin. Es gab viele Anfragen von Zuschauern, es kam sogar das Gerücht auf, wir seien schon längst im Westen.

Ich machte dann mit dem Fernsehen einen Deal. Ich hatte zwei kleine Kinder, Frührentner wollte ich nicht sein, also entschied ich: Ich werde Kunsthandwerker! Als ich ganz jung mit meinem Mann zusammen war, haben wir aus alten Keilriemen und Armeeschnallen Ledergürtel hergestellt. Zunächst für unseren eigenen Bedarf und für unsere Freunde, die die Gürtel toll fanden. Und dann kam auch der Rolf Römer, der Gürtel und Schulterriemen für seine Indianerfilme bei der DEFA brauchte. Also habe ich 1980 beim Kulturministerium den Antrag auf Zulassung als Kunsthandwerkerin gestellt. Ich bekam die Zulassung, aber nur für zwei Jahre – das war so üblich. Damit mich mein Schicksal nicht wieder einholt, wollte ich sie ohne Zeitbegrenzung. Deshalb habe ich gepokert: Entweder ich bekomme die Zulassung für immer und ewig oder ich bleibe Frührentner im Fernsehen. Und in der Tat, es hat geklappt. Ich hatte dann zehn Jahre lang in unserem Haus eine kleine Manufaktur mit zwei Angestellten. Die Kunst am Kunsthandwerk war in der DDR die Beschaffung des Materials, alles andere war Handwerk. Um Material zu kaufen, fuhr ich durch die ganze Republik. Das brachte mir viele Kontakte zu Menschen.

In dieser Zeit gab mir vor allem meine Familie die nötige Sicherheit. Die Kinder waren damals klein und brauchten uns. Weil mein Mann erst nachmittags um fünf zu zeichnen begann, erledigte er am Tag viele Sachen in Haus und Hof und kümmerte sich auch viel um die Kinder. Wenn ein Kind malen wollte, holte er sofort Papier und Farbe. Unsere Kinder konnten jederzeit Freunde mit nach Hause bringen. Wenn Felix vom Judo kam, saßen oft 20 Judo-Fans in unserem Garten. Bei uns war immer ein Ansprechpartner da, auch meine Arbeit ging nie streng von früh um sieben bis nachmittags um fünf. Natürlich besuchten die Kinder den Kindergarten. Wir hatten ganz in der Nähe einen kirchlichen und einen staatlichen Kindergarten. Weil wir nicht kirchlich gebunden sind, gingen unsere Kinder in den staatlichen Kindergarten. Ein wunderschöner Kindergarten, mitten im alten Dorf Kaulsdorf direkt an der Wuhle. Die Kinder fühlten sich dort wohl, und wenn ich sie nachmittags abholen wollte, hieß es oft: Mama, du kommst viel zu früh. Ich hatte nie das Gefühl, dass die Kinder gegängelt oder in eine politische Richtung gedrängt wurden. Bei beiden Kindern war ich im Elternbeirat und machte auch beim Subbotnik mit. Ich wollte etwas für sie bewegen, und das konnte ich auch. Die Erzieherinnen und Lehrer waren dankbar für Hinweise, ich bin dort nur selten an irgendwelche Betonköpfe geraten. Auch heute noch ist die Beziehung zur alten Schule vorhanden.

Als ich beim Fernsehen ausstieg, rief mich ein Kulturhausleiter aus Babelsberg an und fragte, ob ich nicht seine Partnerin in einer Talkshow werden möchte. Das war die Zeit, als überall die Talkshows begannen. Ich lehnte das ab, denn ich hatte mir geschworen, dass ich in diesem Land nie mehr journalistisch arbeite. Sogar einen Teil meiner Journalistenausweise habe ich damals weggeworfen, was ich heute sehr bereue. Aber er war listig und lud meinen Mann als Talkgast ein. Als die Veranstaltung zu Ende ging, sagte er an das Publikum gewandt: Ich habe der Maria Moese angeboten, hier als Talkfrau mitzuarbeiten. Wie ist es Maria, machst du es? Tatsächlich habe ich zehn Jahre bis zur Wende Freitagabend die Talkshow DREI NACH NEUN im ehemaligen Rathaus Babelsberg moderiert. Eine sehr schöne Talkshow, sehr intim und immer ausverkauft.

Ich glaubte, in der DDR wird sich vieles zum Positiven verändern, wenn oben die Betonköpfe weg sind. 1978 als Armin Mueller-Stahl ging, viele wie Manfred Krug waren schon längst im Westen und dann auch Jurek Becker, wollte ich auch weg. Ich habe es kaum noch ausgehalten. In der Oberschule hatte ich französisch gelernt – wofür eigentlich? Ich kam auch nicht damit klar, dass ich meine Schwester nicht besuchen durfte. Die Gabi Mueller-Stahl, sagte zu mir: Mensch Maria, kommt doch mit! Zu viert ist es vielleicht leichter, einen Anfang zu machen. Damals gab es auch eine Krise in unserer Ehe. Ich wäre sofort mitgegangen, aber mein Mann wollte nicht weg, nicht ums Verrecken. Er sagte zu mir: 1956 bin ich aus dem Westen hierher gekommen. Ich habe mir das Land selber ausgesucht, ich geh hier nicht weg. Also blieben wir – ich liebte ihn viel zu sehr.

Im April '89 wurde meine Schwester 50, und wir bekamen nach x Ablehnungen von einem Tag zum anderen die Nachricht: Wir dürfen nun doch fahren. Und dann fuhr ich mit meinem Mann nach Bad Tölz. Zum ersten Mal die Berge sehen – da kam alles wieder hoch. Anschließend besuchten wir meine Schwägerin in Stuttgart und auf der Rücktour Westberliner Freunde. Die wussten genau, wie wir leben und was ich koche, aber nie konnten wir sie bisher besuchen. Das waren alles Dinge, die mir sehr, sehr weh taten.

Im September '89 fuhr ich mit meinem neunjährigen Jungen zur Montagsdemo nach Dresden. Noch heute sehe ich Modrow und Berghofer in vorderster Reihe demonstrieren, das war so bewegend. Annekathrin Bürger und Rolf Römer sagten damals: Wenn Modrow an die Macht kommt, wird alles gut. Und dann kam der 4. November! Ich weiß noch, Stefan Heym sprach auf dem Alexanderplatz, Frank Beyer war dabei, Annekathrin hat gesungen. Wir waren voller Hoffnung, jetzt passiert in diesem Land etwas ganz Tolles. Als ich wenige Tage später am 9. November mit meinem Sohn von der Klassenfahrt heimkam, war nichts mehr zu halten. Klar, ich habe mich gefreut, dass die Mauer endlich wegkommt. Ich bin auch gleich am nächsten Tag mit meinen Kindern los, weil ich dieses historische Ereignis miterleben wollte. Mit einer Freundin aus der Ständigen Vertretung sind wir mit dem Diplomatenauto über die Bornholmer Straße zum Ku´damm gefahren. Da war eine tolle Stimmung. Obwohl dort Tausende unterwegs waren, trafen wir in dem großen Trubel gleich zwei Freunde.

Als dann im März 1990 die Volkskammerwahlen stattfanden, waren wir alle sehr erschrocken, dass plötzlich die CDU so viele Stimmen bekam. Wir konnten das Wahlergebnis nicht fassen. Und nun stand Stefan Göbel vor mir und fragte mich allen Ernstes, ob ich Pressesprecherin beim Außenminister der DDR werden wollte. Ich dachte, mein Mann wird mir helfen und ihm raten, eine andere zu suchen. Stattdessen sagt er: Weißt du Maria, es ist Revolution und bei einer Revolution darf man nicht sagen, das kann ich nicht oder das will ich nicht. Ich dachte: O Gott, jetzt fällt der dir auch noch in den Rücken – na gut, jetzt wirst du handeln. Also sagte ich, ich würde mir das gerne mal zehn Tage zur Probe anschauen. Nach fünf Tagen hatte ich meinen ersten Pressetermin und lernte Anita Rehm kennen, eine Journalistin aus Mainz, mit der ich dann im Außenministerium arbeitete. Wir konnten viel voneinander lernen. Wir sind heute sehr eng befreundet und lernen immer noch voneinander.

Ich habe in dieser Zeit ganz wenig geschlafen. Oft bin ich schon nachts um zwei reingefahren, um die morgendliche Presseschau vorzubereiten und abends kam ich meist erst um elf, zwölf nach Hause. Ich war meinem Mann dankbar, dass er sich hundertprozentig um die Kinder kümmerte. Viel Unterstützung erhielt ich von Eberhard Grashoff, der über Jahre Pressechef in der Ständigen Vertretung war. Er interessierte sich sehr für die »untergehende DDR«, er fragte stets den Kellner, ob das Fleisch oder das Obst auch wirklich aus Brandenburg und nicht aus Bayern oder Schleswig-Holstein war – er ahnte vieles... Das Interessanteste waren für mich natürlich die Auslandsreisen. Ich flog mit Markus Meckel und einem Tross Journalisten in der Regierungsmaschine – für mich die große weite Welt! Als es zu den Zwei+Vier-Verhandlungen nach Paris ging, war ich begeistert. Endlich nach Paris, mein großer Traum! Und dann fuhren wir die Champs-Élysées einmal hoch, um den Arc de Triumphe herum, in ein schönes altes Gebäude aus der Jahrhundertwende und am Abend den gleichen Weg zurück – das war mein erstes Erlebnis Paris.

Als die SPD im Sommer wegen politischer Differenzen mit der CDU aus der Regierung ausschied, trat Meckel zurück und de Maizière übernahm selbst das Außenministerium. Ich erlebte die Abwicklung der Diplomaten der DDR-Botschaften mit. Bei den Gebäuden musste geklärt werden, in wessen Eigentum sie übergehen. Die Botschaften der DDR in den arabischen Ländern waren für den Westen nicht uninteressant, weil wir dort gute Kontakte, zum Beispiel zu Arafat, hatten. Wir arbeiteten bis zum letzten Tag, am 3. Oktober 1990 war endgültig Schluss. Bei der letzten Presseschau konnte ich die Tränen nicht unterdrücken.

Man bot mir an, in das Bundespresseamt nach Bonn zu gehen. Das war ein verlockendes Angebot, auch ein Zeichen, dass ich gut gearbeitet hatte. Aber ich dachte: Nee, ich habe hier einen Mann, der wäre den ganzen Tag allein. Ich führe eine glückliche Ehe, und dafür bin ich so dankbar. Ich bin vielleicht ein bisschen romantisch, manchmal sage ich meinem Mann zweimal am Tag: Ich liebe dich. Der Felix war zehn, Karoline 16, und ich hab sie so schwer gekriegt, zweimal musste ich sechs Jahre warten. Deshalb entschied ich: Ich mache das nicht. Irgendwo werde ich auch hier wieder Arbeit bekommen, was aber dann gar nicht so einfach war. Die DDR-Zeitungen gab es nicht mehr, und eine Menge Berufskollegen hatten ihren Job verloren. Im Oderbruch, in Trebnitz, bekam ich die Möglichkeit, in einem alten Schloss ohne Heizung eine Jugendbegegnungsstätte mit aufzubauen. Als ich nach vielen Monaten immer noch kein Geld bekommen hatte, gab ich auf.

Nun war ich arbeitslos. Das Arbeitsamt bot mir an, im Hellersdorfer Verein Kids & Co Jugendarbeit zu machen. Das war bei mir gleich um die Ecke. Ich bin in den Verein eingetreten und leitete ein Jahr lang den Jugendklub Hultschi. Anschließend übernahm ich das Projekt »Kids beraten den Jugendstadtrat«, das ging wieder ein Jahr. Danach habe ich das Kinder- und Jugendbüro des Bezirkes aufgebaut, noch einmal ein Jahr. Inzwischen war ich beim Jugendamt gut bekannt und bekam eine befristete Senatsstelle für Öffentlichkeitsarbeit. Es war eine richtig gut bezahlte Stelle, und ich konnte meine Presseerfahrungen voll ausspielen. Die Stelle wurde noch einmal um ein Jahr verlängert, aber dann bestand keine Möglichkeit mehr – ich war wieder arbeitslos.

Heute arbeite ich als freie Journalistin in Berlin, eine Art Ich-AG. Jeden Monat moderiere ich die Talkshow NOCH´N TALK in einem Lokal in Hellersdorf, zu der ich zwei Künstler – meist aus meinem Bekannten- und vor allem Kollegenkreis – einlade. Natürlich ist es schwer, von dem Geld als Journalistin zu leben, man muss viel rackern. Glücklicherweise bin ich in einer Situation, dass ich nicht ganz so auf den Pfennig schauen muss. Trotzdem, ich gehe nicht gern zum Friseur, ich geh nicht zur Kosmetik, das mag ich einfach nicht. Das meiste, was ich anhabe, kaufe ich auf dem Trödelmarkt. Ich bin nicht geizig – keinesfalls, aber dort bekommt man wunderbare exotische Sachen. Meine Kinder waren relativ schnell auf eigenen Füßen. Karoline ist Krankenschwester und Altenpflegerin. Felix tritt in meine Fußtapfen, er ist Journalist und Radio-Moderator. Gott sei Dank bin ich nicht mehr 45, sondern gehe auf die Rente zu. Zu DDR-Zeiten wollte ich immer Rentner werden, um endlich die Welt zu sehen. Jetzt sage ich mir: Die paar Jahre musst du noch durchhalten. Ich genieße es jetzt, mal einen Tag mit meinem Mann zu verbringen, auch früh länger zu schlafen und dann lieber abends zu arbeiten.

Wir waren immer ein sehr offenes Haus, das hat sich bis heute gehalten. Ich koche sehr gern, meist mit guter Butter. Es hat mir nie etwas ausgemacht, für 30 Leute eine Party zu schmeißen. Am Wochenende besuchen wir oft Freunde, oder wir gehen trödeln. Am vergangenen Sonnabend wurde Manfred Krugs Geburtstag und die Pensionierung seiner Frau gefeiert. 40 Leute waren da, komischerweise alles Leute, die ihre Wurzeln in der DDR haben. Als nach der Wende die Stasi-Akten geöffnet wurden, stellte man plötzlich fest, dass die Akten von Stefan Heym, Jurek Becker, Willy und Maria Moese, Manfred Krug alle miteinander verknotet waren. Ein IM hatte in unserer Runde gesessen. Merkwürdigerweise war er der Unpolitischste. Vielleicht schweißte uns das Wissen über die Jahre zusammen, dass keiner von uns ein Denunziant war. Wenn wir uns mit den Freunden treffen, geht es nicht um schöne Kleider oder um Geld, da werden vor allem politische Gespräche geführt. Das war im Freundeskreis schon früher so und ist auch so geblieben. Neue Bekanntschaften bleiben oft sehr oberflächlich.

So wie das Land jetzt ist, möchte ich es nicht haben. Ich finde es schrecklich, dass Menschen für einen Euro oder Einsfünfzig arbeiten müssen. Das ist demütigend, demütigender geht es nicht. Mit sozial hat das nichts zu tun. Sorgen macht mir, dass die Rechten wieder Aufwind bekommen. Ich habe Interviews mit Jugendlichen geführt und da sitzt so ein 17-Jähriger vor mir und sagt: Die von der NPD haben doch recht – die Türken bekommen Arbeit, erst einmal will ich Arbeit haben. Ich denke aber auch, dass wir mit unserer Vergangenheit nicht gut umgehen. Als wir neulich im Auto an dem Holocaust-Denkmal am Brandenburger Tor vorbeifuhren, sagte mein Mann: Das kommt nicht von Herzen, das ist eine kalte Sache. Wenn wir einen Tag im Jahr festgelegt hätten, an dem alle Deutschen sich einen Judenstern anstecken, einen Tag, wo wir alle Juden sind – das würde mehr bewirken als diese Steine.

Wir sind die Generation, die noch sehr an der Wende zu knabbern hat. Wenn ich meinen Sohn frage, ob sein Freund aus dem Osten oder aus dem Westen kommt, sieht er mich entsetzt an und fragt: Wo lebst du denn? Das ist doch egal – der kommt aus Hamburg, ich komme aus Berlin. Offensichtlich haben die Jungen eine neue Plattform gefunden, wo sie gleichberechtigt sind. Das macht mich dann auch wieder glücklich. Wenn heute ein junger Mensch Journalist werden will, muss er kämpfen und klug sein, um vorwärts zu kommen – ob Leipziger oder Kölner. Dass bei den Westdeutschen manchmal Groll gegen den Osten aufkommt, kann ich gut verstehen. Ihr Wohlstand ist geschrumpft, auch dort machen Betriebe zu. Die werden manchmal die Wende und den Mauerfall verfluchen, weil sie glauben, dass wir die Ursache für ihre Probleme sind. Und wie denken wir hier im Osten? Die Ursache liegt viel tiefer und weiter zurück. Die Bundesrepublik hat über ihre Verhältnisse gelebt – 35-Stunden-Woche, acht Wochen Urlaub, Urlaubsgeld, Weihnachtsgeld. Und die DDR hat ihre Verhältnisse nicht real eingeschätzt. Die hat gedacht, sie kann ihren Bürgern 20 Mark Miete und 20 Pfennig Fahrgeld für die nächsten tausend Jahre garantieren.

Ich denke, dass beide Seiten Schuld haben. Und man hat nicht verstanden, mit der Wende aus beiden Ländern das Positive zu bewahren.

Ich entdecke für mich immer mehr eine tiefe Dankbarkeit. Dankbarkeit, dass ich die DDR kennenlernen durfte, dass ich dort eine interessante Arbeit machen konnte, auch dass ich die Erfahrung mit dem Berufsverbot habe. Und ich entdecke Dankbarkeit, dass ich den Fall der Mauer erlebt habe, dass ich jetzt die Welt sehen kann. Vor allem bin ich dankbar, dass ich diese wunderbare Familie habe und die Freunde, die wir alle schon seit unserer Jugend kennen. Manchmal sage ich mir, wenn dir jetzt etwas passieren würde – wir hatten doch alle eine wunderbare Zeit miteinander.

Anita Rehm, Berlin-West

Obwohl ich schon seit 1972 in Berlin lebe, hatte ich vor der Maueröffnung keinerlei Kontakte nach Ostberlin. Im Nachhinein habe ich das sehr bedauert, aber es ergab sich einfach nicht. Ich bin nur dann mal in den Osten gefahren, wenn ich Besuch aus Mainz bekam und die unbedingt rüber wollten. Ehrlich gesagt: Ostberlin hatte für mich etwas Graues und dazu diese unfreundlichen Menschen an der Grenze! Auch das DDR-Fernsehen interessierte mich nicht besonders. Manchmal sah ich mir den Montagsfilm an und um mich zu amüsieren, ab und zu den Herrn Schnitzler. Den fand ich natürlich entsetzlich. Ich fand aber auch Herrn Löwenthal entsetzlich, der übrigens persönlich ein ausgesprochen charmanter Mensch war. Solche Sendungen mochte ich einfach nicht. Ich habe mir deshalb auch kaum Kennzeichen D angesehen.

An dem Tag, als die Mauer aufging, war ich mit einer Kollegin von Kennzeichen D im Kabarett. Sie erzählte mir, dass sie Urlaubssperre hat – irgendetwas wird passieren. Kurz vor acht hörten wir im Autoradio einen aufgeregten Moderator: Ich glaube heute geht die Mauer auf. Ich dachte, der redet bloß so, denn das klang eher satirisch. Wir erwarteten, dass vielleicht Mathias Richling – er ist ja ein politischer Kabarettist – darauf eingeht, aber er sagte nichts dazu. Nach dem Theater sind wir zum Brandenburger Tor gefahren. Viele Leute strömten dorthin und nur das spanische Fernsehen war da. Das ZDF hat die Maueröffnung regelrecht verschlafen. Um 23.30 Uhr wurde abgeschaltet. Am Brandenburger Tor waren einige Menschen, aber ansonsten tat sich nichts. Wir sind noch zum Grenzübergang Invalidenstraße gefahren. Dort war ein SFB-Team mit Robin Lautenbach. Aber auch dort tat sich zu dem Zeitpunkt nicht viel, und deshalb bin ich nach Hause gefahren, zumal es zu nieseln begann. Als ich nach Hause kam, klingelte schon das Telefon. Mein Vater und eine Freundin aus Mainz riefen an: Ich gucke Fernsehen, Mensch ist das toll, das gibt es doch alles gar nicht! Mir war noch nicht klar, was eigentlich passierte. Erst als ich die Live-Übertragung im Fernsehen sah, habe ich begriffen, dass ich ein historischer Ereignis miterlebe. Mein Vater kam gleich am nächsten Tag aus Mainz nach Berlin und hat vor Glück irgendwelchen wildfremden DDR-Familien auf der Straße Geld gegeben. Das war schon ein einmaliges Erlebnis, das es nie wieder geben wird.

Ich arbeitete damals aktiv im Berliner Landes-Fachausschuss Ausländerpolitik der SPD. Kurz nach dem Mauerfall kam ein Ausschussmitglied aus dem Iran auf die Idee, wir müssten uns mal im Osten umhören, denn dort gibt es diese Vertragsarbeiter. Daraufhin sind wir gemeinsam zu einer Anhörung über Ausländer in der DDR in das Haus der Kulturschaffenden nach Ostberlin gefahren. Das war meine erste Berührung mit Menschen, die sich in der DDR mit Ausländern befassten. Unter anderem lernte ich auch Anette Kahane und Christiane Barkhausen kennen. Wir haben sie anschließend gleich zu uns ins Rathaus Schöneberg zu einer Sitzung eingeladen. Das Thema Vertragsarbeiter im Osten bot ich dem ZDF an. Und so war ich die erste, die über Angolaner und Mosambikaner im Fleischkombinat oder Vietnamesen im Bekleidungskombinat berichtet hat. Diese DDR-Vertragsarbeiter waren völlig verunsichert, weil sie nicht wussten, was aus ihnen wird und sich niemand um sie kümmerte. Sie erzählten zum Teil erschreckende Geschichten, zum Beispiel, dass die Frauen nach Hause geschickt wurden, wenn sie schwanger waren. In der Zeit kam bei mir das erste Mal der Gedanke auf: Mein Gott, warum hast du dich nicht vorher mal mit DDR-Leuten ausgetauscht. Da gab es unheimlich tolle Menschen, zum Beispiel die SUSI-Frauen, die ihren Verein – solidarisch, unabhängig, sozial, international – S.U.S.I. nannten. Obwohl ich eine SPD-Frau war, fand ich auch den Gregor Gysi ungemein spritzig und sexy. Welche Rhetorik der drauf hatte, der war wirklich wunderbar. So was kannten wir in der westlichen Politik gar nicht. In diesen ersten Monaten machte ich mehrere interessante Beiträge über Ausländer in der DDR. Mein Chef war außerordentlich zufrieden mit mir. Wo ich die Themen auftreiben würde, fragte er mich.

Mein Jugendfreund Hubertus von Braunmühl hatte mir vor der Volkskammerwahl 1990 gesagt: Wenn die SPD die Wahl gewinnt, wird der Markus

Meckel Ministerpräsident. Hubertus und sein Bruder Carlchristian kannten Markus Meckel aus der Zeit vor dem Mauerfall. Als sie für den offenen Brief an die Mörder ihres Bruders den Gustav-Heinemann-Preis bekamen, hatten sie Meckel und die anderen bärtigen Pfarrer vom Friedenskreis der DDR in den Westen eingeladen. Wir glaubten natürlich alle, dass die SPD die Wahl gewinnt. Dann kam es anders, die CDU gewann und Markus Meckel wurde Außenminister. Carlchristian von Braunmühl, der inzwischen bei Meckel arbeitete, fragte mich im Mai 1990: Wir brauchen Leute für die Pressestelle – hast du Lust? Ich habe gesagt: Wenn der Markus Meckel sich seinen Bart abmacht, dann komme ich – o.k. ich mache das!

Mein Sender war sehr großzügig und stellte mich für ein Jahr frei. Ein paar Tage später begann ich meine Arbeit im Außenministerium der DDR. Ich hatte noch nie in einem Ministerium gearbeitet und mein erster Eindruck war: Mein Gott, wie riecht das hier und was sind das eigentlich für Leute? Da schwebten Friedensengel und bärtige Friedensmänner auf den Fluren der Ministeretage herum. In der Presseabteilung arbeitete noch ein Westler aus Bonn, Dr. Stefan Göbel. Der war von unserem Außenministerium abgestellt – und zufällig auch ein Mainzer. Wir verstanden uns gleich gut, so ist das nun mal mit den Mainzern. Als Markus Meckel eine Pressesprecherin suchte, brachte Stefan Göbel eines Tages Maria Moese in unser Büro. Er kannte Maria aus der Ständigen Vertretung. Ich fand Maria sehr sympathisch. Wir mochten uns sofort. In der Pressestelle waren wir nur eine ganz kleine Truppe: zwei aus dem Westen und zwei aus dem Osten. Vorher arbeiteten dort 70 Leute, verstreut über das ganze Ministerium.

Im August fiel die Regierungskoalition auseinander, von diesem Zeitpunkt an war Ministerpräsident de Maizière zugleich Außenminister. Als Staatssekretär holte er sich einen aus der früheren Ost-CDU – eine sogenannte Blockflöte, der die »Geschäfte« im Ministerium erledigte. De Maiziere verlangte eine Liste der Westberater. Carlchristian von Braunmühl ließ sich erst gar nicht auf die Liste setzen, der ist gleich gegangen und sein Neffe auch. Ich musste aufschreiben, woher ich komme und was ich gemacht habe. Und bemerkte: Ich werde genauso loyal zu Ihnen sein, wie ich es zu Meckel war. Ich durfte bleiben und Stefan Göbel auch. Darüber war ich ganz froh, denn mir gefiel es recht gut im Ministerium. Einmal äußerte sich der persönliche Referent des Staatssekretärs, dass er mit dieser Meckelbrut nicht arbeiten will. Aber der hatte uns nichts zu sagen, und das habe ich ihm auch gesagt. Wir sind dann bis zur Vereinigung im Oktober 1990 geblieben. Ich gebe zu, dass ich in dieser Zeit auch ein bisschen Wahlkampf für Meckel in der Uckermark gemacht habe.

Nach dem 3. Oktober bewarb ich mich als Pressesprecherin bei Regine Hildebrandt in Potsdam. Das scheiterte nicht an ihr, sondern an der Staatssekretärin, die aus dem Saarland kam. Wir beide konnten überhaupt nicht miteinander. Ich hätte auch die Stelle nicht angenommen, weil ich nach Osttarif bezahlt werden sollte. Das war genau so viel, wie ich mit meiner halben Stelle beim SFB verdiente und mindestens das Dreifache an Arbeit. Und meine freie Tätigkeit beim ZDF hätte ich auch vergessen können.

Nach einem Jahr habe ich meine Halbtagsstelle beim Sender wieder aufgenommen und meine Filmbeiträge fürs ZDF weiter gemacht. Das ZDF ist für mich ein Stück Familie, die ich durch einen glücklichen Zufall gefunden habe. Aufgewachsen bin ich in Mainz inmitten von Trümmergrundstücken. Einen besseren Spielplatz gab es damals nicht. Mit 14 Jahren begann ich eine Lehre als Industriekaufmann – heute würde man Industriekauffrau sagen – bei einem kleinen Bauunternehmer. Das Schulgeld für das Gymnasium konnten meine Eltern nicht bezahlen. Mag sein, dass auch meine Leistungen dafür nicht ausreichten. Die Lehre machte mir keinen Spaß, und die Berufsschule interessierte mich überhaupt nicht. Deshalb fiel ich bei der Prüfung durch, aber die Wiederholung habe ich geschafft. Ich interessierte mich für Jazz und französische Filme und war regelmäßige Besucherin eines Jazzclubs. Da sollte ich Buchhaltung verstehen? Knapp ein Jahr arbeitete ich in der Werbeabteilung eines Verlages, lernte einen Engländer kennen, kratzte mein ganzes Geld zusammen, kündigte und ging für ein Vierteljahr nach London. Ich konnte kein Wort Englisch. Nur Französisch, was ich in Abendkursen gelernt hatte. Als ich ziemlich blank aus England zurückkam, hatte ich einen schlimmen Autounfall, der mich fast ein Jahr außer Gefecht setzte. Zu diesem Unglück stellte sich noch heraus, dass mein Arbeitgeber, ein windiger Immobilienhändler, mich nicht bei der Krankenversicherung angemeldet hatte. So bekam ich nur von ihm jeden Monat ein »Gnadengeld«, bis ich wieder auf den Beinen war.

Noch während der Krankheit fragte mich eine Freundin, ob ich beim ZDF anfangen will. Sie arbeitete beim ZDF in Wiesbaden als Sekretärin und wollte sich in eine andere Abteilung versetzen lassen. Das war aber nur möglich, wenn sie eine Nachfolgerin bringt. So begann meine Liaison mit dem ZDF, anfangs als Hilfssachbearbeiterin, später als Sekretärin in der Redaktion der Wirtschaftssendung »Bilanz«. Wir fühlten uns wie eine riesige Familie, jeder wusste über den anderen Bescheid. Mein damaliger Freund war Israelkorrespondent beim ZDF, und ich wollte unbedingt auch nach Israel. Als ich nach drei Jahren Kampf um eine Planstelle in Israel die

Absage bekam, kündigte ich beim ZDF und ging über die Berlinförderung zum Sender Freies Berlin. Genauer gesagt, zu einer Tochtergesellschaft des SFB, der SFB-Werbung, die damals die Serien für das Vorabendprogramm machte.

Ich freute mich: Berlin! Großstadt! Aber in den Büros herrschte eine trockene Atmosphäre. Da war ich doch mehr Schwung vom ZDF in Wiesbaden gewohnt. Am ersten Tag stellte ich schon fest, wie engstirnig, ja konservativ einige Mitarbeiter waren und dachte: na großartig. So also sind die Westberliner – ob das mit der Mauer zu tun hat? Jedoch die beiden älteren Redakteure, die für das Vorabendprogramm zuständig waren, hatten Format. Von ihnen erfuhr ich viel über die Berliner Nachkriegs-Filmwelt. Mit den Kollegen vom ZDF hatte ich natürlich weiterhin engen Kontakt. Eines Tages – 1978 – fragte mich ein Kollege, ob ich für ihn eine Recherche über Ausländer in Berlin machen möchte. Ich hatte keine Ahnung von Recherche, geschweige von Ausländern. Dachte aber: Na gut, ich kann ja mal nach Kreuzberg fahren, dort sind viele Türken. Das habe ich gemacht und dann fünf Seiten mit all meinen Impressionen aufgeschrieben. Der Redakteur Hanns Heinz Röll war angetan von der Arbeit, denn er fragte mich, ob ich Lust habe, bei seiner neue Sendung »Nachbarn in Europa – Ausländer in Deutschland« mitzuarbeiten. Ich schlug ihm ein Porträt über den bekannten türkischen Schriftsteller Aras Ören vor und Reportagen über die Ausstellung des türkischen Malers Hanefi Yeter und eine türkische Bücherei im Haus Bethanien. Von der Ausstellung und der Bücherei hatte ich in der Zeitung gelesen. Die Themen wurden angenommen und dann habe ich diese drei Zwei-Minuten-Filme gedreht. Das war ein Kopfsprung ins kalte Wasser. Ich bin niemals zuvor bei Filmaufnahmen dabei gewesen. Als ich mein Konzept dem Kameramann zeigte, sagte der: o.k. Mädchen, ich mache dir das. Ich bin auch nicht wie Graf Rotz angekommen. Viele von den Jungen tun heute so, als hätten sie schon den Oskar gewonnen. Ich hatte im Übrigen auch nichts zu verlieren. Meine Sicherheit war die Stelle beim SFB, die Filme drehte ich als Nebenbeschäftigung – natürlich mit Genehmigung des SFB-Intendanten.

Unsere Sendung »Nachbarn in Europa« sollte zur Integration von Ausländern beitragen, Probleme zeigen, anregen, vom anderen zu lernen. Zum Internationalen Jahr des Kindes 1979 wollte die Redaktion eine Reihe über ausländische Kinder bringen. Die Filmemacher sollten nach Möglichkeit Frauen sein, weil es damals kaum Reporterinnen gab. Beim ZDF gab es nur wenige Frauen, die Filme machten. Frauen, wie Ria Wolf, Eva Maria

Thissen und Rut Speer, waren durch die Sendung »Drehscheibe« bekannt. Der Leiter der Redaktion rief mich an und sagte, dass er mich für einen 30-Minuten-Film über ein griechisches Kind vorgeschlagen hat. Als ich gefragt wurde, ob ich es mir zutraue, sagte ich erst einmal ja. Ich ging gleich los in eine griechische Schule und fand dort auch ein Kind mit dem typischen Schicksal eines Gastarbeiterkindes, hier geboren, zu den Großeltern nach Griechenland gebracht, weil die Eltern arbeiteten und wegen des Kindergeldes wieder nach Deutschland geholt. Das Mädchen war zweimal völlig aus seinem Kulturkreis herausgerissen worden und litt sehr darunter.

Mir kamen dann doch Bedenken, ob ich das alleine schaffe. Deshalb rief ich eine Bekannte an, die schon einen recht erfolgreichen Film gemacht hatte. Wir kannten uns aus unserer Kindheit in Mainz und hatten uns kurz vorher im Berliner Arbeitskreis Film wiedergetroffen. Sie sagte gleich zu und wir vereinbarten, den Film gemeinsam zu drehen. Jeder von uns sollte bei Drehbuch und Regie die Hälfte übernehmen, und wir bekamen einen der besten Kameramänner zur Seite, den Fred Ebner. Er war in der DDR ausgebildet und hatte bei der DEFA Regie geführt – der war wirklich perfekt und toll. Die Zusammenarbeit mit meiner Partnerin verlief leider sehr unerfreulich. Sie wollte alles alleine machen und verlangte während der Dreharbeiten in Griechenland, dass ich den Regietitel abgebe. Gegenüber einer Anfängerin war das sehr unsolidarisch, wir haben auch nie wieder etwas gemeinsam gemacht. Der Film ist sehr gut angekommen. Zehn Jahre danach durfte ich noch einmal einen Film über das Mädchen drehen, da hatte sie gerade geheiratet.

Die Themen für die Sendungen suchte ich mir immer selbst aus und bekam meistens den Auftrag für einen Fünf- oder Sechs-Minuten-Filmbeitrag. Dann konnte ich mich kreativ ausleben. Ich hatte manchmal einen 16-Stunden-Tag, aber es hat mir wahnsinnig Spaß gemacht. Als der Berliner Senat zu einer Klausurtagung in die Türkei reiste, durfte ich mit einem ZDF-Team für eine Woche mitfahren. Ich hatte mich auf Kultur und Alltagsleben von Türken in Berlin spezialisiert. Unter den Kollegen nannten sie mich die Türkenmutti oder fragten: Na, was macht denn Ihre türkische Gemeinde? Die Türken waren natürlich dankbar, dass ich mich für ihre Themen und Probleme interessierte und zum Beispiel über den türkischen Arbeiterchor, die Theatergruppe oder das Türkenzentrum berichtete. Unter den Intellektuellen und Künstlern gab es nicht wenige Kommunisten, aber das störte mich nicht weiter. Später dachte ich, die haben mich ganz schön für ihre Zwecke benutzt. Aber ich habe sie auch benutzt und bin durch sie an außergewöhnliche Themen herangekommen. Ich erfuhr viel über das

Leben der Türken in Berlin. Schon damals war es ein offenes Geheimnis, dass junge Frauen von ihren Vätern oder Brüdern ermordet werden. Als ich einen behinderten türkischen Jungen fragte, über den ich ein Porträt drehte, wie er sich verhalten würde, wenn seine Schwester ihren Mann verlässt, machte er eine Handbewegung an seinen Hals – er würde sie so umbringen. Ich sagte zu ihm: Du sitzt hier im Rollstuhl, du würdest deine Schwester umbringen? Das darf doch nicht wahr sein! Ich hätte ihm am liebsten eine gescheuert.

Als der Gründer der Sendung »Nachbarn in Europa« in Pension ging und ein neuer Leiter die Sendereihe übernahm, wurde die Arbeit schwierig. Manchmal hat er meine Texte so schlimmverbessert, dass ich sie selbst nicht wiedererkannte. Ich bekam Anrufe von den Leuten, die beschimpften mich und ich konnte gar nichts dafür. Da war mir klar, dass ich hier kein Land mehr gewinnen kann und orientierte mich langsam um. Ich wollte einen Film über einen Pater machen, der sich um Vietnamesen in Abschiebehaft kümmerte. Der neue Chef wollte das nicht, also bot ich das Thema der Redaktion »Kirche und Leben« an. Die fanden das toll und sagten gleich zu. Als letztes drehte ich einen Film über türkische Transvestiten für »Nachbarn in Europa«. Die jungen Leute erzählten, warum sie in der türkischen Gesellschaft verachtet werden und warum sie in Deutschland in Frauenkleidern rumlaufen. In der Redaktion herrschte große Unsicherheit, ob so ein Thema ausgestrahlt werden kann. Erst nach einem Jahr wurde der Film in 3Sat gesendet. Es war einer meiner besten Filme.

Die Redaktion »Kirche und Leben« bot mir an, weiter für sie zu arbeiten. Ich wurde weder befragt, ob ich evangelisch, katholisch oder sonst etwas bin. Ich machte denen die Filme, und die fanden sie alle gut. Meine Beiträge wurden in der 3Sat-Sendung »Tagebuch« oder in der Sonntagssendung »Zur Zeit« gesendet – die gibt es leider nicht mehr.

Nach dem Fall der Mauer richtete das ZDF die Sendung »Blickpunkt« ein, die aus den neuen Bundesländern berichtete. Für diese Sendung arbeitete ich ab 1991. In Frankfurt an der Oder gab es zum Beispiel einen Verein, der sich um Prostituierte kümmerte, die hinter der Grenze die Lastwagenfahrer bedienten, nicht viel Geld bekamen und meist ohne Kondome arbeiteten. Dieses Thema hatte mich sehr mitgenommen. In dieser Zeit waren meine Filme relativ politisch. Über einen Holocaust-Überlebenden machte ich ein Porträt und über Neo-Nazis in der DDR. Wenn in Wittenberge 35 Prozent arbeitslos sind, ist das natürlich furchtbar und ich habe Verständnis für die Situation dieser Leute. Dass man aber Menschen hetzt, jagt oder umbringt, das lasse ich nicht gelten als Grund. Überhaupt stieß ich immer wieder auf merkwürdige Entschuldigungen, wieso Jugendliche so etwas tun. Oft heißt es, die Medien sind schuld. Nein, wir produzieren das nicht, das wird von der Bevölkerung produziert. Deren absurde Meinungen über Ausländer sind das Problem. Wir berichten nur über die Vorfälle!

Vom Menschlichen her waren mir die Kontakte mit den Ostdeutschen immer sehr angenehm. Aber es gab auch Diskussionen, die ich nicht verstand. Zum Beispiel wenn es ums Kinderkriegen ging. Ich lernte einige Frauen kennen, die drei Kinder von unterschiedlichen Vätern hatten. Nicht, dass ich das moralisch verurteile, aber ich fand das auffällig. Wenn ich fragte, warum das so ist und ob sie sich die Kinder angeschafft haben, um eine Wohnung zu bekommen, wurde das immer abgetan. Ich bin schon der Meinung, dass Kinderkriegen in der DDR auch ein Mittel zum Zweck war, um eine eigene Wohnung zu bekommen. Das waren alles ganz nette Frauen, aber wenn die von ihren Kindern erzählten, dachte ich immer: Das ist doch bei uns anders gelaufen. Ich bin keine Feministin, ich habe auch nie gekämpft. Aber die Freiheit, die die 68er Frauen damals erkämpften, habe ich mir zunutze gemacht. Viele meiner Freundinnen haben keine Kinder. Wir wollten auch keine, weil wir einfach das Leben, so wie es sich uns bot, als eine Herausforderung genommen haben. Da hatten Kinder keinen Platz. Mir war klar, ich hätte alles alleine bewältigen müssen und dazu hatte ich überhaupt keine Lust. Als ich einmal schwanger war und zweifelte, ob ich abtreibe, sagte meine Mutter, dass sie mir hilft. Aber sie wohnte in Mainz, wie hätte ich das machen sollen? Den Mann mochte ich gern, aber ein Kind? Ich hab es nicht bereut. Ich hatte auch nie den Wunsch zu heiraten. Mit 26 Jahren bekam ich von einem angesehenen Journalisten einen Heiratsantrag. Da hatte ich plötzlich einen Kloß im Hals und dachte: Nee, nur das nicht! Dem habe ich eine wilde Geschichte erzählt, warum ich den Heiratsantrag nicht annehmen kann. Nach zehn Jahren, er war Auslandskorrespondent und inzwischen längst verheiratet und auch wieder geschieden, meldete er sich bei mir, und wir begannen wieder unsere Beziehung. Wir trafen uns ab und an, mal da, mal dort – über die Entfernung ging das ganz gut. Ich finde es toll, zeitweise einen Partner zu haben, und es gab immer mal wieder Männer in meinem Leben. Aber ich dachte nie an heiraten. Ich könnte keinen Mann in meine Wohnung nehmen. Die Wohnung ist zwar groß, aber für zwei Leute ist sie nicht ausgerichtet.

Unabhängigkeit ist für mich ganz wichtig. Ich bin viel gereist und reise immer noch viel – ich bin ein neugieriger Mensch. Ich habe unter anderem

Ägypten, Syrien, Türkei und Israel besucht. Das waren spannende Reiseerfahrungen mit einem politischen Hintergrund. Noch zu Mauerzeiten war ich in Kuba und nach der Maueröffnung hat mich natürlich Osteuropa interessiert – Polen, Ukraine, Weißrussland, Rumänien. Von meiner Arbeit konnte ich immer gut leben. Ich wollte kein Eigentum, habe auch keine Eigentumswohnung. Freizeit war bei mir meist auch mit der Arbeit verbunden – ich konnte das gut kombinieren. In den achtziger Jahren gab es in einem türkischen Restaurant in der Kantstraße einen Stammtisch mit deutschen und türkischen Akademikern, wo ich viele Informationen für meine Filmthemen bekam. Natürlich gehe ich auch auf Partys, ins Theater, ins Kino. Ich habe viele Freunde, ich denke, dass ich dabei Glück hatte.

Als die Mauer geöffnet wurde, fand ich die Leute, die ich kennenlernte, wie von einem anderen Stern. Das war für mich eine Hoffnung und ich dachte: Mensch, da könnte man doch irgendetwas gemeinsam machen! Ging aber nicht. Außer mit der Schriftstellerin Christiane Barkhausen, mit der ich E-Mails ab und zu austausche, bestehen keine Kontakte mehr mit den Frauen. Die haben sich alle zurückgezogen. Was ich nicht den Menschen anlaste, das war einfach die Situation. Mit den ehemaligen Mitarbeitern von Markus Meckel treffen wir uns alle zwei Jahre. Anfangs waren wir immer 20 Leute, zum letzten Treffen kamen nur noch sieben. Irgendetwas ist mit der Vereinigung schief gelaufen. Maria Moese ist wirklich die Einzige aus den Wendetagen, mit der ich noch intensiven Kontakt habe.

Aus der halben Stelle beim SFB bin ich nach 29 Jahren rausgemobbt worden. Das betrieben zwei Kolleginnen. Das war schrecklich. Ich bin mit 55 Jahren in den Vorruhestand. Mit meinem zweiten Standbein beim ZDF konnte ich noch ein bisschen weiterarbeiten, aber durch Programmveränderungen wurde ich dann auch nicht mehr beschäftigt. Das ZDF zahlt mir einen kleinen finanziellen Ausgleich. Ich gehöre inzwischen zu den Letzten, die diese Zahlung beanspruchen können. Ich denke, eine Ära ist einfach zu Ende. Ich bin jetzt fast 60 Jahre und habe 25 Jahre für das ZDF gearbeitet. Das ist eine sehr lange Zeit, ich war mit sehr großem Enthusiasmus, mit Leib und Seele dabei. Ich denke oft an die Begegnung mit dem wunderbaren Wolfgang Neuss oder Melina Mercuri. Dem ZDF bin ich für alles, was ich an Menschen und Situationen kennenlernen durfte, sehr dankbar. Offensichtlich haben die verantwortlichen Redakteure bemerkt, was in mir steckt. Ich wäre niemals auf die Idee gekommen, Journalistin zu werden, hätte ich nicht diese Chance bekommen. Ich weiß auch gar nicht, was sonst aus mir geworden wäre. Langweilig im Büro sitzen? Keine Ahnung!

Die Köchin

Ilona Lücke, Sonneberg/
Thüringen
geb. 1944 in Niedersachswerfen/Südharz
Köchin, Studium in Leipzig
Lehrausbilderin, Gastwirtin
Wirtin »Bügeleisen« Sonneberg
verheiratet, zwei Söhne

Christel Riemer, Meerdorf/
Niedersachsen
geb. 1955 in Paderborn
Serviererin, Bürokauffrau
Köchin, Gastwirtin
Wirtin »Altes Landhaus Meerdorf«
verheiratet, ein Sohn, eine Tochter

Vielleicht ist es ein kein Zufall, dass Ilona Lücke und Christel Riemer schon als Kinder ihre Liebe zum Kochen entdeckt haben. Beide sind in Großfamilien mit vielen Geschwistern aufgewachsen, in denen naturgemäß viel, aber – wie sie sagen – auch gut gekocht wurde.

Die Wege zur Köchin und Wirtin von gutbürgerlichen Speiserestaurants in Thüringen und Niedersachsen waren sehr unterschiedlich. Ilona Lücke mit klassischer Berufsausbildung als Köchin, anschließendem Fachschulstudium und festem Arbeitsverhältnis bis zur Wende. Danach eine Odyssee durch halb Deutschland mit mehr Niederlagen als Erfolgen und mit über 60 Jahren noch einmal ein Neubeginn. Christel Riemer findet ihren Platz in der Küche und am Tresen erst auf Umwegen. Da ist das Jobben als Serviererin, das Einheiraten in einen »Laden«, das Abendstudium an der Volkshochschule und schließlich drei eigene Kneipen in Hildesheim. Weil die Köche nicht so wollen, wie sie es will, brät sie ihre Steaks mit Bratkartoffeln lieber selbst. Und weil auch die Ehemänner nicht so wollen wie sie will, suchte sie wieder und wieder eine neue Liebe.

Bei beiden hat das Kochen viel mit Liebe zu tun, da gibt es keinen Unterschied zwischen Ost und West. Ilona Lücke und Christel Riemer sind nicht nur fleißige und energievolle Köchinnen, die kein Essen über den Tresen geben, das sie nicht selbst mit Appetit essen würden. Sie sind weltoffene, gebildete Frauen, die sich in der menschlichen Psyche auskennen und sich neben dem leiblichen Wohl auch für das seelische Gleichgewicht ihrer Gäste zuständig fühlen. Und: Sie sind schlank, sportlich und schick, was man von einer Köchin nicht unbedingt erwartet.

Ilona Lücke, Sonneberg/Thüringen

Ich bin jetzt 61 Jahre alt und stehe immer noch jeden Tag am Herd. Vor einem halben Jahr habe ich hier in Sonneberg ein sehr schönes kleines Speiserestaurant eröffnet – das »Bügeleisen«. Einkaufen, kochen, servieren, Reinigung und Buchführung mache ich alles allein. In der Mittagszeit hilft mein Mann beim Service und abends ab und an eine Freundin. Früh um neun fange ich an und schließe in der Woche um 22 Uhr. Wenn kein Gast mehr da ist, komme ich manchmal früher raus, oft wird es aber auch später. Und am Wochenende geht es bis nachts um zwölf, meistens bis eins. Ich kenne niemanden, der solange in dem Beruf steht wie ich und ihn noch mit allen Konsequenzen ausübt.

Dass ich Köchin geworden bin, habe ich meiner Großmutter zu verdanken. Ich war ein recht kreatives Kind, spielte Klavier, machte bei Laienspielen mit und gründete sogar mit meinem Lehrer eine Instrumentalgruppe. Und ich kochte gern. Oft ging ich meiner Großmutter zur Hand, wenn sie bei uns im Dorf auf Hochzeiten oder Beerdigungen kochte. Bei der Berufswahl stritten zwei Seelen in meiner Brust, ich konnte mich nicht entscheiden. Da war es die Großmutter, die mich zur Kocherei drängte. Sie erkundigte sich nach einer Lehrstelle und fuhr mit mir nach Nordhausen zum Aufnahmegespräch bei HO-Gaststätten. Ich erzählte dem Lehrausbilder, was ich so koche – damals war bei uns Karpfen blau aktuell – und wurde sofort angenommen.

Mein Lehrbetrieb, der Ratskeller Nordhausen, war eine anspruchsvolle und gepflegte HO-Gaststätte, wo man alles anwenden musste, was die Kochkunst bietet. Die Ausbildung begann mit dem Entremetier, der Zubereitung von Beilagen, Gemüse, Salaten und Suppen. Das zweite war der Saucier, dort lernten wir alles über Braten und Soßen. Weiter die Boucherie, der Rotisseur bis zur Patisserie, also die Süßküche mit Desserts, Obst, Früchten, Kuchen und Cremes. Zur Facharbeiterprüfung musste ich à la carte und ein Menü für zehn Personen kochen. Dazu gehörte, wie beim Sportler die Kür, ein Schaustück, also ein gefüllter Rehrücken oder eine gefüllte Pute. Die durften aber nicht bloß schön aussehen, sondern mussten auch schmecken. Um das alles zu lernen, wurde unser Lehrlingskollektiv – drei Mädchen und ein Junge – auch in einem Nordhäuser Hotelrestaurant, einem Konditoreibetrieb und im Schlachthof ausgebildet. In der Lehre nahm ich zum ersten Mal die politischen Organisationen bewusst wahr. Ich war zwar in der neunten und zehnten

Klasse in der FDJ, aber eben nur so, wie das alle machten. Plötzlich merkte ich, dass mir FDJ-Arbeit und Berufswettbewerb Spaß machten. Ich übernahm die Leitung eines Lernaktivs, führte die Brigadechronik unserer Jugendbrigade und animierte auch andere Lehrlinge zum Mitmachen. Ich wurde Sieger im Berufswettbewerb und bekam 200 Mark Prämie. Wenn man aus einer kinderreichen Familie kommt, sind 200 Mark viel Geld. Der Erfolg motivierte mich, meine Leistungen wurden immer besser. Meine Lehrzeit gab mir Selbstsicherheit fürs Leben. Ich lernte organisieren, davon zehre ich noch heute.

Je länger ich den Beruf ausübte, desto mehr begriff ich, wie vielseitig er ist und dass man als Köchin eigentlich nie auslernt. Als mich nach Abschluss der Lehre der Betrieb zum Studium an die Fachschule für Hotelwesen delegierte, sagte ich sofort zu. Die Lust am Lernen verdanke ich meinem Vater, der als ungelernter Eisenbieger und Maurer noch mit fünfzig Jahren ein Fernstudium zum Lehrausbilder begann. Er war unheimlich hinterher, dass wir eine gute Bildung bekamen. Es gab keinen Tag, an dem er nicht die Hausaufgaben bei mir und meinen fünf Geschwistern kontrollierte. Aber als ich zum Studium wollte, war mein Vater nicht begeistert. Meine Mutter war sehr krank, deshalb fuhr ich jeden Tag von Nordhausen nach Hause und kümmerte mich um den Haushalt. Meist arbeitete ich Spätschicht, damit ich vormittags meine kleinen Geschwister versorgen konnte. Und oft hatte ich vor der Arbeit schon eine große Wäsche hinter mir. Als ich nach Leipzig ging, war meine Familie im ersten Moment hilflos, aber für mich war das Studium die einzige Möglichkeit, mich von zu Hause zu lösen.

An der Fachschule lernte ich meinen Mann kennen, ein Jahr später wurde unser Sohn geboren. Weil wenigstens einer von uns Geld verdienen musste, wandelte ich mein Direktstudium in ein Fernstudium um und suchte mir eine Arbeit als Lehrausbilder für Köche beim Konsum-Gaststättenbetrieb in Berlin. Die 500 Mark, die ich dort verdiente, reichten nicht hin und nicht her – ein Kleinkind, privat untergebracht, weil es keinen Krippenplatz gab, jeden Monat mehrere Konsultationen an der Fachschule in Leipzig und der Mann bei der Armee. Deshalb wechselte ich zum Verlag die Wirtschaft und verdiente als Leiterin der Werkküche sofort 350 Mark mehr. Mir fehlten natürlich die Jugendlichen und mir war klar, dass ich nach Abschluss des Studiums unbedingt wieder in die Lehrausbildung will. Eine Kollegin gab mir den Tipp: Bewirb dich beim Ministerrat!

Also bewarb ich mich als Lehrmeister für Köche bei den Gästehäusern des Ministerrates. Aufgabe dieses Betriebes, in dem ich alles in allem 14 Jahre gearbeitet habe, war die gastronomische Versorgung der Ministerien, der Gästeheime an der Ostsee und in Thüringen, des Städtchens in Pankow. Als ich dort anfing, war ich überwältigt. Es gab plötzlich Dinge, die ich noch nie gesehen hatte. Vor einem Staatsempfang stand ich mit zehn Lehrlingen auf dem Hof und wartete auf eine Lieferung lebender Aale. Obwohl ich selbst noch nie einen Aal geschlachtet hatte, sagte ich ganz selbstsicher zu meinen Lehrlingen: Nun stellen sie sich mal nicht so an! Hier ist die Schüssel mit Salz, sie nehmen den Aal so und so... Der arme Lehrling hat den Aal tatsächlich tot gekriegt.

Später war ich auch für die Meisterausbildung in den Gästehäusern des Ministerrates und die Organisation einer Fachschulklasse verantwortlich. Neben meiner normalen Arbeit gehörte ich zur zentralen Bankettbrigade der Gästehäuser. Die Bankettbrigade hatte die Aufgabe, Staatsbankette, Empfänge in Botschaften, Großveranstaltungen wie die Weltfestspiele und zum Beispiel den 70. Geburtstag des Staatsratsvorsitzenden Walter Ulbricht gastronomisch zu betreuen. Ich war Spezialist für die Kalte Küche. Tagelang bereitete ich Röllchen, Täschchen, Tütchen, Bällchen vor und am Abend half ich meist noch als Kellner bei den Veranstaltungen aus. Das ging rund um die Uhr, manchmal blieben nur zwei, drei Stunden Schlaf. Dazwischen schnell die Kinder versorgt und gleich wieder los. Das kostete viel Kraft, war aber wunderschön. Ich möchte diese Zeit nicht missen. Als mein Mann von der Armee zurückkam, haben wir dann beide bei dem Regierungsbetrieb Gästehäuser gearbeitet. Diese Jahre waren die beste berufliche Zeit, die wir je hatten. Ein wunderbares Arbeitsklima, selbstlose Kollegen, eine gute Parteigruppe mit menschlich starken Leuten – wie eine zweite Familie. Damals sind wir beide in die Partei eingetreten.

1975 übernahmen wir als Heimleiterehepaar das Gästeheim des Ministerrates in Leutenberg. Wir sind damals mit gemischten Gefühlen nach Thüringen gegangen, weil wir nicht wussten, was uns erwartet. Es ist ein Unterschied, ob man Lehrlinge ausbildet oder ob man von früh bis spät direkt am Gast arbeitet. In einem Gästeheim kommt mir der Gast näher, weil ich genau weiß, wo sein Nachthemd liegt. Man sagte uns zwar, wie wir mit den ausländischen Gästen, den Ministern, den Botschaftern, die auf der Burg mit ihren Familien Urlaub machten, umgehen sollten, aber das wahre Leben ist immer anders. Als die ersten Gäste kamen, sind wir ganz locker mit unserem normalen Charme auf sie zugegangen, haben ihnen das Haus und ihre Zimmer gezeigt und unser Kulturprogramm vorgestellt. Das war völlig unkompliziert. Die meisten Gäste waren freundlich und konnten fröhlich sein wie du und ich. Wer das ganze Jahr über im Stress ist, will im Urlaub einfach mal Mensch sein und das ganz normale Leben genießen. Der braucht nicht jeden Tag feine Speisen, sondern freut sich auch über einen vernünftig gekochten Eintopf. Darauf haben wir uns eingestellt. Nach der Wende wurde viel über den Luxus der DDR-Regierung geschrieben. Wenn ich heute Zimmer und Restaurant auf der Burg mit anderen Hotelanlagen vergleichen sollte, dann würde ich nicht mehr als vier, vielleicht auch nur drei Sterne vergeben.

Nach einer Zwischenepisode in Berlin sind wir zurück nach Thüringen und haben in der Glasbläserstadt Lauscha eine Mitropa-Bahnhofsgaststätte übernommen. Damals war der Thüringer Wald noch ein begehrtes Urlaubsziel. Montags und dienstags machten fast alle Gaststätten Ruhetag, nur die Mitropa hatte geöffnet. Wir verkauften jeden Tag 200 Essen, vor unserer Tür standen die Gäste in Dreierreihen. Das war eine harte körperliche Arbeit, denn ich war ganz auf mich allein gestellt. Am Tage habe ich gekocht und nachts die halben Schweine ausgelöst, die mir der Schlachthof lieferte.

In Lauscha war ich wieder direkt mit der normalen Versorgungssituation konfrontiert. Die Grundnahrungsmittel waren immer da, aber man musste sich viel einfallen lassen, um aus der Fleischzuteilung 200 Essen zu zaubern. Das halbe Schwein hat nicht 200 Schnitzel, also habe ich aus Eisbein und Köpfen Sülze gekocht. Eine schöne Sülze mit Bratkartoffeln schmeckte den Leuten auch. Wir mussten oft improvisieren, aber bei mir ist niemand hungrig weggegangen. Jedes Lebensmittel hatte seine Saison, nicht so wie jetzt, das ganze Jahr müssen Erdbeeren auf dem Buffet liegen. Zur Blumenkohlzeit reichte ich Schnitzel oder Braten mit Blumenkohl, mal mit Holländischer Soße oder mit Semmelbutter oder Blumenkohl polnisch. Im Winter als typisches Wintergemüse Bayrisch-Kraut oder Sauerkraut. Heute fragen die Leute oft: Haben Sie nicht mal ein schönes deftiges Kraut? Langsam besinnen wir uns wieder darauf, dass jede Saison ihre Gerichte hat. In den Gästehäusern des Ministerrates war die Versorgung natürlich besser, aber wir kochten dort für eine andere Nomenklatur. Das ist kein Geheimnis, das gab es, und das war auch für uns ganz normal. Ich glaube, es gibt kein Land auf dieser Welt, wo nicht ausländische Gäste und Spitzenleute besonders versorgt werden. Das war zu DDR Zeiten so und das ist jetzt so. Heute noch mehr denn je!

1988 sind wir nach Schweden gegangen. Mein Mann wurde als Wirtschaftsdirektor und ich als Küchenleiter im Handelszentrum der DDR in Göteborg eingesetzt. Für uns war der Westen Neuland. Als wir bei Gästehäuser arbeiteten, durften wir keine Westkontakte haben, zu den Verwandten meines Vaters in Westfalen gab es ohnehin keine Verbindung. Natürlich imponierte mir das Warenangebot, ich fragte mich, warum wir das in der DDR nicht hinkriegten. Wir waren doch ein fleißiges Volk, musste das alles zu Neckermann gehen? Zur Vorbereitung des Schwedeneinsatzes hatte ich in der Volkshochschule ein Jahr schwedisch gelernt. Dadurch fand ich mich recht schnell zurecht. Komplizierter wurde es, als ich für 60, 80 Leute einkaufen musste – viele neue Produkte und eine völlig andere Preisstruktur. In der DDR kostete das Brötchen von Suhl bis Rostock fünf Pfennige, in Göteborg musste ich nach dem preisgünstigsten Brötchen suchen. Nach drei Wochen hatte ich das voll drauf. Als die Kollegen merkten, sie bekommen bei mir auch noch hausgebackenen Streuselkuchen, waren sie zufrieden. Neben der Versorgung der Mitarbeiter und der DDR-Schule war ich auch für die Bankette des Handelszentrums zuständig. Wenn der Botschafter der DDR einen Empfang gab, holten sie mich nach Stockholm, weil sie dort keinen Fachmann für die Kalte Küche hatten. In Göteborg bereitete ich Salate und Canapés vor, packte alles in mein Auto und fuhr rüber nach Stockholm. Das war eine sehr schöne Zeit.

Wir sollten fünf Jahre in Göteborg bleiben, aber die politische Wende hat uns überrascht. Nach einem Jahr war Schluss. Wir wunderten uns, als plötzlich Autos mit Schwedischem oder Münchner Kennzeichen auf unseren Hof fuhren, denn eigentlich sollte niemand außerhalb der Arbeit Westkontakte haben. Da zeigte sich, dass es festgefügte Freundschaften und regelmäßige Treffen mit Westdeutschen und Ausländern gab. Als es mit der DDR zu Ende ging, wurden die Parteidokumente auf den Tisch gelegt – mit der Bemerkung: Wir waren sowieso nur drin, weil wir mussten. Am 18. März 1990 fuhren wir noch zur Volkskammerwahl in die Botschaft nach Stockholm. Selbst von unserem Kollektiv – und das waren ja nun vorwiegend Genossen – wählten über 60 Prozent die DVU. Ich fand das sehr charakterlos und konnte es nicht fassen.

Als wir im Mai 1990 nach Berlin zurückkamen, war ich arbeitslos. Für mich eine völlig neue Situation. Ich hatte das Gefühl, ich bin plötzlich Müll, niemand braucht mich mehr. In meiner Verzweiflung fuhr ich nach Westberlin und ging einfach bei Karstadt in der Müllerstraße rein. Im

Erdgeschoss an der Schlemmerbar sprach ich einen Herrn an und sagte: Mein Name ist Lücke, ich bin eine ausgebildete Köchin, ich kann alles, was Sie hier anbieten. Haben sie eine Arbeit für mich? Offensichtlich hat ihn mein Auftreten beeindruckt – am nächsten Tag um zehn konnte ich anfangen. Ich brachte die Grillbar auf Vordermann und als die merkten, dass es gut läuft, durfte ich an die Schlemmerbar. Die Gäste kamen immer wieder, weil ihnen die Atmosphäre und auch meine Zubereitungen gefielen. Mir machte das unheimlich viel Spaß, innerhalb kürzester Zeit konnte ich den Umsatz verdreifachen. Ich hatte einen Arbeitsvertrag über sechs Stunden, war aber jeden Tag zehn Stunden im Geschäft. Nach einem Jahr fragte mich Karstadt, ob ich nicht länger arbeiten könnte. Ich sagte: Aber ja, ich würde sehr gern voll arbeiten. Im Personalbüro hieß es, sie könnten mir nur einen Vertrag für sieben Stunden und 50 Minuten geben, Vollarbeitszeit wäre nicht möglich. Dabei blieb es, denn bei einer Vollbeschäftigung hätte ich Anspruch auf ein freies Wochenende und andere Vergünstigungen gehabt. Als ich mich darüber mit einem Gewerkschaftsmann von Karstadt unterhielt, sagte der zu mir: Sie können alles durchsetzen, aber wenn Ihnen Ihr Job lieb ist, tun Sie es besser nicht.

An die Schlemmerbar kam öfter eine Dame, die in der Müllerstraße ein Geschäft hatte. Sie riet mir, mich selbständig zu machen. Mein Mann arbeitete damals in einem schmutzigen Markt von Teppich-Domäne, schwere Arbeit, schlechtes Arbeitsklima und arrogante Leute. Mir ging es bei Karstadt nicht schlecht, aber durch die Klimaanlage hatte ich eine Allergie bekommen. Warum sollten wir es nicht versuchen?

Also kauften wir alle Anzeigenzeitungen, setzten uns ins Auto und fuhren los – quer durch Deutschland. Schließlich fanden wir ein kleines Hotel zwischen Kiel und Oldenburg mit 44 Betten. Die ganze Familie lieh uns ihre Ersparnisse, damit wir unserem Vorgänger die fünfzigtausend DM Ablösung zahlen konnten. Bei der Bank warteten wir lange auf einen Kredit, weil wir als Ossis erst zeigen mussten, dass wir ehrliche fleißige Menschen sind. Der Einzige, der uns unterstützte und auch bei der Bank für uns gebürgt hat, war unser Getränkelieferant.

Gelebt haben wir vor allem von den Ostseeurlaubern. Wenn das Wetter schön war, hätten wir dreimal so viel Betten gebraucht. Aber wenn es anfing zu regnen, wurden reihenweise die Omas krank und die Leute mussten abreisen. Die Ortsansässigen hatten ihre Stammkneipe und auf unserer Kegelbahn konnten sie nichts trinken, weil sie mit dem Auto da waren. Im Hotel ist man früh um sechs die Erste und nachts um zwölf die

Letzte. Keinen freien Tag! Außer einer Zimmerfrau und einer Kellnerin auf Stundenbasis machten wir alles allein. Wir haben nicht mehr gelebt, wir arbeiteten nur noch und zwar ganz hart. Als nach drei Jahren die Vermieterin starb, zeichnete sich schon ab, dass es in der Gastronomie schwieriger wird. Unsere Umsätze gingen zurück, und wir waren zufrieden, als sich ein Interessent für das Hotel fand. Persönliche Kontakte oder Freundschaften fanden wir dort oben nicht. Wir waren die Fremden, und wir wären sicher auch die Fremden geblieben.

Ich war damals 50, mein Mann 52. Wir hofften, dass wir noch eine Chance haben, irgendwo angestellt zu werden. Aber wo wir auch hinkamen, in der Schweiz und überall, die Reaktion war die gleiche: Wie kann sich die Oma überhaupt noch bewerben? In der Coburger Zeitung fand ich eine Annonce: Gutgehendes Café-Bistro in Sonneberg zu verpachten. Von zwölf Bewerbern waren wir die zwölften, und wir haben es bekommen: ein niedliches kleines Café, vis-à-vis vom Spielzeugmuseum. Am 23. April 1995 wurde der Pachtvertrag unterschrieben und zwei Wochen später haben wir eröffnet.

Bei einer Pacht von monatlich fünftausend DM, durften wir nicht mit der Zeit spielen. Bei uns gab es alles, Frühstück, vollwertiges Mittagessen, Kaffee, Eis und auch Familienfeiern. Sechs Tage in der Woche, anders hätten wir es wirtschaftlich nicht geschafft. Ich habe selber gekocht, selber gebacken, meine hausgebackenen Kuchen waren weithin bekannt. Leider hatten wir im Café nur 29 Plätze, sodass die Busunternehmen mit uns keine Verträge abschlossen.

Die Winter liefen schlecht und im zweiten Winter merkten wir, dass wir den nächsten Winter nicht überstehen. Damals begann ich mit meinen Spezialitätenabenden, Elsässische Abende, Schwedische Abende. So entwickelte sich ein fester Kreis von Stammgästen, und wir konnten wenigstens die Pacht bezahlen. Im Vergleich zu DDR-Zeiten haben sich die Gäste sehr verändert. Damals wurde nicht so aufs Geld geachtet, sie wollten einfach gut essen und trinken. Heute gibt es viele Leute, die würden gern einkehren, haben aber das Geld nicht. Andere haben das Geld, aber verzehren nichts, weil sie gerade ihre Diät machen. Früher war ein Schnäpschen nach dem Essen gang und gäbe, jetzt wird eher ein Wein getrunken. Meine besten Gäste sind die Dicken. Die sind gemütlich und zeigen durch ihre Art zu essen, dass es ihnen schmeckt, dass es ihnen bei mir gut geht. Wenn die Gäste mein Lokal verlassen, müssen sie sagen können: Mir hat es geschmeckt, hier ist es gastlich, ich komme wieder. Das ist das beste Dankeschön.

Der Euro brachte uns einen großen Einbruch, die Leute gaben einfach weniger aus. Dazu kam, dass in der Fußgängerzone eine Filiale von Grams eröffnete, die uns mit ihrem Kuchen viel Kundschaft wegnahm. Auch der Besucherstrom im Sonneberger Spielzeugmuseum ließ deutlich nach, in den ersten Jahren war die Besucherzahl viermal so hoch. Aber unsere Pacht lief weiter. Unsere wirtschaftliche Situation wurde von Jahr zu Jahr schwieriger, 2004 mussten wir alle unsere Ersparnisse zuschießen. Schließlich habe ich nach fast zehn Jahren an meinem 60. Geburtstag aufgehört. Nicht einen Monat hätten wir mehr durchgehalten.

Mein Mann war im vergangenen Winter sehr krank, wir wussten nicht, ob er es überlebt. Ich sagte zu ihm: Ach komm Gerd, machen wir es uns noch ein bisschen schön! Wir haben beide immer bescheiden gelebt, Reichtum hat mir nie viel bedeutet. Vernünftig kleiden, vernünftig essen, ein- oder zweimal im Jahr in Urlaub fahren und ein bisschen Kultur, das ist für mich wichtig. Unser Reichtum sind unsere beiden Kinder, in sie haben wir viel reingesteckt. In dieser neuen Gesellschaft musste ich aber umdenken, weil sich mein mühselig erarbeitetes Glück von heute auf morgen in Altersarmut umwandeln kann. Als ich das vor fünf, sechs Jahren begriff, haben wir uns eine kleine Eigentumswohnung gekauft, um im Alter eine Sicherheit zu haben. Die kann uns niemand nehmen. Wegen des kurzen Abzahlungszeitraumes sind natürlich unsere monatlichen Verpflichtungen sehr hoch, und wenn ich jetzt in den vorgezogenen Ruhestand gegangen wäre, hätten wir die Wohnung verkaufen müssen. Mein Mann bekommt 860 Euro Rente, ich käme auf 650 Euro brutto, davon könnten wir die Raten nicht bezahlen.

Ich versuchte Arbeit zu finden, aber vergebens. Und so kam es, dass ich mit 61 Jahren noch einmal den Neuanfang wagte. Große Sprünge können wir nicht machen. Wir sind jetzt kostendeckend, und wenn es nicht schlechter wird, kann man davon leben. Das »Bügeleisen« ist ein schönes, sehr attraktives Restaurant, im Jugendstil erbaut. Es wird gut angenommen, auch weil uns die Leute vom Café am Museum kennen. Das erreichst du nur, wenn du alles gibst. Dann ist es ein sehr schöner Beruf, aber auch knallhart. Ich hätte mir gewünscht, in diesem Alter ein bisschen ruhiger zu leben und mehr Zeit für mich zu haben. Jetzt bleibt mir nur, zu hoffen, dass ich es gesundheitlich durchstehe und dann noch ein paar Jahre habe, wo ich alles lesen und die Dinge machen kann, auf die ich so lange schon warte.

Christel Riemer, Meerdorf/Niedersachsen

Als wir vor vier Jahren eine neue Gaststätte suchten, wären wir beinahe in der Ex-DDR gelandet. Im Alten Land in der Nähe von Zarrentin wurde die »Apfelblüte« angeboten. Eine bildhübscher Laden, Sauna drin und Apfelbäume, wohin du guckst. Dort sollen die Bonzen gefeiert haben – man muss nicht denken, dass die in der DDR nicht wussten, was Sauna und Solarium ist. Mit einem Bein waren wir schon in Mecklenburg, aber dann sah ich hier in Meerdorf das »Alte Landhaus«. Das war zwar von außen und innen ziemlich kaputt, und Essen lief gar nicht, aber wir haben uns für Meerdorf entschieden. Ich hatte ein bisschen Angst vor dem Osten. Die Leute da drüben verdienen nicht so viel Geld und gehen kaum essen. Ich hätte mächtig kämpfen müssen, um mir einen Namen zu machen. Der Kampf wäre noch schwieriger geworden als hier.

Zu arbeiten und mich durchzusetzen habe ich von Kind auf gelernt. Ich war die zweite Tochter von fünf Kindern und die einzige Rothaarige. Eigentlich sollte ich ein Junge werden, und so war ich dann auch – mit dem Puppenwagen bin ich Seifenrennen gefahren. Heute weiß ich, dass ich von meiner Natur her Koch bin. Ich wünschte mir, dass mein Vater das damals erkannt hätte, mir wären viele Umwege erspart geblieben. Wir waren eine ganz normale bürgerliche Arbeiterfamilie. Unser Haus hat mein Vater fast alleine gebaut, zusammen mit dem Onkel wurde mit der Schiebkarre der Keller ausgeschachtet. Trotz der großen Familie mussten wir nie hungern. Mein Vater hatte eine Kaninchenzucht und wenn er seinen Chef zur Jagd fuhr – er war Kraftfahrer –, brachte er oft eine Keule vom Reh oder vom Wildschwein mit. Meine Mutter konnte wunderbar kochen, wahrscheinlich habe ich das von ihr geerbt. Mit zehn Jahren stand ich schon bei ihr am Herd und schaute zu. Wenn sie einkaufen fuhr, polierte ich unseren alten Ofen mit Stahlwolle auf Hochglanz. Leider kam damals niemand auf die Idee, mich Koch lernen zu lassen. Wir hatten auch einfach keinen Kontakt zur Gastronomie, denn mit fünf Kindern geht man sonntags spazieren, nicht in die Gaststätte.

Nach der Volksschule begann ich eine Lehre als Zahnarzthelferin. Mir taten die Leute leid, denen ich beim Zähneziehen den Kopf halten musste, deshalb habe ich die Lehre nach einer Woche geschmissen. Weil ich in der Schule nur Einsen und Zweien hatte, bekam ich sofort einen Platz an der Katholischen Berufsfachschule für Sozialpädagogik und Hauswirtschaft in Paderborn. Das war eine sehr gute Schule. Zweimal in der Woche wurde im Fach Nahrungszubereitung gekocht. Aber nicht mit Dr. Oetker-Produkten, sondern richtig mit Vanilleschoten, Speisestärke und Ei. Dort habe ich eine Menge gelernt, davon zehren meine Azubis noch heute. Nach zwei Jahren hatte ich die Nase voll und bin von der Schule abgegangen. Ich war sehr sportlich und wollte am liebsten Gymnastiklehrerin werden. Für diese Ausbildung hätte mein Vater 500 Mark im Monat zuschießen müssen. Das wollte er auch machen, aber ich protestierte: Das kommt nicht infrage, dann esst ihr zu Hause nur noch Bratkartoffeln und Spiegelei!

In der Zeitung fand ich eine Annonce »Café-Restaurant Am Rosenberg Bad Driburg sucht Anlernling als Serviererin.« Ich dachte: Na gut, die Hauptsache, du hast erst mal einen Job. Ich habe sowieso immer in den Ferien gejobbt. Der erste Tag war schlimm. Ich war knapp 17 und hatte Angst vor den Gästen. Aber nach drei Tagen nahm ich mir schon einen Teewagen und flambierte den Kaffee am Tisch. In der Mittagspause ging ich in die Küche und buk Windbeutel. Ich hatte dort gute und schlechte Zeiten. Die Seniorchefin war sehr böse und quälte mich – nach dem Motto: Sei froh, dass du überhaupt eine Arbeit hast. Nach zwei Jahren bin ich nach Bad Meinberg ins »Jagdhaus Waidmannsruh«. Vormittags musste ich das Haus sauber machen und nachmittags hatte ich auf der Terrasse über 20 Tische zu versorgen. Durch die vielen Kurgäste war immer mächtig zu tun, wir verkauften Riesenwindbeutel und Unmengen Waffeln. Ich blieb nicht lange in Bad Meinberg, sondern ging wieder zurück nach Bad Driburg ins »Hotel Eggenwirt«. Das war das erste Haus am Platze, ein toller Laden, ich konnte am Tisch flambieren und tranchieren. Jede freie Minute war ich bei der Köchin am Herd und fragte sie aus, wie sie das alles macht. Sie war einfach perfekt. Manchmal bin ich in ein feines Restaurant gegangen, nur um zu gucken, was die kochen und rauszuschmecken, was drin ist. Zu Hause wurde das dann nachgekocht.

Mit 20 Jahren habe ich in eine Gaststätte im Kreis Höxter eingeheiratet. Die gehörte meinem Schwiegervater, mein Mann und ich haben sie später gepachtet und dort auch gewohnt. Das war ein ganz verrückter Laden, nett eingerichtet, weinrote Sessel, sehr gemütlich. In die Diskothek kamen hauptsächlich Pärchen zum Tanzen. Man konnte auch einen Happen essen, kleine Schnittchen oder Schnitzel, auch mal eine Suppe. Nach acht Jahren habe ich meinen Mann verlassen. Ich arbeitete Tag und Nacht und mochte es nicht, dass mein Mann seine Freizeit mit irgendwelchen Damen in Thailand verbringt. Also nahm ich mein Kind, packte ein bisschen Unterwäsche und ein paar Klamotten in die Tasche und zog von dannen. In Holzminden mietete ich die erstbeste Wohnung, um ein Dach über dem Kopf zu haben. Ich saß ohne einen Pfennig da, weil mein Mann sich weigerte, für das Kind zu zahlen. Er sagte immer: Ich hungere dich aus, bis du zurückkommst. Ich bin nicht zurück. Als ich nach neun Monaten durch Gerichtsbeschluss das erste Geld für mein Kind bekam, habe ich mir in Bevern ein halbes Fachwerkhaus gekauft und umgebaut. Wände rausgerissen, Balken sauber gemacht, Leitungen gelegt, Fliesen verfugt – alles selber gemacht. Gegenüber war eine Gaststätte, dort arbeitete ich nachts wenn mein Kind Andreas im Bett lag. Morgens ging ich zur Schule, über die Erwachsenenqualifizierung hatte ich eine Lehre als Bürokaufmann begonnen. Obwohl ich schon lange aus der Schule raus war, schrieb ich zu meiner eigenen Überraschung eine Eins nach der anderen. Die Ausbildung und das Praktikum beim Paritätischen Wohlfahrtsverband in Holzminden machte mir viel Spaß, nach eineinhalb Jahren hatte ich den Gesellenbrief in der Tasche.

Ich wurde ehrgeizig und meldete mich an der Volkshochschule an, um die Hochschulreife nachzuholen. Ich hatte die Wahl zwischen Paderborn und Hildesheim und entschied mich für Hildesheim. Paderborn kannte ich aus der Zeit an der Berufsfachschule. Die sind schwarz wie die Nacht, an jeder Ecke gibt es ein Priesterseminar. Ich mag die Katholen nicht. Als meine Mutter meinen Vater heiratete, musste sie den katholischen Glauben annehmen und unterschreiben, dass sie uns katholisch erzieht. Meine Eltern waren keine Kirchgänger, aber die Oma trieb uns in die Kirche. Ich glaube, das war auch ein Grund, weshalb ich in die Gastronomie wollte: Ich musste Sonntagmorgen nicht mehr zur Kirche gehen. Meine Abschlussarbeit an der Volkshochschule habe ich im Fach Sozialpädagogik über ein Thema geschrieben, das viel mit der katholischen Kirche und den Hexenprozessen im Mittelalter zu tun hatte: Kulturgeschichte der Sexualität im Abendland. Auch wenn ich nichts von den Katholiken halte, die katholischen Schulen sind sehr gute Schulen, mit diesen Zeugnissen kann man eine Menge anfangen. Mein Sohn ist in der katholischen Schule in Hildesheim groß geworden und meine Tochter ging auch zeitweise auf eine katholische Schule. Inzwischen bin ich aus der Kirche ausgetreten, das ist jetzt sechs, sieben Jahre her.

Während meiner Volkshochschulzeit in Hildesheim jobbte ich immer in der Gastronomie. Ich war damals halbtags arbeitslos gemeldet und bekam 440 Mark Arbeitslosengeld. Mein zweiter Mann, den ich an der Berufsschule kennengelernt hatte, verdiente kaum etwas und von meinem Arbeitslosengeld konnte ich natürlich kein Kind ernähren. Also musste ich jobben gehen. Ich sah mich in Hildesheim nach einem eigenen Laden um, pachtete »Die Hopfenkammer« und fing an, selber zu kochen – alles wie bei meiner Mutter. Das lief gut, ich konnte den Grünkohl nicht so schnell ranschleppen, wie er aus der Küche wegging. Viele Gäste kamen spät abends nach ihrer Arbeit im Krankenhaus oder im Ratskeller in die »Hopfenkammer«, und weil ich die nicht um eins nach Hause schicken konnte, gab es oft Ärger mit der Sperrstunde. Deshalb nahm ich den 50 Meter entfernten »Pfeffersack« dazu und später noch die »Krumme Rotwurst«. Der »Pfeffersack« hatte eine Nachtkonzession – nachts um eins bin ich aus dem einen Laden raus und in den anderen rein. Dort ging es dann bis morgens um fünf. Ich hatte damals einen Motor im Hintern, der war nicht zu bremsen. Der helle Wahnsinn. Wir arbeiteten von morgens um elf bis zum nächsten morgen um fünf, die Küche war 17 Stunden in Betrieb. Ich hatte vier Köche in zwei Schichten und einen Azubi. Von dem Küchenchef musste ich mich trennen, weil er nicht das machte, was ich wollte. Von dem Tag an stand ich rund um die Uhr selbst in der Küche. Christels Sauerfleisch war in Hildesheim berühmt.

Eigentlich wollte ich mit der »Hopfenkammer« nur mein Geld während der Volkshochschule verdienen. Dass es am Ende drei Läden mit dreizehn festangestellten Leuten wurden, war nicht vorherzusehen. Als ich die Hochschulreife hatte, studierte ich noch ein Semester, aber nach sechs Monaten war ich nur noch Haut und Knochen und musste aufgeben. Schade eigentlich, denn in der Gastronomie hatte ich oft Gäste vorm Tresen sitzen, die den Alkohol nur so in sich reinschütteten. Ich fragte mich immer, warum machen die das, was haben die für Probleme? Ich bin ja nicht nur Gastwirtin, ich bin auch Pfarrer, Sexualtherapeut, Eheberater. Vieles schiebe ich auf die Kirche. Sie ist schuld, dass die Leute noch immer Schwierigkeiten mit ihrer Sexualität haben. Das gipfelt dann oft an meinem Tresen, und das war auch der Grund, weshalb ich Sozialpädagogik studieren und mir ein paar Antworten holen wollte. Vielleicht nehme ich das Studium später, wenn ich nicht mehr arbeiten muss, wieder auf.

Im Juni 1987 bin ich im neunten Monat hochschwanger mit meinen nächsten Mann aufs Dorf gezogen. Die Läden in Hildesheim hatte ich abgegeben, das war mir einfach über den Kopf gewachsen und mein Mann konnte mir nicht helfen. Er arbeitete bis spät in die Nacht bei der Spielbank in Hannover als Kassierer und Automatenmechaniker. Mein Mann wollte, dass ich erst einmal zu Hause bleibe und unsere Tochter groß ziehe. Aber schon nach wenigen Wochen übernahm ich das Klubhaus im Nachbardorf, dort bin ich übrigens 15 Jahre am Stück geblieben. Das Klubhaus lag wunderschön, hinter mir nur Wald, davor der Sportplatz. Der Laden war nicht sehr groß, aber an den Wochenenden kamen mehr und mehr Gäste aus Hannover, aus Bockenem, aus Hildesheim. Meine Steaks mit Bratkartoffeln waren berühmt. Bei mir werden die Bratkartoffeln noch in Omas alter Eisenpfanne gemacht, die schmecken anders und haben auch eine andre Farbe. Als meine Tochter sechs Jahre alt war, trennte ich mich von ihrem Vater. Es war wieder das gleiche Theater: Ich malochte und er beschwerte sich, dass nachts wenn er von der Arbeit kam, kein frisch gekochtes Essen auf dem Tisch stand. Ich hatte die Nase voll, habe meine Tochter geschnappt und bin abgehauen. Mein jetziger Mann ist mein fünfter Ehemann. Dazwischen war noch einer, der war Polizist. Ich bin nicht stolz drauf, dass ich jetzt das fünfte Mal verheiratet bin. Manchmal bekomme ich sogar einen roten Kopf.

Als 1989 die Grenze aufging, fuhr ich gerade mit meinem Auto nach Hannover zum Einkaufen. Viele, viele Trabis kamen mir entgegen. Wir haben gehupt und uns gefreut, dass Gott sei Dank diese Drecksmauer weg ist. Mir ist, als wäre es gestern gewesen.

Ich war vor der Wende nur ein einziges Mal drüben. Das Hotel »Am Rosenberg« hatte im November drei Wochen zu, und als Siebzehnjährige mit nur 350 Mark in der Tasche konnte ich im Urlaub keine großen Sprünge machen. Also entschieden wir: Wir fahren zur Oma meiner Freundin Gabi ins Erzgebirge. Schon die Hinfahrt war eine Katastrophe, der Waggon überfüllt – wir saßen wie die Heringe. An der Fensterseite saß ein altes Ehepaar, bestimmt schon um die 80. Der Passkontrolleur kommt in das Abteil und sagt in scharfem Ton: Die Pässe bitte geöffnet abgeben! Die beiden älteren Herrschaften hatten das nicht gehört, darauf brüllt dieser Passkontrolleur die alten Menschen an. Ich denke, das kann gar nicht sein! Nie in meinem Leben wäre ich auf die Idee gekommen, einen alten Menschen so zu behandeln. Die nahmen das hin und sagten keinen Ton. Als es in Magdeburg hell wurde, sah ich Tausende von Antennen und alles grau in grau – im November, logisch! Ich dachte nur: um Gottes willen, und das bis Zwickau! In Zwickau sind wir in ein Taxi gestiegen und haben uns zu der Oma fahren lassen. Dort gab es keine Dusche, kein Badezimmer, kein warmes Wasser. Wasser musste auf dem Herd heiß gemacht werden. Wir froren den ganzen Tag, das weiß ich noch wie heute. Am ersten Abend gab es Wellfleisch, mehr Fett als Fleisch, aber wir gaben uns Mühe, etwas zu essen. Die hatten extra wegen uns ein Schwein geschlachtet. Mit dem Motorrad sind wir in die Diskothek gefahren. Im Westen standen vor der Diskothek hundert Autos und zwei Motorräder, dort waren es ungefähr 200 Motorräder und ein Auto. Ich hatte einen orangefarbenen Tuchmantel in Glockenform und eine dunkelviolette Hose an. Also sah jeder, dass wir nicht aus dem Osten kamen. Die hatten dort immer ein bisschen Einheitsgrau. Wir wurden natürlich gleich umringt und unterhielten uns für und wider DDR. Ich bin mehr sozialistisch erzogen. Es gab damals in der DDR viele Dinge, die eigentlich positiv waren. Zum Beispiel Kinderkrippen und Kindergärten, die Kinder wurden versorgt, sodass auch die Frauen arbeiten gehen konnten. Das gab es hier bei uns überhaupt nicht. Der Staat konnte dadurch natürlich entsprechend auf die Kinder einwirken. Das war wieder das Negative dabei.

Bevor wir zurückfuhren, haben wir in einer Gaststätte noch locker einen getrunken. Die Jungs sagten, wenn sie eine Gelegenheit bekommen, hauen sie ab. Die traten mich unter dem Tisch, ich sollte meine Klappe halten. Ich habe Ängste ausgestanden. Wenn ich drüben geboren wäre, mich hätten sie sowieso in den Knast gesteckt – ich kann meine Klappe nicht halten. Bei der Rückfahrt war mir in Leipzig auf dem Bahnhof von dem ungarischen Wein mordsschlecht. Als ich auf die Toilette kam, waren dort mindestens vier Toilettenfrauen. Ich traute mich nicht, ich dachte, wenn ich mich hier übergebe, dann verhaften die mich jetzt. Als wir die Grenze überschritten hatten, habe ich erst mal ganz tief Luft geholt. Das war wie ein Bandeisen, das aufgesprungen ist und ich habe gesagt: Nie wieder fahre ich dorthin! Solange es die Mauer gab, war ich nie wieder dort.

Vor sechs, sieben Jahren waren wir unten in Thüringen bei den Verwandten der Ex-Frau meines Mannes. Die haben eine Gaststätte in der Nähe von Neustadt-Orla. Wir wurden dort gleich in den Schoß der Familie aufgenommen. Die sind total liebevoll und nett und helfen sich gegenseitig. Wenn in der Gaststätte was los ist, ist der Schwager da, die Schwester und die Schwiegereltern und alle packen mit an. Das ist eine ganz tolle Sache, das kennt man hier kaum noch. Am Vatertag habe ich Bier gezapft und mein Mann hat auch geholfen. Wir bringen uns immer 500, 600 Bratwürde mit und frieren die ein. Bei denen schmeckt die Bratwurst wenigstens nach was. Seit ich bei dieser Familie war, ist meine Angst und Abneigung vorbei.

Wir sind jetzt vier Jahre in Meerdorf. Zuerst hatten wir das »Alte Landhaus« gepachtet, inzwischen hat meine Schwiegermutter ihr Haus verkauft und dieses Grundstück gekauft. Wir haben schon eine Menge erreicht – vier Arbeitsplätze geschaffen, plus zwei Azubis, plus vier, fünf Aushilfen. Wenn der Saal und die Kegelbahn voll besetzt sind oder im Sommer die Gäste von außerhalb in meinen Biergarten kommen, brauche ich die Aushilfen. Die Frauen haben alle kleine Kinder und machen das nebenbei. Sie sind natürlich ordentlich als Aushilfe angemeldet. Mein Mann kümmert sich um die ganze Technik. Im letzten Winter hat er alle Leitungen unter Putz gelegt und den neuen Küchentrakt angebaut. Nebenbei erledigt er die Papiere und dreimal die Woche schicke ich ihn einkaufen. Damit hat er genug um die Ohren, an den Tresen lasse ich ihn besser nicht.

Meerdorf hat etwa elfhundert Einwohner und ein sehr reges Vereinsleben. Die Meerdorfer Junggesellen, die Torfmoorhexen, der Bringsitzerverein treffen sich manchmal bei uns. Familien mit Kindern oder auch der Lehrer kommt mal mit seiner Freundin zum Essen. Wer feiert denn sonst heute noch in der Gaststätte? Die Leute, die ein bisschen Geld haben, und das sind vor allem die Rentner. Den 70., den 80., den 90. Geburtstag, die goldne Hochzeit. Die Wintermonate waren ziemlich schlecht, aber zu Ostern hatten wir gleich zwei Taufen, da waren wir proppevoll. Ich merke deutlich, dass die Leute anders mit dem Geld umgehen. Früher sind sie zweimal, dreimal im Monat essen gegangen, heute maximal noch einmal. Auch die Verbrauchsgewohnheiten haben sich geändert. Wegen der Reduzierung von 0,8 auf 0,5 Promille wird weniger Alkohol getrunken, ganz selten bestellt mal einer einen Wisky. Der Verkauf der alkoholfreien Biere ist enorm gestiegen, Wein ist im Kommen. Sehr gut läuft bei uns der Obstler. Wir beziehen direkt vom Hersteller und präsentieren ihn sehr attraktiv.

Im Hotel habe ich eine ganze Menge Stammgäste. Wir liegen günstig zwischen Holland und Berlin und viele machen bei uns Station. Vor allem Monteure oder Vertreter, die in Peine, in Braunschweig oder bei VW zu tun haben. Tschechen, Türken, Litauer, Norweger, Dänen, Holländer – so richtig multikulti. Bei mir gibt es ein Frühstück, das sich gewaschen hat. Ich mag keine halben Sachen, ich koche gerne und ich koche gerne gut. Jedem kann es passieren, dass mal ein Schnitzel verbrennt. Aber was nicht hundertprozentig ist, geht bei mir nicht über den Tresen. Den Gästen gefällt vor allem unsere familiäre Atmosphäre. Wenn einer alleine sitzt, hole ich ihn zu mir an den Tresen. Ich bin der Meinung, ein Wirt soll die Gäste zusammenbringen. Erst wenn die miteinander kommunizieren und sich wohl fühlen, ist meine Arbeit beendet. Abends wird es meist eins, halb zwei – wenn es früh ist, habe ich 23 Uhr Feierabend. Stundenlohn dürfen sie sich bei dem Beruf nicht ausrechnen. Entweder man hat Lust dazu, rechnen tut er sich nicht.

Von meinen Männern bin immer ich weggegangen. Meine Ehemänner mussten für mich niemals einen Pfennig Unterhalt bezahlen. Für das Kind schon, das haben wir schließlich zusammen gemacht und das ziehen wir auch gemeinsam groß. Bei meinem ersten Mann war das schwierig, der hat sich jahrelang nicht um seinen Sohn gekümmert. Andreas musste ich erklären, was der Unterschied zwischen Vater und Erzeuger ist. Bei meiner Tochter war das viel besser. Ich habe ihrem Vater nie seine Tochter weggenommen, es ist sein Kind und sein einziges obendrein. Ich sagte ihm: Du kannst sie holen, wann du willst, solange du willst, so oft du willst. Das Einzige, was ich von dir verlange ist, dass du mir sagst, wann du sie mir zurückbringst. Und das klappte all die Jahre. Meine Tochter ist jetzt 18, als ich mit meinem jetzigen Mann zusammen kam, war sie elf. Wenn es um Matheaufgaben ging, war es Reiner, der ihr half. Der andere war ja nie da. So hat hauptsächlich Herr Riemer meine Tochter miterzogen und wenn man sie fragt: Wer ist dein Vater?, dann sagt sie: Mein Vater ist der und mein Papa ist der. Ich kann Frauen nicht verstehen, die die Kinder als Druckmittel gegen die Männer einsetzen. Das wäre ein Gebiet, auf dem ich gern arbeiten würde, zum Beispiel bei PRO FAMILIA. Ich möchte die Leute dazu bringen, an einen Tisch zu kommen und nicht die Kinder gegeneinander auszuspielen. Meine Tochter lernt Hotelfachfrau, sie ist ein nettes Mädel. Sie konnte kaum über den Tresen gucken, da versuchte sie schon, Gläser zu spülen. Ich habe sie gelassen, habe sie aber auch nicht dazu gezwungen. Heute ist sie mir dankbar, sie hat gerade eine Eins geschrieben – über Soßen.

Viel Freizeit bleibt mir bis heute nicht. Wenn das Anmeldebuch sagt, dass nichts los ist, fahren wir mal kurzfristig an die Ostsee. In Heiligenhafen haben wir ein Domizil, das ist traumhaft. Dann sitze ich auf meiner Terrasse unterm Schirm, schaue aufs Meer und rieche die jodhaltige Luft. Bräunung ist mit meinen roten Haaren nicht drin, nach drei Tagen sehe ich aus wie ein Krebs. Wenn hier mittags nichts los ist, dann lese ich. Am liebsten dokumentarische Romane wie Mazurka, die Geschichte Polens. Durch dieses Buch ist mir klargeworden, warum in Polen so viel Mist passiert ist. Die Kurfürsten hatten immer ein Vetorecht, und wenn einem von ihnen etwas nicht passte, ging kein Gesetz durch. Deshalb trauten die sich nie, einen Polen als König zu krönen, sondern suchten sich immer Ausländer. Auch über die ägyptische Geschichte habe ich viel gelesen, über Echnaton, den Mann von Nofretete. Ich wollte schon einmal an einer Quizsendung teilnehmen und brachte Monate damit zu, die Namen dieser Jungs und Mädels auswendig zu lernen.

Viele Jahre war ich in der SPD, bin aber inzwischen ausgetreten. In einem so kleinen Ort ist es nicht gut, wenn man als Wirt eine Partei ergreift. Aber die wissen alle, dass ich eine rote Socke bin. Inzwischen fühle ich mich in der SPD rechts angesiedelt, weil ich mich als Arbeitgeber frage, warum die uns so viel Knüppel zwischen die Beine schmeißen. Wenn ich sehe, wie viel Subventionen die großen Konzerne kassieren und wir Kleinen im Grunde diejenigen sind, die den Staat hochhalten. Ich mache mir immer einen Witz draus und sage: Der Schröder hätte sich auch mal bei mir bedanken können – zumal mein Sohn in Hannover bei der Polizei ist und an seiner Wohnung Wache gehalten hat. Wenn hier Wahl ist, da kommt auch der Fernseher hinter den Tresen. Da kann die Arbeit sein wie sie will, ich gehe wählen. Obwohl ich auch schon manchmal gesagt habe, es sollten mal alle nicht hingehen, damit sie da oben was merken. Ich wähle meine Leute, ich habe auch dieses Jahr den Hubertus Heil gewählt, obwohl ich ihn nicht persönlich kenne. Vor kurzem waren die SPD-ler hier in der Gaststätte und die CDU-ler auf der Kegelbahn. Abends am Tresen haben wir dann alle zusammen gestanden und diskutiert. Als Wirtin kann man viel erzählen, aber bestimmte Dinge, die man am Tresen hört, müssen hinter verschlossenen Türen bleiben.

Ich bin stolz auf das, was ich geschafft habe. Reich sind wir dabei nicht geworden, aber ich habe das Glück, dass mein Hobby auch mein Beruf ist. Wie viele Menschen müssen heute in einem Beruf arbeiten, den sie hassen und bekommen Magenschmerzen dabei. Ich habe weder Magenschmerzen noch Kreislaufprobleme. Für meine 50 Jahre gehe ich noch gut durch.

Die Lehrerin

Jutta Dietrich, Storkow/Brandenburg
geb. 1940 in Guben
Studium in Potsdam
Deutsch-, Russisch- und Englischlehrerin
seit 1997 im Ruhestand

verheiratet, eine Tochter, ein Sohn

Karin Koch, Bad Salzuflen/NRW
geb. 1938 in Königsberg
Studium in Köln und Münster
Deutsch- und Sportlehrerin
seit 2000 im Ruhestand
lebt jetzt in Berlin-Zehlendorf
verwitwet, zwei Töchter

Der Lehrerberuf hat es offensichtlich so an sich, dass er sich flächendeckend in den Familien ausbreitet. Jutta Dietrich ist mit einem Sport- und Mathematiklehrer verheiratet, ihr Sohn Frank ist Mathematik- und Physiklehrer in Berlin und Tochter Petra wäre beinahe auch Lehrerin geworden. Der Vater von Karin Koch war Studienrat, die Mutter ernährte in der Nachkriegszeit als Sportlehrerin ihre Kinder, eine Schwester wurde wie sie Lehrerin und auch ihre Töchter Cornelia und Ulrike studierten Pädagogik.

Jutta Dietrich und Karin Koch waren mehr als 30 Jahre Lehrerin – die eine in der DDR, die andere in der Bundesrepublik. Auch nach der Wende hat Jutta Dietrich noch mehrere Jahre unterrichtet und kann den Schulalltag von damals und heute vergleichen. Beider Hauptfach war Deutsch. Das hieß, jeden Tag Arbeiten und Aufsätze korrigieren – vor allem bei den höheren Klassen eine Schwerstarbeit. Der Beruf hat sie nie losgelassen, auch am Abend und an den Wochenenden konnten sie nicht abschalten. Das Schönste am Rentnerinnendasein ist, so sagen sie übereinstimmend, dass nun der Sonntag ganz ihnen gehört.

Sie sind einander sehr ähnlich: sportlich, schlank, nicht sehr groß, temperamentvoll, optimistisch. Trotz vieler Gemeinsamkeiten im Beruf, in der Familie und in der Haltung zum Leben ist die Sicht auf die alte und die neue Bundesrepublik, auf die DDR und den Mauerfall sehr verschieden. Das hat sicher seine Ursache in den 40 Jahren gelebten Lebens in zwei sehr unterschiedlichen deutschen Staaten und der Überzeugung, dass dieses Leben so richtig war.

Jutta Dietrich, Storkow/Brandenburg

Wir sind eine richtige Lehrerfamilie – Mutter, Vater, Sohn, alles Lehrer. Meine Tochter Petra ist in der Oberschule durch die Stimmbildungsprüfung gefallen, sonst wäre sie heute auch Lehrerin. Ich selbst wollte eigentlich gar nicht Lehrerin werden. Schon seit der siebenten Klasse schrieb ich als Pionierkorrespondent kleine Beiträge für unsere Regionalzeitung. Meine Heimatstadt Guben ist die Geburtsstadt des DDR-Präsidenten Wilhelm Pieck, und ich ging in die Wilhelm-Pieck-Schule. Bei uns war immer etwas los, wir hatten auch gute Lehrer und einen sehr guten Pionierleiter. Die Zeitungen druckten ganz gern meine Beiträge. Ich verdiente mir damit mein Taschengeld und träumte von einer spannenden Arbeit als Korrespondentin im Ausland oder beim Fernsehen. Nach dem Abitur machte ich ein praktisches Jahr im Volkseigenen Betrieb VEB Gubener Wolle und bewarb mich für das Journalistikstudium in Leipzig. Als das Jahr zu Ende ging, hatte ich immer noch keine Zusage aus Leipzig. Das wurde mir dann ein bisschen suspekt, deshalb bewarb ich mich kurzentschlossen an der Pädagogischen Hochschule in Potsdam. Schließlich hat ein Deutschlehrer auch mit der Sprache zu tun. Hinterher erfuhr ich, dass der zuständige Direktor der Hochschule für Journalistik in den Westen abgehauen und deshalb dort alles liegengeblieben war.

Beim Studium in Potsdam lernte ich meinen Mann kennen. Sein Vater war früh gestorben, die Mutter mit vier Kindern allein. Er musste schnell Geld verdienen, deshalb lernte er im Kupferschieferbergbau in Mansfeld Bergmann. Von dort wurde er über die Aktion »Arbeiter- und Bauernkinder zum Studium« zur Arbeiter- und Bauernfakultät und später zum Lehrerstudium nach Potsdam delegiert. Als Petra geboren wurde, war mein Mann gerade mit dem Studium fertig, aber ich hatte das letzte Studienjahr noch vor mir. Also suchten wir für ihn einen Einsatzort, wo wir unsere Tochter in einer Wochenkrippe unterbringen konnten. Einen freien Platz gab es nur in Storkow – so sind wir in Storkow gelandet. Sonntagabend brachten wir sie hin, und am Freitag holten wir sie wieder ab. Als ich ein Jahr später an die gleiche Schule kam, ging Petra in die Tageskrippe – dort konnten wir sie öfter gleich nach dem Unterricht abholen. Heute gilt ja nun die Kinderkrippe der DDR als etwas ganz Schlimmes. Danach müsste mein Kind eigentlich asozial sein. Aber sie hat keinen Schaden genommen – im Gegenteil, sie ist ein sehr lebenstüchtiger Mensch.

Ich war immer Klassenlehrerin, meist führte ich die Klasse vom fünften bis zum zehnten Schuljahr. Das war ein gutes Arbeiten, ich kannte die Schüler, ich kannte die Eltern, jeder kannte die Macken des anderen. Deutsch und Russisch habe ich in Potsdam studiert und abgeschlossen. Ich unterrichtete aber auch Englisch, obwohl ich dafür keinen Abschluss hatte. Die Dozentin für Englisch war nach dem Westen gegangen, deshalb konnte ich mein zweijähriges Englischstudium nicht mit der Prüfung abschließen. Aber immer, wenn an der Schule eine Englischlehrerin fehlte, übernahm ich die Englischstunden – in den letzten zehn Jahren vor der Wende regelmäßig. Beim Studium hatte ich mir nicht überlegt, dass Deutsch und Russisch die arbeitsintensivsten Fächer sind. Mein Mann breitete die Mathe-Abschlussarbeiten der zehnten Klasse auf dem Tisch aus und hakte Aufgabe für Aufgabe ab – nach zwei Stunden war er fertig. In der gleichen Zeit hatte ich meine Arbeiten noch nicht einmal auf Kommasetzung durchgesehen. Ich las jeden Aufsatz dreimal, zuerst auf Zeichensetzung und Rechtschreibung, dann auf Inhalt und zum Schluss auf Ausdruck. Dazwischen ließ ich die Texte ein bisschen ruhen. Meine Schüler wussten, zur nächsten Stunde bekommen sie Diktat, Vokabelarbeiten und Übersetzungen zurück. Für Aufsätze brauchte ich vierzehn Tage. Mein Nachhilfeschüler hatte kürzlich seine Englischarbeit nach vier Wochen noch nicht zurück. Das kann ich nicht verstehen.

Ich bin nie unvorbereitet in den Unterricht gegangen. Auch wenn ich »Die Mutter« von Gorki schon zum zehnten Mal behandelte, habe ich jede Stunde neu vorbereitet. Im Gegensatz zu manchen anderen, die einfach die Vorbereitung vom vorigen Jahr nahmen. Ich hätte auch meine alten Unterlagen nutzen können, aber das waren ja immer andere Klassen. Ich musste anders anfangen und die Fragen anders stellen, damit ich an sie rankomme. »Wie der Stahl gehärtet wurde« habe ich mindestens sechsmal gelesen. Das war immer wieder interessant, so verfiel man nicht in Klischees.

Zu DDR-Zeiten hatten wir fast jeden Nachmittag eine Veranstaltung – montags Parteigruppe oder Parteilehrjahr, mittwochs Pioniernachmittag, ab und an Gewerkschaftsgruppe oder Deutsch-Sowjetische Freundschaft. Dazu die Elternbesuche. Wenn die Kinder im Bett waren, saß ich meist bis elf, zwölf, manchmal bis zwei Uhr, um alles zu schaffen. Das war mehr als eine 40-Stunden-Woche, nichts mit sechs Stunden Unterricht und dann die Beine hoch. Das Schlimmste war für mich der Sonntag. Auch wenn der Abend noch so schön war, spätesten um sechs mussten wir mit den Kindern vom Boot runter und ab nach Hause, um den Montag vorzubereiten. Als Rentnerin freue ich mich am meisten über den freien Sonntagabend.

Im Lehrerkollektiv waren wir fast alle im gleichen Alter. Wir hatten viele gleiche Interessen, feierten gerne und machten auch gemeinsame Fahrten. Wir waren ein richtig gutes Kollektiv. Als wir nach der Wende erfuhren, dass ein Sportlehrer für die Stasi gearbeitet hatte, waren wir total geschockt. Wir konnten es auch im Nachhinein nicht begreifen, denn er benahm sich nie auffällig, und wir haben auch nicht bemerkt, dass er uns ausgehorcht hat. Er war ein guter Kollege, wir waren mit ihm befreundet. Heute arbeitet er in der Reisebranche, wenn wir ihn in der Stadt treffen, geht er auf die andere Straßenseite. Wir waren eine sehr große Parteigruppe. Es gab auch ein ständiges Werben um neue Mitglieder. Meinen Mann, der bis zum Schluss nicht Mitglied der SED geworden ist, sollte ich immer überzeugen, aber er wollte nicht in die Partei eintreten. Unser Parteisekretär war zugleich Staatsbürgerkundelehrer – ein hervorragender Pädagoge und total anerkannt. Staatsbürgerkunde war bei den Schülern kein beliebtes Fach, aber er verstand es, sie zu interessieren, sodass sie gern bei ihm Unterricht hatten. In unserer Schule gab es getrennte Lehrerzimmer für Raucher und Nichtraucher. Unser Parteisekretär war Raucher und weil es im Raucherzimmer die interessantesten Diskussionen gab, trafen sich immer alle Lehrer im Raucherzimmer.

Natürlich spielte in der Schule die Erziehung zum Sozialismus, zum Frieden, zur Achtung der Arbeit eine Rolle. Ich fühlte mich dabei nicht unter Druck gesetzt, weil ich das als Normalität ansah. Meine Eltern waren beide SED-Mitglieder. Mein Bruder und ich gehörten von Anfang an zu den Jungen Pionieren, da gab es bei uns keine Diskussionen. Im praktischen Jahr in der Gubener Wolle trat ich in die SED ein, das war für mich ein ganz logischer Werdegang. Den 1. September, den Weltfriedenstag, sollten wir immer besonders vorbereiten. Wenn ich eine Klasse sechs Jahre lang hatte, war es gar nicht so einfach, jedes Jahr etwas Neues für den Weltfriedenstag zu erfinden. Meist kam an diesem Tag der Schulrat hospitieren, und da wusste ich schon: Du bist wieder Mode. Natürlich bemühte ich mich, extra ein paar sozialistisch bildende Sachen zu bringen, die sonst nicht üblich waren. Aber es hat mir auch Spaß gemacht, ich fühlte mich dabei nicht gegängelt oder gezwungen.

Wir wurden angehalten, möglichst alle Schüler für die Pionierorganisation zu gewinnen. In der fünften Klasse hatte ich meist noch zwei oder drei Schüler, die wegen der kirchlichen Bindung der Eltern nicht Pioniere waren. Oder wer die Jugendweihe nicht mitmachte, der wurde schon bisschen komisch angesehen. Als die Bewegung »Schwerter zu Pflugscharen« aufkam, waren einige aus meiner Klasse dort ganz aktiv. Darunter auch meine beste Schülerin, die die Prüfung mit glatt Eins abgeschlossen hat. Obwohl ich es nicht vorhatte, musste ich das in die Beurteilung aufnehmen. Sie wurde nicht zur Erweiterten Oberschule zugelassen. Ich denke, das war auf diesen einen Satz zurückzuführen. Das belastet mich bis heute.

Über das Bildungssystem in der Bundesrepublik wusste ich im Grunde nichts. Die verschiedenen Schulformen, das Punktesystem, Leistungskurse – das mussten wir erst begreifen. Unsere Polytechnische Oberschule, in der die Schüler bis zur zehnten Klasse zusammenblieben, funktionierte wesentlich anders. Wer das Abitur machen und studieren wollte, ging in der Regel ab der neunten Klasse zur Erweiterten Oberschule. Er konnte auch noch nach der zehnten Klasse wechseln, aber vier Jahre Oberschule waren für die Schüler besser. Daneben gab es natürlich Spezialschulen für Mathematik, Sprachen, Naturwissenschaften, Sport. Heute wird das längere gemeinsame Lernen gerade wieder als neue Entdeckung verkauft. Man hätte uns 1990 einfach mal fragen können, wie so etwas funktioniert.

Die Situation war für mich als Deutsch- und Russisch-Lehrerin nach der Wende besonders kompliziert. Die meisten Schüler wählten Russisch ab und lernten lieber Englisch. Dadurch gab es einen Überschuss an Russischlehrern, während Englischlehrer fehlten. Ich wollte gern weiter Englisch unterrichten, aber mir fehlte der Abschluss. Meine langjährige Praxis zählte natürlich nicht. Mit über 50 fuhr ich anderthalb Jahre an den Wochenenden zum Zusatzstudium nach Brandenburg/Plaue und legte dort die Prüfung ab. Das Oxford-Studium nahm ich danach nicht mehr auf, ich hätte ohnehin eine zweite Lehrerprüfung machen müssen, um als Westlehrer anerkannt und beamtet zu werden. In Brandenburg bekamen wir im Unterschied zu Berlin nur 80 Prozent der Lehrervergütung, was wir der Brandenburger Bildungsministerin Marianne Birthler verdankten. Ich unterschrieb die Erklärung, dass ich nichts mit der Stasi zu tun hatte, und daraufhin erhielt ich eine »Lehrgenehmigung« – nicht aber die »Lehrbefähigung«. Für mich war aber vor allem wichtig, dass ich unbefristet angestellt bin.

Nach der Auflösung der Polytechnische Oberschule bin ich an die Gesamtschule mit Sek II gegangen. Dort unterrichtete ich bis zum Schluss Deutsch, Russisch und Englisch. In der ersten Zeit kam jedes Jahr eine neue Englischlehrerin aus dem Westen. Die waren aber regelmäßig nach einem halben Jahr wieder weg, weil sie mit den Schülern nicht klarkamen. Manche dachten offenbar: Ich bin ein Wessi, da schreien die Schüler hurra. Eine schrieb mit den Schülern Sex-Gedichte, dafür haben sie die Schüler zwar vergöttert, aber klargekommen ist sie trotzdem nicht.

Mein Aufwand für die Unterrichtsvorbereitung stieg nach der Wende stark an, weil einfach vieles neu war. Früher wussten wir: In der siebenten Klasse kommt Jon Maynard und in der zehnten Prometheus. Jetzt hatten wir neue Lehrpläne und alles neue Lehrbücher, die ich mir erst erarbeiten musste. Da kein Lehrbuch dem entsprach, was ich eigentlich wollte, arbeitete ich immer mit fünf Lehrbüchern gleichzeitig. Zum Schluss sind wir wieder bei unseren alten DDR-Lehrbüchern vom Verlag Volk und Wissen gelandet, die waren logisch aufgebaut – vor allem in Grammatik. In den neuen Büchern gab es zum Beispiel den Konjunktiv überhaupt nicht, da musste ich immer improvisieren. Ich ärgerte mich furchtbar, dass ich in der ersten Euphorie alle meine Unterrichtshilfen weggeschmissen hatte. Nach der Wende wurden unsere Unterrichtshilfen wieder ganz modern, und jeder fragte: Hast du sie noch? Und ich hatte sie nicht mehr! Wenn ich den Unterricht vergleiche, muss ich sagen: Was wir in der DDR den Schülern beigebracht haben, war richtig gut. Besonders in Deutsch wurde solides Grundwissen vermittelt. Die wussten in der fünften Klasse, woraus ein Satz besteht, was Prädikat und Subjekt sind und konnten mit der deutschen Sprache umgehen. Unser Deutschunterricht war einfach systematischer.

Was den Zusammenhalt im Lehrerkollektiv betrifft, das war natürlich nach der Wende völlig anders. Die Kollektive wurden bewusst zerschlagen, und an der Gesamtschule kam ein Kollektivzusammenhalt nicht mehr zustande. Wir hatten den Eindruck, das war so gewollt, denn Kollektive stellen auch eine Macht dar, und das sollte nicht sein. Manche Kollegen sah man nur bei großen Konferenzen, mit manchen habe ich in den ganzen Jahren nicht mehr als guten Tag und auf Wiedersehen gesprochen. Privates spielte keine Rolle, das ist alles verlorengegangen. Ich habe einmal im alten DDR-Denken Vorschläge für ein besseres Schulklima, für die Kollektivbildung gemacht. Das war, als ob ich vom Mond komme.

Erziehung ist jetzt in der Schule nicht mehr so gefragt. Ich gebe zu, mit den Kopfnoten Betragen, Fleiß und Ordnung haben wir es vielleicht ein bisschen übertrieben, aber das Worturteil auf den Jahreszeugnissen war sehr gut. Mit meinen Beurteilungen konnten Schüler und Eltern etwas anfangen. Der Leistungsdruck auf die Schüler war zu DDR-Zeiten eindeutig größer als heute, nicht nur wegen der Note Fleiß. Wenn einer nicht spurte und keine Hausaufgaben machte, haben wir mit ihm geredet – wenn nötig im Gruppenrat oder der FDJ-Leitung. Dort musste er sich verpflichten, dass er sich bessert. Bis auf ganz hartnäckige Fälle wirkte das. Wir waren immer am Ball und wenn nichts half, standen wir bei den Eltern auf der

Matte. Natürlich hatten wir auch zu DDR-Zeiten asoziale Eltern, wo beide gesoffen haben und man nichts erwarten konnte. Dann gab es immer noch die Patenbrigade vom KIM, der Hähnchenmastproduktion hier in Storkow. Das waren richtige Männer, die sich den Jungen beiseite genommen haben – von Mann zu Mann. Meist wirkte das, ohne dass man dadurch aus einem Fünferschüler einen Einserschüler machen konnte.

Wenn ich das im Nachhinein betrachte: Ein Druck war da, vom Lehrer auf die Schüler und auf die Lehrer kam der Druck von der Schulleitung. Ich wollte aber auch als Genossin Vorbild sein. Für mich war es selbstverständlich, dass ich gute Arbeit leistete. Bei der Erziehung der Schüler gab ich mir immer sehr viel Mühe. Nach der Wende war plötzlich alles anders. Mir fiel es lange Zeit sehr schwer, mich damit abzufinden, dass einer mitten im Unterricht aufsteht und sagt: Ich geh jetzt mal pissen. Oder: Tschüss– mach´s gut – langweilig – ich geh jetzt. Dass heute jeder kommen und gehen kann, wann er will, halte ich für unmöglich. Wer früher bei mir fünf Minuten zu spät kam, der konnte nicht mehr in den Unterricht, weil ich die Tür abgeschlossen hatte. Ich ließ mir nicht ständig meinen Unterricht stören.

Das Klima ist mit der Wende völlig umgekippt. Die Schüler hatten keine Lust mehr zu lernen, sie kamen nur noch in die Schule, um Spaß zu haben. Ja, das war die große Freiheit! Die Schüler genossen alle Freiheiten, und die Eltern hatten mit sich zu tun. In Storkow sind sofort 600 Arbeitsplätze weggefallen, weil die Schuhfabrik zugemacht hatte. Viele fielen in Depression und kümmerten sich nicht mehr um ihre Kinder. Die ersten Jahre waren katastrophal, weil jeder Schüler dachte: wozu denn lernen? Ich kann doch machen, was ich will, ich bekomme sowieso keine Lehrstelle. Zu DDR-Zeiten wussten sie, auch wenn sie die zehnte Klasse mit einer vier abschließen oder durchfallen, eine Lehrstelle bekommen sie trotzdem.

1997 habe ich im Rahmen einer Sonderregelung für ältere Lehrer aufgehört zu arbeiten. Manchmal denke ich, mein Gott, wie konntest du das bloß früher alles schaffen? Du hast unterrichtet, deine Stunden vorbereitet, die Arbeiten nachgesehen, du hast abends Elternbesuche gemacht und auch noch den Garten in Ordnung gehalten. Fremde Hilfe hatten wir im Haushalt nie. Na gut, man war jünger, man hatte mehr Power. Aber wir haben unser Leben auch gut organisiert. Einmal in der Woche gingen wir zum Lehrersport, den mein Mann betreute. An den Wochenenden waren wir grundsätzlich auf unserem Segelboot. Im Frühjahr und Herbst sind wir am Sonntag mit den Kindern oder mit Freunden Rad gefahren. In der Schule hatte ich einen Theaterring organisiert – zehnmal im Jahr fuhren wir mit den Kollegen nach Berlin ins Theater. Heute kann man das nicht mehr machen, das ist viel zu teuer. Wir haben auch viel mit der Gewerkschaftsgruppe gefeiert, Fasching, Weihnachten, Schuljahresabschluss. Da waren die Ehepartner, Freunde und Kinder dabei. Den monatlichen arbeitsfreien Haushaltstag »missbrauchte« ich meistens und fuhr nach Berlin zur Kosmetik. Anschließend schön einkaufen, einen Pullover im Exquisit oder sonst etwas Nettes.

Nach der Wende habe ich alles gelesen, was es an Bestsellern gab – Der Medikus, Die Päpstin, Die weiße Massai. Langsam war ich gesättigt und begann, wieder Goethe »Die Leiden des Jungen Werther« und auch Uraltes von Selma Lagerlöf zu lesen. Unsere Tochter schenkt ihrem Vater immer Sportlerbiographien – Marianne Buggenhagen, Täve Schur, Katharina Witt. Das sind Leute, die man kennt. Ich versuche natürlich, auf dem Laufenden zu bleiben. Jetzt habe ich die Zeit zum Lesen, während des Berufslebens hatte ich die nicht.

Ein Lehrer hat hier in Storkow einen Verein zur Unterstützung von Indianern in der Karibik gegründet. Na gut, dachte ich, für ein Jahr kannst du dort ehrenamtlich mitmachen. Inzwischen sind es fünf Jahre, dass ich jeden Montag in dem Eine-Welt-Laden verkaufe. Drei, vier Leute sprachen mich dort an, ob ich nicht mit ihnen ein bisschen Englisch üben könnte. Das wurden immer mehr, nicht nur Rentner, sondern auch Junge. Jetzt mache ich mit zehn Mann von Anfang Oktober bis zum Beginn der Gartensaison Ende April einen Englischkurs. Mein Mann und ich sind in den Beamtenbund eingetreten. Das ist ein Bund, der aus dem Westen kommt und sich unter anderem um die Renten kümmert. Dort ist richtig was los: Kegeln, Kartenspielen und Videozirkel. Jeden Monat eine Radtour, eine Autofahrt und eine Versammlung. Außerdem feiern wir Frühlingsfest, Herbstfest, Weihnachten und Fasching. Wir machen gemeinsame Busfahrten oder fahren nach Polen zur Kur. Da sind wir immer ein ganzer Bus voll, nur wir Rentner. Mittwochs gehe ich zu meinem Sport. Das mache ich schon, solange ich denken kann. Seit meiner Meniskusoperation gehe ich nur noch dreimal in der Woche Nordic-Walken und anschließend im See schwimmen. Früh halb sieben geht es los, und um acht bin ich wieder zu Hause. Mein Mann trainiert in der Zeit Triathlon. Wenn Zeit und Wetter danach sind, gehen wir aufs Boot, und dann wartet im Sommer natürlich noch der Garten auf mich.

Von meinen Kollegen besitzen inzwischen fast alle ein Haus. Ich bewundere sie, aber ich möchte kein Haus. Wir fingen mit einer ganz bescheidenen Wohnung an – zwei Zimmer, Küche, Plumpsklo. Keine Wasserleitung, sondern Pumpe auf dem Hof. Zehn Jahre haben wir so gewohnt – mit zwei kleinen Kindern. In der Schule hatten wir eine Gewerkschaftswaschmaschine, die holten wir uns mit dem Handwagen und schlossen sie in der Waschküche auf dem Hof an die Wasserleitung an. So konnten wir auch warmes Wasser machen und uns alle vier abschrubben. 1974 sind wir in die Neubauwohnung eingezogen, in der wir heute noch wohnen. Für die Zweieinhalb-Zimmer-Wohnung zahlten wir 45 Mark Miete. Wir richteten damals das größere Zimmer als Kinderzimmer ein und stellten in die Mitte einen Schrank. So hatte jedes Kind sein Reich. Jetzt zahlen wir 440 Euro, inzwischen mit Zentralheizung, neuen Fenstern, neuem Dach. Wir sind mit unserer Wohnung vollkommen zufrieden. Nach der Wende hätten wir vielleicht das Geld gehabt, ein Haus zu bauen. Ich war diejenige, die sagte: Mit einem Haus bin ich ewig am Putzen und muss auf viele schöne Dinge verzichten. Mir reichen die drei Zimmer, man wird ja auch nicht jünger. Ich habe einfach dieses Eigentumsbedürfnis nicht und nehme das Geld lieber, um mir die Welt anzusehen.

Viele erzählen über uns, dass wir aus dem Osten nur jammern. Meine Schulfreundin, die damals in der elften Klasse bei Nacht und Nebel rübergegangen ist, sagt immer: Das ist aber schön, dass du nicht jammerst. Ja, warum soll ich denn? Sicher, ich weiß nicht, wie ich reagieren würde, wenn ich nach Hartz IV nur 331 Euro bekäme. Davon könnte ich nicht existieren. Über solche Ungerechtigkeiten kann ich mich natürlich aufregen. Aber uns geht es gut, wir sind zufrieden! Wenn ich vergleiche, was die Westlehrer an Pension kriegen, dann finde ich das nach 34 Arbeitsjahren natürlich ungerecht. Aber wir nehmen es so, wie es ist. Wir müssen damit auskommen, mehr wird es nicht, und weniger wird es von alleine. Wir wissen, wie viel wir für die Urlaubsreisen brauchen, dafür wird gespart und manches andere zurückgesteckt. In den letzten Jahren ist der Lebensstil ein anderer geworden. Man geht nicht mehr so viel in die Gaststätte und spart automatisch, weil die Lebenskosten gestiegen sind. Große Veranstaltungen oder Theater gibt es kaum noch, vor allem die Kultur bleibt auf der Strecke. Wenn man kein materielles Polster hat, darf man nicht krank werden.

Die Gedanken habe ich mir früher nicht gemacht. Wir verdienten immer relativ gut, als Oberlehrer bekamen wir jeder fünfzig Mark mehr, und mein Mann erhielt als Fachberater noch achtzig Mark dazu. Wir hatten nie finanzielle Nöte und konnten uns die Reisen leisten, die wir machen wollten. Gespart wurde trotzdem immer etwas, sodass wir nie bei Null waren. Dass ich nicht nach Amerika reisen konnte, hat mich nicht gestört. Ich fühlte mich auch nie eingesperrt. Zehnmal Sowjetunion reichten mir, das waren tolle Erlebnisse und nette Freundschaften. Wir haben eigentlich normal und gut gelebt. Als die Mauer fiel, sind wir nicht gleich rüber gefahren. Im Dezember waren wir das erste Mal in Westberlin. Natürlich haben wir da gestaunt, aber ich hätte es nicht unbedingt haben müssen.

Karin Koch, Bad Salzuflen/Nordrhein-Westfalen

Ganz früh stand schon meine Berufsrichtung fest: Es sollte irgendetwas mit Sport und Literatur sein. Daran hatte meine Mutter den entscheidenden Anteil, aber auch die Lebensumstände, unter denen ich aufgewachsen bin. Mein Vater ist 1944 gefallen, meine jüngste Schwester wurde noch nach seinem Tod geboren. Bei Kriegsende ist meine Mutter mit vier kleinen Kindern und der Großmutter aus Memel vor den Russen geflüchtet. Zunächst landeten wir nach einer Odyssee in Bayern, aber die Bayern mochten die Preußen nicht. Die einheimischen Mitschüler quälten mich in der Schule, jagten mir die Gänse hinterher und warfen mit Steinen nach mir. Eine gute Freundin meiner Mutter holte uns nach Nordrhein-Westfalen. In Tecklenburg, das ist in der Nähe von Osnabrück, verbrachte ich meine Schulzeit – anfangs mit zehn Jahrgängen in einer Klasse, ab der 7. Klasse auf dem Aufbau-Gymnasium. Sieben Jahre wohnten wir auf einem Bauernhof, außerordentlich beengt und unter primitiven Bedingungen. Wir Kinder haben das nicht so empfunden, aber für meine Mutter als höhere Haustochter und ehemals gutsituierte Ehefrau eines Studienrates war es schlimm. Sie war eine sehr resolute Frau und hat sich tapfer durchgeschlagen. Sie sorgte dafür, dass alle vier Töchter eine gute Ausbildung bekamen. Ihr und uns wäre es finanziell besser gegangen, wenn sie uns früher von der Schule genommen hätte. Wir erhielten sehr, sehr viel Hilfe von ihr.

Nach dem Abitur studierte ich sieben Semester an der Sporthochschule in Köln. Meine Mutter durfte nicht wissen, dass ich heimlich auch das Fach Deutsch belegte, denn ich sollte schnell mit dem Studium fertig werden. Später war sie froh über meine Entscheidung. Nach dem Sportexamen nahm ich sofort eine Stelle in Dortmund an, aber noch fehlte mir der Abschluss im zweiten Fach. Zu meinem Glück bekam ich eine Sportstelle an der Pädagogischen Hochschule in Münster, wo ich die Studentinnen in

Sport unterrichtete und parallel dazu an der Universität das Fach Deutsch abschließen konnte. Als ich mein Examen als Deutschlehrerin ablegte, war ich schon verheiratet und mit meiner Tochter Cornelia schwanger. Das kam mir bei der Prüfung zugute – die Prüfer waren nett und rücksichtsvoll.

1965 wurde Cornelia geboren und ein gutes Jahr später Ulrike. Mein Mann wollte nicht, dass ich arbeite. Er war 18 Jahre älter als ich und schon 43 als wir heirateten. Trotz seines Alters war er ein guter, sagen wir mal, ein geduldiger Vater, aber die Kinder habe ich mehr oder weniger allein erzogen. Die Nerven hatte er nicht mehr. Deshalb setzte ich den Schuldienst aus, ich wollte meine Kinder nicht zu Schlüsselkindern machen. Diese Zeit habe ich sehr genossen. 1972, die Kinder waren damals sechs und sieben Jahre alt, gab es in NRW einen riesigen Lehrermangel. Ich dachte: Mensch, so ein langes Studium, und du hast dir alles selbst erarbeitet – du könntest doch wenigstens halbtags arbeiten. Meine Schwester riet mir von einer halben Stelle ab, die Aufgaben wären fast die gleichen gewesen wie bei einer Vollstelle. Als mein Mann zu meiner Idee nicht nein sagte, habe ich als Deutsch- und Sportlehrerin in Vollzeit am Gymnasium begonnen. Große Hilfe bekam ich von meiner Mutter, die zu uns in die Nachbarschaft gezogen war. Ohne sie hätte ich es nicht geschafft. Obwohl ich zweimal die Woche eine Putzhilfe hatte, blieb mir immer noch genug zu tun. Der große Garten, die Kinder waren gute Leichtathleten, Ulrike eine gute Geigenspielerin – oft musste ich sie zum Sport- und Musikunterricht fahren. Ich denke, die Kinder hatten eine schöne Kindheit und Jugend. Das schwierige war für mich, bei all dem meinen Mann zufriedenzustellen. Er war oft sehr ungeduldig. Wenn ich aber sagte: Wenn du willst, dann muss ich eben aufhören – das wollte er dann doch nicht.

Ich hatte immer mehr Deutsch- als Sportstunden. Die Korrekturen waren sehr anstrengend, denn Deutscharbeiten sind nicht so konkret zu bewerten wie Mathearbeiten. Wir waren auch verpflichtet, unsere Kommentare unter die Arbeiten zu schreiben, und das kostete Zeit. Oft musste ich abends lange korrigieren, was natürlich meinem Mann nicht gefiel. Kurz bevor ich mit dem Schuldienst aufhörte, wurde festgelegt, dass die Lehrer die Korrekturen austauschen, damit die Bewertung gerechter wird. Es gibt nun einmal strengere und weniger strenge Lehrer.

Auch der Sportunterricht war anspruchsvoll. Sport ist sehr vielseitig: Ballspiele, Turnen, Gymnastik – ich mochte vor allem Geräteturnen. In der reformierten Oberstufe gab es keine Klassen, sondern wir arbeiteten nach speziellen Themen. Bei Gymnastik zum Beispiel musste ich mich sehr vorbereiten, denn ich bin in der Popmusik nicht so zu Hause. Als meine Töchter noch daheim waren, halfen sie mir, die Musik zusammenzustellen. Später war das schwieriger für mich. An unserer Schule gab es ein sehr aktives Sportleben, denn wir beteiligten uns an vielen Sportfesten. Ein Höhepunkt waren immer die Banner-Wettkämpfe der Höheren Schulen in NRW. Dafür wurden große Schulmannschaften zusammengestellt, für die ich all die Jahre die Oberaufsicht übernahm. Diese Wettkämpfe und meine Sport-Arbeitsgemeinschaft liefen natürlich überwiegend neben der Arbeit. Zusammen mit einem Kollegen war ich auch für den Schwedenaustausch verantwortlich, den unsere Schule mit der Kathedralschule der Universitätsstadt Lund über viele Jahre durchführte. Auch das kostete viel Zeit. Für meine Kinder war es sehr interessant, wenn schwedische Schüler und Lehrer oder auch englische Lehrer bei uns wohnten. Mein Mann stand mir dabei immer sehr großzügig bei.

Unser Kollegium bestand aus etwa 40 Lehrern, mehr Männern als Frauen. Einmal in der Woche spielten wir mit den Kollegen Volleyball, und jedes Jahr machten wir einen Betriebsauflug. Das war immer sehr schön. Wenn es bei schwierigen Schülern Erziehungsprobleme gab, besprachen wir das in der Lehrerkonferenz. In den letzten Jahren wurden in jede Klassenkonferenz Eltern gewählt, damit sie dort ihr Votum einlegen konnten. Schon immer gab es einmal im Halbjahr einen Elternsprechtag. Dort wurde besprochen, ob man nicht einen Schulwechsel vornehmen sollte, wenn es ein Kind nicht so gut schaffte. Mit den Eltern war es manchmal nicht so einfach – wer hört schon gern, wenn sein Kind schlechte Leistungen hat? Viele Eltern glaubten, ihr Kind sei nur faul. Da musste man ehrlich sein und den Eltern sagen, dass das Kind einfach Grenzen hat. Das allerwichtigste war für mich, dass die Kinder nicht charakterlich darunter litten, wenn sie in der Klasse nicht mitkamen.

Wir hatten 24 Grundstunden pro Woche. Nach einem Punktesystem gab es Entlastungen – als Klassenleiterin erhielt ich Entlastungspunkte und auch für die Korrektur von Schülerarbeiten. Das bedeutete für mich fast immer eine Stunde weniger Unterricht. Im Zuge der Sparmaßnahmen hat sich inzwischen viel verändert. Heute müssen meine Kollegen am Gymnasium zwei Stunden mehr unterrichten und bekommen fast keine Altersentlastung. Das Schlimmste war immer das Wochenende, denn ich hatte am Montag meist sieben oder acht Stunden Unterricht. Sonnabend und Sonntag konnte ich nie abschalten, weil ich wusste: Du musst dich noch vorbereiten – was machst du morgen mit deinen Schülern? Ich war nicht der Typ, dem alles zufiel, vielmehr musste ich hart arbeiten, damit ich vor den Schülern bestehen konnte. Nach meinem Empfinden hat es ein Mann als Lehrer einfach leichter, schon durch die Stimme und das Auftreten. Ich meine auch, es steht dem Schüler zu, dass sich der Lehrer gut vorbereitet. Mir war nie gleichgültig, wie die Stunde verlief, und wenn ich merkte, die Stunde war nix, bedrückte mich das sehr. Alles in allem war ich mehr als 30 Jahre Lehrerin, und ich muss sagen, ich war sehr gerne Lehrerin. Heute vermisse ich den Kontakt zu den Kollegen – manchmal telefonieren wir noch.

Über das Bildungssystem in der DDR wusste ich wenig, dazu fehlten mir die beruflichen Kontakte. Ich besaß ein paar gute Fachbücher aus der DDR, vor allem für den Sportunterricht. In der Oberprima war ich mit meinen Mitschülern in Berlin und bei der Gelegenheit auch im Osten. Vor allem das Theater in Ostberlin war beeindruckend. Natürlich haben wir auch »drüben« eingekauft. Von dem Geld, das wir zwangsweise umtauschen mussten, kaufte ich mir vor allem Noten und Bücher. Den Gottfried Keller in zwei Bänden habe ich heute noch. Die Bücher waren für uns billig, weil wir eins zu vier umtauschen konnten. Natürlich war es schäbig, dass wir dort alles wegkauften, aber man machte das ja nicht ständig.

Privat hatten wir immer einen guten Draht in die DDR. Mein Mann kommt aus Wolgast, und dort lebten auch seine Eltern. Meinen Schwiegervater kannte ich kaum, er ist früh gestorben. Der Bruder meines Mannes – er war übrigens mein Klassenlehrer am Gymnasium – holte später die Mutter, die Oma Koch, in den Westen. Zweimal sind wir mit der Oma nach Wolgast gefahren und haben sie dann auch dort beerdigt. Wolgast fand ich zu DDR-Zeiten trostlos. Gute Beziehungen hatten wir zu einem Pfarrer und seiner Familie in Wolgast. Die baten uns um Bücher, die wir natürlich im Auto gut verstecken mussten. Auf einer Wolgast-Reise sagte mein Mann an der Grenzkontrolle ganz ehrlich: Ja, wir haben auch noch ein Buch. Er war so ungeschickt und undiplomatisch, weil er Angst hatte, dass es am Ende doch rauskommt. Und dann wurde natürlich alles ausgeräumt. Wir erlebten in der DDR manchmal unschöne Sachen. Wegen der Maul- und Klauenseuche mussten wir zum Beispiel bei einer Fahrt ständig aussteigen und uns die Füße abputzen. Ich wurde auch einmal sehr ausgeschimpft, weil ich in einem Ort über 50 km/h fuhr. Der Polizist sagte zu mir: Tempo 50 gilt auch für Sie! Und das Benzin war schlecht, das bekam unserem Opel nicht, der tuckerte nur noch vor sich hin. Ich war jedes Mal froh, wenn ich die Grenze wieder überschritten hatte.

Jedes Weihnachten haben wir acht Pakete in die DDR geschickt – Kaffee, Puddingpulver, Wolle. Später sind die Menschen gestorben, und es wurde weniger. Die Wolgaster wollten uns auch etwas Gutes tun, sie schickten uns manchmal selbstgebackene Kuchen. Die waren hervorragend, ich konnte gar nicht so gut backen. Oder die Sachen aus dem Erzgebirge, Cornelia hat jetzt noch eine wunderschöne Pyramide und die Uhr, die in ihrem Wohnzimmer hängt, kommt auch aus Wolgast.

Als die Mauer fiel, fanden wir das unheimlich toll. Nächte saßen wir wie gebannt vor dem Fernseher. Zum 40. Jahrestag der DDR hatte ich noch zu meiner Mutter gesagt: Na, wenn der Gorbatschow großzügig ist, wird er für die Wiedervereinigung sorgen. Meine Mutter antwortete: Das wird der nie tun. Und dann war es soweit, das fanden wir so unvorstellbar, so toll.

Mein Mann wollte unbedingt noch den Zusammenbruch des Kommunismus erleben, das hat er gerade noch geschafft. Er war durch die Kriegserlebnisse ein Russenhasser, sein Bruder saß viele Jahre in russischer Gefangenschaft. Mein Mann war politisch ziemlich versiert. Auf dem Gebiet war ich ihm nicht gewachsen, ich habe nicht so eine politische Ader. Wir waren beide immer CDU-Wähler. Besonders freute sich mein Mann, dass nun die Deutschen endlich wieder zusammen kamen. Gleich 1989 fuhr ich mit ihm nach Weimar, um Goethes Spuren zu suchen. Wir waren im Goethe- und im Schillermuseum – hervorragend. Als mein Mann starb, bin ich mit Cornelia nach Wolgast gefahren, dieses Mal sozusagen auf den Spuren des Vaters. Von dort nach Rügen und Usedom und auch nach Hiddensee zum Gerhard-Hauptmann-Grab. In den Ostseebädern hatte jeder schon aus seinem Garten ein Café gemacht, bunte westliche Schirme aufgestellt – Kaffee und Kuchen gab es ganz billig. Das Haus der Schwiegereltern in Wolgast war baufällig, die Rückseite baupolizeilich gesperrt. Wir konnten das Grundstück nach der Wende verkaufen, aber nur das Grundstück, nicht das Haus. Anfang der neunziger Jahre gab es leider auch sehr unangenehme Westler. Eines Tages bot uns jemand an, das Doppelte für das Grundstück zu zahlen. Aber wir waren schon gewarnt und wussten, dass er die ganze Stadtstraße in Wolgast aufkaufen wollte. Mein Mann ließ sich nicht darauf ein und sagte sofort: Das kommt gar nicht infrage. Das Geld aus dem Grundstücksverkauf haben wir auf die Enkel aufgeteilt, sozusagen als ein Andenken an ihre Großeltern. Aber das war nicht viel.

Uns war klar, dass es bei der Wiedervereinigung große Schwierigkeiten geben würde. Man hätte gleich sagen müssen: Das wird nicht einfach. Nach der Wende fanden sich sofort ein Installationsbetrieb und ein Tischlerbetrieb in Salzuflen bereit, junge Leute aus dem Osten aufzunehmen. Sie sind damit auf die Nase gefallen. Die jungen Burschen kamen für ein paar Wochen und dann blieben sie weg. Es war ihnen zu viel Arbeit. Dem

Helmut Kohl werfen sie heute vor, dass er über die blühenden Landschaften gesprochen hat. Ich behaupte nach wie vor, ihm ging es dabei nicht um die Werbung von Parteistimmen. Ich habe viel an Helmut Kohl auszusetzen, aber das hat er in der Euphorie der damaligen Zeit gesagt. Ich leide darunter, dass jetzt alles so pessimistisch gesehen wird, und das scheint immer schlimmer zu werden. Warum bloß? Alle müssen Opfer bringen.

Vor zwei Jahren habe ich meine Zelte in Salzuflen abgebrochen und bin nach Berlin gezogen. Ich wollte meine Enkelkinder mehr genießen und natürlich auch Cornelia unterstützen. Außer am Wochenende fahre ich fast jeden Tag zu Mittag, wenn mein Enkel Frederic aus der Schule kommt, zu ihr nach Michendorf. Aber ich bin nicht ihre Putzhilfe, das haben wir von vornherein ausgemacht, und das will Cornelia auch nicht. Mal etwas nähen, was stopfen oder wenn die Fenster schmutzig sind, mal schnell rüberputzen. Um drei hole ich meine Enkelin aus der Kita ab. Svenja ist ganz schön anstrengend, sie kann sich nicht gut alleine beschäftigen. Ich denke, dass ich manchmal mit den Kindern etwas zu lehrerhaft bin, zum Beispiel wenn ich mit Frederic Keyboard übe. Das macht mir Spaß – ich kann ein bisschen Klavier spielen. Sobald am Abend Cornelias Privatleben anfängt, bin ich aber weg.

Neben den Kindern muss ich mein eigenes Leben haben. Auf Norderney besitze ich eine kleine Ferienwohnung. Solange es mir geldlich möglich ist, will ich sie auch behalten. Bis Norddeich sind es 550 Kilometer. Das schaffe ich noch, und wenn ich nicht mehr kann, muss ich mit der Bahn fahren. Reisen muss sein! Jedes Jahr fahre ich mit Freunden in die Türkei nach Side bei Antalya, immer in dasselbe Hotel. Eine Freundin ist leider an Krebs erkrankt, und wir wissen nicht, wie lange wir noch verreisen können. Ich habe hier in Berlin einen guten Freund, er wohnt in Tiergarten. Ich nenne ihn immer meinen »Kulturfreund«. Wir machen viel zusammen, gehen ins Theater, zu Konzerten – das hat sich gut eingespielt. In Salzuflen war ich viele Jahre im Kirchenchor. Ich bin keine regelmäßige Kirchgängerin, aber christlich erzogen und konfirmiert. Wir hatten dort über viele Jahre einen ausgezeichneten Chorleiter, unsere Konzerte waren wunderschön. Das fehlt mir hier in Berlin, aber jetzt ist man älter und die Stimme nicht mehr so gut. Was mir hier auch fehlt, ist eine Sportgruppe. Ich würde gern einen Seniorensport mitmachen. Aber das ist zeitlich schwierig, weil Cornelia oft erst halb neun nach Hause kommt.

Wenn ich heute auf meine Zeit in Salzuflen zurückschaue, muss ich sagen: Wir hatten ein gutes Leben. Ich hätte mir nie träumen lassen, dass es mir einmal so gut gehen und ich ein eigenes Haus besitzen würde. Aber mein Mann und ich mussten auch beide hart arbeiten, wir kannten keinen Achtstundentag. Als wir heirateten, wohnten wir in Enger, 20 Kilometer von Bad Salzuflen entfernt. Erst später sind wir nach Salzuflen gezogen. 1974 haben wir in Enger eine Apotheke gebaut, und man kann fast sagen, das war für meinen Mann der Anfang vom Ende. Er war schon im Krieg schwer verwundet worden, wofür er als noch ganz junger Offizier das EK I und II bekam. Außerdem rauchte er viel und als er einsah, dass seine Durchblutungsstörungen auf das Rauchen zurückzuführen waren, war es zu spät. Er kränkelte jahrelang und ist 1991 gestorben. Das war tragisch. Ich bin nur froh, dass er die Studienabschlüsse der Töchter noch erlebt hat – beide haben ein sehr gutes Examen gemacht.

Für mich spielte mein Mann fast eine Vaterrolle – ich hatte ja nie einen Vater. Dieser große Altersunterschied war schon ungewöhnlich und manchmal musste ich sagen: Du, ich bin nicht deine Tochter! Das sah er dann auch ein. Klar war es manchmal schwierig, aber ich war zufrieden und hätte mit niemandem tauschen mögen. Und wenn man das sagt, dann ist es auch gut. Ich brauchte in meiner Ehe im Grunde nicht zu arbeiten und wusste, wenn alles zu schlimm wird, höre ich auf. Aber ich hörte natürlich nicht auf. Außerdem war ich später stolz, dass ich mein eigenes Altersruhegeld verdient hatte. Heute besitze ich ein Vierfamilienhaus in Salzuflen und lebe zum Teil auch von den Mieten. 30 Jahre Arbeit bringen nicht so viel ein, dass man davon gut leben kann. Die letzten fünf Jahre, als mein Mann krank war, hatte ich nur noch eine Dreiviertel-Stelle. Als er starb, merkte ich, dass ich auch nicht mehr ganz jung war. Ich war damals 53 Jahre alt, bis dahin hatte ich mich immer viel jünger gefühlt.

Am Anfang konnte ich nicht verstehen, warum meine Tochter Cornelia nicht nach Berlin, sondern nach Michendorf ins Land Brandenburg gezogen war. Aber da wohnten ja noch mehr Leute – die Nachbarn rechts und links neben ihrem Haus sind auch aus dem Westen und das geht ganz prima. Auch mit den Michendorfern unterhalten wir uns ganz normal. Ich bin froh, dass das Verhältnis zwischen Ost und West immer normaler wird. In letzter Zeit finde ich hier gar keine Unterschiede mehr, aber am Anfang war das schon recht spannend. Man musste sich an den gesamten Osten erst gewöhnen, der war eben anders. Weniger emotional, sondern man redet und tut alles so rational, so vernunftbestimmt. Ich habe im Rheinland gelebt, dann in Ost-Westfalen, an die Berliner musste ich mich erst gewöhnen. Aber ich habe gemerkt, wenn man sie anspricht, klappt das ganz gut. Man muss sie einfach ansprechen.

Der Offizier

Richard Herrmann, Neuseddin, Berlin

geb. 1945 bei Marienbad
Landmaschinen- und Traktorenschlosser
Studium in Dresden, Dr. Ing.
Oberst a. D. der Nationalen Volksarmee
seit 1990 Unternehmer in Berlin
Unternehmensgruppe
Dr. Richard Herrmann Berlin
verheiratet, zwei Söhne

Harald Siebrecht, Engstingen, Aachen, Weißenfels, Berlin
geb. 1940 in der Nähe von Kiel
Elektroinstallateur
Studium in Darmstadt, Dipl. Ing.
Oberst a. D. der Bundeswehr
Unternehmensberater
lebt seit 1998 mit einer Ostberlinerin in Berlin-Mahlsdorf
verheiratet – eine Tochter, ein Sohn

Weder für den Oberst der Bundeswehr noch für den Oberst der Nationalen Volkarmee gab es in den rund 25 Dienstjahren jemals einen Zweifel daran, dass die andere deutsche Armee der Feind ist. Wäre es zur militärischen Auseinandersetzung gekommen, hätten beide nicht gezögert, gemeinsam mit ihren Verbündeten in der NATO und im Warschauer Vertrag die Waffen gegen die Deutschen jenseits der Elbe zu richten.

Denken und Handeln beider Offiziere wurden in ihrer Kindheit durch den Krieg und die Nachkriegsjahre geprägt. Als junge Männer entschieden sie sich für die Armee ihres Landes. Sie stehen zu dieser Armee, ihren Zielen und Methoden und betrachten das, was sie dort gelernt und erfahren haben, als die wichtigste Voraussetzung für ihre heutige berufliche Tätigkeit.

Als die Mauer fiel, war Harald Siebrecht 50, Richard Herrmann 45 Jahre alt. Ihre Wege in den folgenden Jahren verliefen sehr unterschiedlich. Heute ist der ehemalige Offizier der Nationalen Volksarmee ein erfolgreicher Unternehmer, der 2002 mit dem Oskar für den Mittelstand ausgezeichnet wurde. Harald Siebrecht lebt seit seiner Versetzung in den Ruhestand als Unternehmensberater in Ostberlin. Dort haben sich beide kennengelernt, wurden Geschäftspartner, vielleicht sogar Freunde.

Richard Herrmann, Neuseddin, Berlin

Das Militärische muss bei mir im Blut liegen. Schon mein Großvater erzählte, dass es in unserer Familie einen Generalmajor der österreichisch-ungarischen k.u.k. Armee gab, und auch mein Sohn lässt alles stehen und liegen, wenn er irgendwo eine Uniform sieht. Ich denke, ich wäre auch in der Bundesrepublik Berufssoldat geworden. Dass ich zur Armee wollte, hatte aber noch einen ganz anderen Grund: Ich musste unbedingt weg von zu Hause. Wir waren Flüchtlinge aus dem Sudentenland und wohnten auf dem Getreideboden bei einem Großbauern in der Nähe von Dessau. Als 1947 mein Vater aus amerikanischer Gefangenschaft heimkehrte, gab es kaum einen Tag, an dem ich nicht von ihm verprügelt wurde. 1951 kam ich in die Dorfschule, wo noch alle Schüler der Klassen eins bis vier von einer Neulehrerin in einem Raum unterrichtet wurden. Die Schulspeisung war gerade eingeführt worden und auch der Werkunterricht. In diese Zeit fällt ein Ereignis, das beinahe mein Leben zerstört hätte. In den neu eingerichteten Werkraum der Schule war eingebrochen worden und das gesamte Werkzeug verschwunden. Noch am gleichen Tag kam ein Volkspolizist mit dem Fahrrad in unser Dorf. Sein Spürhund steuerte in unseren Garten und fand in einem Mauerschacht einen riesigen Koffer mit dem Werkzeug. Der Diebstahl wurde mir unterstellt, obwohl das absurd war. Ich war damals ein schmächtiges Kerlchen, gerade mal einen Meter groß, die Mauer aber 1,60 Meter hoch. Im Beisein des Schulleiters, meiner Mutter, und meiner Geschwister verprügelte mich mein Vater so sehr, dass ich eine Woche nicht zur Schule gehen konnte. Wegen Diebstahls von Volkseigentum sollte ich in ein Erziehungsheim. Mein Großvater wollte nicht glauben, dass ich ein Dieb bin und konnte das Gott sei Dank verhindern. Später kam heraus, daß ein 16-jähriger Nachbarsjunge der Dieb gewesen war, aber bei mir hat sich niemand entschuldigt.

Mein Vater hatte begonnen, sich mit Politik zu befassen. Schon nach kurzer Zeit wurde er Kreissekretär der FDJ. Er gab seine Arbeit als Schuhmacher bei meinem Großvater auf, holte an der Arbeiter- und Bauernfakultät in Halle das Abitur nach, studierte Landwirtschaft und machte anschließend im Staats- und Parteiapparat Karriere. Wir waren inzwischen sechs Kinder. Damals gab es weder Waschmaschine noch Kühlschrank und alle Last ruhte auf den Schultern meiner Mutter. Oft habe ich für die ganze Familie die Kartoffeln geschält oder auch meine jüngeren

Geschwister betreut – Freizeit hatte ich kaum. Mein Vater kümmerte sich nach altdeutschem Brauch nicht um den Haushalt, er war die meiste Zeit unterwegs. Mein Verhältnis zu ihm hat sich nicht verbessert, sondern immer weiter verschlechtert. Seine Erziehungsmethoden waren streng preußisch mit stalinistischer Prägung. Ich schwor mir, dass ich nie so werde wie er und meine Kinder eine bessere Kindheit haben sollen.

Mit zehn Jahren machte ich den ersten Versuch, zu Hause auszubrechen. In der Pionierzeitung »Frösi« hatte ich gelesen, dass es in Naumburg eine Kadettenschule der Kasernierten Volkspolizei gibt. Mein Großvater half mir bei der Bewerbung und fuhr mit mir zur Aufnahmeprüfung, die ich auch problemlos bestand. Aber als es los gehen sollte, wurde die Schule zugemacht. Das Politbüro hatte beschlossen, dass wir in unserer sozialistischen Gesellschaftsordnung keine Berufssoldaten brauchen. Damit war mein Versuch, den häuslichen Bedingungen und den Erziehungspraktiken meines Vaters zu entkommen, erst einmal gescheitert.

In den Ferien habe ich immer vom ersten bis zum letzten Ferientag bei einem Bauern gearbeitet. Schon mit 14 Jahren durfte ich einen H3A mit Hänger der Maschinen-Traktoren-Station, MTS, die für den Bauern mit dem Mähdrescher arbeitete, fahren und bei der Pflege der Geräte helfen. Ich bekam dort zu essen und pro Tag 5 Mark. Von dem Geld kaufte ich mir ein altes Fahrrad und daran bastelte ich solange herum, bis es wieder fuhr. Ich merkte, Technik machte mir Spaß. Den wichtigsten Anstoß hatte ich in der Pionierrepublik Wilhelm Pieck bekommen. Während dieses wunderschönen Aufenthalts am Werbellinsee im Sommer 1957 startete der erste Sputnik der Sowjetunion ins All. Das war für mich ein unbeschreibliches Erlebnis, ich war überzeugt, dass ich von unserer Sternwarte den Sputnik gesehen hatte. So etwas von der Art wollte ich einmal werden. Als ich nach der achten Klasse meine Lehre in der Maschinen-Traktoren-Station begann, war meine Mutter froh, dass sie für einen weniger sorgen musste. Die Berufsausbildung in der MTS war vielseitig und interessant, davon profitiere ich noch heute. Nach wie vor hatte ich den Ehrgeiz, die militärische Laufbahn einzuschlagen und Offizier zu werden. Deshalb war für mich das Allerwichtigste, dass ich neben der Lehre die mittlere Reife ablegen konnte. Schließlich wollte ich bei der Armee nicht auf der unteren Stufe stehen bleiben, sondern die Offiziersschule besuchen und Menschen führen.

Meine Stunde Null war der 13. August 1961. Am Montagmorgen, also am 14. August, wurden wir zum Direktor der Berufsschule bestellt. Der sagte zu uns: Jungs, das ist doch wohl klar, dass ihr drei Jahre zur Armee geht und den antifaschistischen Schutzwall schützt. Für mich war das kein Problem, denn ich wollte nicht nur zur Armee, sondern ich glaubte auch ganz fest an dieses Land. Ich kannte nichts anderes, ich hatte gar keine Chance, Westfernsehen zu gucken oder am Wochenende am Ku'damm einzukaufen. Für mich gab es nur die DDR. Das war mein Vaterland, dafür hätte ich mich jederzeit erschießen lassen. Ich habe damals für drei Jahre unterschrieben und das auch durchgestanden.

An der Unteroffiziersschule waren wir alles Freiwillige. Sicher hatte sich der eine oder andere für drei Jahre verpflichtet, um einen guten Studienplatz zu bekommen, aber die meisten waren aus Überzeugung dabei. Die Westabgrenzung wurde bei uns sehr ernst genommen. Es gab keine Fernseher in der Kompanie, und wir durften außer dem Gemeinschaftsempfang auch kein Radio hören. Bei einem Stubendurchgang fand ein Unteroffizier in meinem Spind ein Bild von einer amerikanischen Sängerin. Ich kannte die Sängerin nicht einmal – das Bild stammte aus der Brieftasche, die mir meine Freundin zur Verabschiedung geschenkt hatte. Ich musste eine dreiseitige Stellungnahme schreiben – woher ich das Bild habe und wie ich dazu stehe. Ganz schön bescheuert! Aber unser Politunterricht war gut. Man versuchte, uns an die Klassiker des Marxismus-Leninismus heranzuführen. Wir sollten erkennen, dass diese Lehre richtig ist und uns nicht mit den Phrasen aus den Militärheften oder dem »Neuen Deutschland« zufrieden geben. Begonnen wurde mit dem Kommunistischen Manifest, dabei haben wir immer versucht, den Zusammenhang zu aktuellen Themen herzustellen. Davon habe ich lange gezehrt, teilweise nutzt mir das noch heute.

Wir hatten damals sehr gute Ausbilder, bei denen du dachtest: So willst du werden. Unser Kommandeur war im KZ Buchenwald, hat dort als Lagerelektriker gearbeitet. Wenn der mit uns abends am Lagerfeuer saß und erzählte, da hättest du eine Stecknadel fallen hören. Für ihn wäre jeder durchs Feuer gegangen, weil er als General eine starke Persönlichkeit war. Wenn der im Winter schwimmen ging, er muss damals so um die 50 gewesen sein, lief er barfuß im Schnee zur Sporthalle, den Ledermantel bloß umgehängt. Die Vorbildwirkung dieser alten Generäle, viele von ihnen waren noch echte Spanienkämpfer, war groß. Sie hatten nicht dieses Machtgehabe, wie wir es später auch in der NVA kannten. Es gab einen Hauptmann, der mir als jungem Offizier viel beigebracht hat. Der sagte zu mir: Es geht nicht darum, dass du deinen Soldaten das »Neue Deutschland« vorliest, du musst sie überzeugen. Von ihm habe ich gelernt, dass ich meinen Soldaten zu dienen habe und zuallererst dafür sorgen muss, dass sie warme Stiefel haben, trockene Socken und etwas zu essen. Dann machen sie auch, was ich von ihnen erwarte. Als ich selber Kommandeur war, habe ich versucht, es so zu machen und bin damit gut zurechtgekommen. Einmal fragte mich mein Hauptmann, was meine Freundin so macht, wie es gestern beim Tanzen war. Und wie ich so erzähle, sagt er: Pass auf, du kannst mit jeder Frau ins Bett gehen, aber du darfst dich am nächsten Tag nicht schämen und musst sie heiraten können. Stell dir vor, du bist Kompaniechef und ein Soldat, der im zivilen Leben Lehrer ist, tanzt auf dem Kompanieabend mit deiner Frau. Wenn du eine doofe Frau hast und der merkt das, ist deine Autorität futsch. Sicher waren das Kleinigkeiten, aber das habe ich mir eingeprägt und auch meinem Sohn beigebracht.

Für mich als Offizier der NVA war klar, dass von den Truppen des Warschauer Vertrages kein Angriff ausgehen wird. Wir verstanden uns als Verteidigungsarmee, die die DDR und ihre Verbündeten gegen Angriffe der NATO schützt. Bei der Bundeswehr hatten faschistische Generale wie Speidel und Heusinger wieder das Sagen. Die würden alles tun, um die DDR zurückzubekommen, sie waren für uns die Aggressionsarmee. Auf jeden Fall wollten wir besser und schneller sein und den Gegner auf seinem Territorium schlagen. Soldaten und Offiziere wurden bei uns gut ausgebildet – sehr intensiv, sehr praxisnah. Ich glaube, da waren wir tatsächlich besser als sie. Ehemalige Soldaten der NVA rümpfen heute die Nase, wenn sie von ihren Söhnen und Schwiegersöhnen hören, wie es bei der Bundeswehr zugeht.

Technisch hatten wir den Vorteil, dass die russische Bewaffnung sehr robust war. Die hatte sich schon im Zweiten Weltkrieg bewährt. Unsere Maschinenpistole konnte auch mal im Dreck liegen, die hat immer noch geschossen, die vom Ami nicht mehr. Dazu kam, dass bei uns die Teile austauschbar waren. Wenn bei den Polen ein Lastwagen liegen blieb, konntest du den Kompressor von einem deutschen LKW einbauen und du hattest wieder ein einsatzbereites Fahrzeug. Bei der NATO, da passen die Keilriemen nicht, da passen die Reifen nicht, da passen die Räder nicht. Ich hatte immer den Eindruck, dass Technik und Bewaffnung zwischen Ost und West in etwa gleich stark waren. Allerdings ging unsere Militärstrategie immer davon aus, dass der Krieg nur acht Tage dauert. Als ich mir nach der Wende deren Fahrzeuge angesehen und auch die Literatur dazu gelesen habe, bin ich nachdenklich geworden. Hätte der Krieg länger gedauert, wären wir wahrscheinlich mit unserer Technik gegenüber der NATO im Nachteil gewesen. Bei unserem russischen KrAs hatte die Vorderachse eine Laufleistung von elftausend Kilometern, die Vorderachse beim LKW von Mercedes lief hunderttausend Kilometer. Wenn sie ihre Fahrzeuge im Mobilmachungslager abstellten, konnten sie ein besonderes Öl draufkippen und im Ernstfall sofort wieder losfahren. Wir dagegen hätten erst einen Ölwechsel machen müssen, also warm laufen lassen, das alte Öl rauslassen und neues Öl reinfüllen. Sicher, im Falle eines Krieges wären wir auch losgefahren, aber dann wäre der Motor irgendwann ausgefallen.

Meine Aufgabe war im Kriegsfall die technische Sicherstellung der Straßenverbindung vom Hinterland zur Front. So wie die Nachrichtentruppen für die Nachrichtenverbindung sorgen mussten, hatten wir die ununterbrochene Bewegung auf den Straßen und Brücken zu gewährleisten. Wir wussten, wo in der Bundesrepublik welche Ausrüstungen für den Straßenbau stehen, wo eine Kiesgrube ist, welche Straßen für die Militärfahrzeuge genutzt werden können. Wenn zum Beispiel bei Hannover eine strategisch wichtige Straße wegen eines Bombentrichter unpassierbar gewesen wäre, hätten wir in Soltau eine Mischanlage genommen, die Arbeiter zwangsverpflichtet und die Straße wieder befahrbar gemacht. Ich war dafür verantwortlich, dass auf diesen 500 oder 600 Kilometern die notwendige Technik vorhanden ist und dass alles, was ausfällt, instand gesetzt wird.

Ich hatte das große Glück, dass ich während der Armeezeit mit der Familie nur dreimal umziehen musste. Ein Freund von mir ist siebenundzwanzigmal umgezogen. Viele Ehen sind an den bei der Armee üblichen Versetzungen kaputtgegangen. Deshalb traf die NVA Anfang der siebziger Jahre die kluge Entscheidung, zuerst die Wohnungen zu bauen und danach die Truppen ranzuholen. Sofort nach der Offiziersausbildung bekam ich in Neuseddin in der Nähe von Potsdam eine wunderbare Neubauwohnung: drei Zimmer – Wohnzimmer, Schlafzimmer, Kinderzimmer –, Küche, Bad, warmes Wasser. 50 Mark Miete. Unsere Gehälter waren damals relativ niedrig, mein Anfangsgehalt betrug 450 Mark plus 35 Mark Wohnungsgeld und 135 Mark Verpflegungsgeld. Wir wohnten gleich neben der Kaserne. Der Kindergarten war 50 Meter vom Haus entfernt und auch die Schule ganz in der Nähe. Die Kinder hatten alles, was sie brauchten. Am Nachmittag gab es Arbeitsgemeinschaften in der Kaserne und am Wochenende fuhren meine Jungs oft mit dem Trainingszentrum des Regiments zu Leichtathletik-Wettkämpfen oder zum Ringen. Der Tag der Nationalen Volksarmee am 1. März wurde gemeinsam gefeiert. Zu Weihnachten kamen die Soldaten als Weihnachtsmänner verkleidet in den Kindergarten und in die Schule. Für meine Kinder war die Armee das Normalste der Welt. Die NVA kümmerte sich auch um Arbeitsstellen für die Frauen. Viele konnten bei uns in der Dienststelle arbeiten – als Sekretärin, in der Finanzabteilung, in der Küche, in unserer Klubhaus-Gaststätte, in der Bekleidungskammer. Der Rest fuhr nach Potsdam zur Arbeit. Meine Frau arbeitete als Buchhalterin beim Personenkraftverkehr in Beelitz, nur fünf Kilometer von Neuseddin entfernt. Nach erfolgreichem Abschluss ihres Finanzstudiums bekam sie eine Arbeitsstelle als Zivilbeschäftigte der NVA in unserem vorgesetzten Stab. Ihre Fachkenntnisse und Erfahrungen kommen uns noch heute zugute, sie hat die gesamte Buchhaltung in meinem Unternehmen in der Hand.

Als ich von der Militärakademie in Dresden nach Neuseddin zurückkam, wurde ich stellvertretender Regimentskommandeur und bekam eines dieser Neckermann-Häuser, die wir in der DDR gebaut haben. Das war natürlich eine wunderbare Sache, ein komplettes Haus zur Miete, mit Keller, ausgebautem Dachgeschoss, zwei Wohnzimmer, 500 m^2 Garten. Wir konnten das Haus nach unseren individuellen Wünschen ausstatten, da hat man dann schon fürstlich gelebt.

Einen Großteil meiner Freizeit verbrachte ich mit meinem Hobby, der Technik. Es ist das Beste, was einem passieren kann, wenn Hobby und Beruf übereinstimmen. Manchmal artete das auch aus, wenn abends alle Nase lang irgendein Vorgesetzter kam, weil bei seinem Wartburg, Trabant oder Lada irgendetwas nicht funktionierte. Ich hatte zirka 500 Fahrzeuge im Regiment und suchte immer nach Möglichkeiten, Unfälle zu vermeiden. So sind auch meine zwei Patente und mehrere Fachartikel entstanden. Mein Kommandeur sonnte sich in meinem Schatten, wenn wir im Neuererwettbewerb bester Truppenteil wurden. Besonders interessierte mich die Geschichte der Technik. Ich hatte mir alte Reparaturhandbücher aus dem Zweiten Weltkrieg besorgt, die leisteten mir gute Dienste – nicht zuletzt bei der Arbeit an meiner Dissertation. Zum Wäschewaschen und Kochen ist mir nicht viel Zeit geblieben. Das übernahm meine Frau, obwohl sie auch immer voll gearbeitet hat.

Am 1. Oktober 1989 bin ich in Reserve gegangen, zum Zeitpunkt der Maueröffnung war ich also nicht mehr in der Armee. Nach meiner Promotion an der Technischen Universität Dresden zum Doktor Ing. hatte man mir eine Generalsfunktion beim Stellvertretenden Minister für Bauwesen übertragen. Zu diesem Bereich gehörten auch die Betriebe der Landesverteidigung und die Versorgung der sowjetischen Truppen auf dem Territorium der DDR. Der Umgang mit den Russen ist mir nicht schwer gefallen, ich bin praktisch mit ihnen aufgewachsen. Auch wenn manche es heute anders sehen, ich habe die Russen im Warschauer Vertrag als faire Partner kennengelernt. Das sagen auch unsere alten Generäle, wenn wir uns treffen. Wir sind einfach davon ausgegangen: Das sind unsere Waffenbrüder, unsere Freunde.

Als ich in das Ministerium ging, hatte ich mir fest vorgenommen, mein ganzes Know-how aus der Truppe dort einzubringen und nicht die gleichen Fehler zu machen wie die anderen. Da wusste ich aber noch nicht, dass meine Entscheidungsspielräume in dieser Funktion sehr gering waren. Ich kam als Techniker mit Doktortitel in das Ministerium, aber letztlich musste ich mich darum kümmern, dass bei meinem Chef der Peugot anspringt und für den Sänger Frank S. das Haus gebaut wird. Dazu kam, dass viele der gestandenen Oberste in dem Bereich auf meine Funktion reflektiert hatten und mir bei jeder passenden Gelegenheit Steine in den Weg legten. Ich sagte mir: Das musst du dir nicht antun. Als sich die Chance bot, bin ich ausgestiegen. Ich hatte akute Herzprobleme, zu hohen Blutdruck und die Untersuchungen in der Herz-Kreislaufklinik in Berlin-Buch sorgten dafür, dass ich ausgemustert wurde. Meine Erfahrungen aus der Baubranche waren gefragt und eh ich mich versah, war ich wieder in Lohn und Brot. Im Gesundheitswesen fehlten Baukapazitäten, in den Krankenhäusern regnete es durch. Deshalb sollte ich in einem Institut in Buch einen Baubetrieb aufbauen und später die Leitung des Instituts übernehmen.

Als am 9. November die Mauer aufging, war ich der Einzige, der am morgen pünktlich zur Arbeit kam. Außer mir nur noch die Kaderleiterin, ihr Mann arbeitete beim Ministerium für Staatssicherheit. Alle anderen, vom Direktor angefangen, waren in Westberlin. Wenige Tage danach hauten die Ärzte und Schwestern ab, die Kinderabteilung war eines morgens fast leer. Kurzerhand habe ich alle aus der Verwaltung auf die Stationen geschickt und über das Ministerium für Nationale Verteidigung 200 Bausoldaten aus Neuseddin geholt. Die mussten sauber machen, Stullen schmieren, das Geschirr abwaschen. Weihnachten und Silvester '89/90 bin ich im Krankenhaus geblieben. Von dem Institut war nichts mehr zu merken. Gemeinsam mit dem Ökonomischen Direktor des Klinikums habe ich zusätzlich noch das Regierungskrankenhaus und das Krankenhaus des Ministeriums für Staatssicherheit übernommen, weil auch dort Chaos herrschte. Natürlich wusste jeder, dass das keine Dauerlösung ist. Ganz schnell waren die ersten Interessenten aus dem Westen da. Der Institutsdirektor, der selbst in den fünfziger Jahren aus Hamburg gekommen war, entdeckte seine Liebe zu den Westlern und war der Meinung, dass ich mit meiner Vergangenheit mit denen besser nicht reden sollte. Er führte alle Verhandlungen allein.

Am Ende blieb mir nichts anderes übrig, als mich auf meinen Fahrlehrerschein zu besinnen. Ich dachte: Du hast einen neuen Wartburg 1.3 – jetzt probierst du es mit einer Fahrschule. Dazu besorgte ich mir einen alten Lada und baute ihn als Fahrschulwagen um. Zum 1. April 1990 habe ich mein Gewerbe angemeldet. Von der volkseigenen Fahrschule in der Milastraße wurden mir ganze acht Mann zugeteilt, die ich ausbilden und anschließend zur Prüfung bringen durfte. Die Leute liefen mir die Bude ein, jeder wollte ganz schnell die Fahrerlaubnis haben. Also fuhr ich mit den anderen Schülern zur Prüfung zu den Fahrschulen der NVA nach Seelow, nach Dessau oder Gräfenhainichen. Bevor ich es offiziell durfte, hatte ich schon eine Vielzahl Fahrschüler durchgebracht. Das erste Jahr habe ich alles von meiner Wohnung in dem ganz jungen Plattenbaubezirk Berlin-Hellersdorf aus gemanagt. Für die theoretische Ausbildung mietete ich mir einen Schulungsraum im Altersheim. Sobald ich Geld hatte, holte ich mir im Westen ein gebrauchtes Auto und stellte wieder einen Offizier oder Unteroffizier mit Fahrlehrerschein ein. Noch im September 1990 habe ich mit einem ungarischen Ikarusbus mit der Busfahrschule begonnen und den ersten Mercedes Luxusreisebus für den Reiseverkehr gekauft.

25 Jahre hatte ich immer einen über mir, der mir Gutes oder Schlechtes gesagt hat. Aber du konntest immer einen fragen oder sagen: Ich weiß jetzt nicht weiter. Wenn du in die Selbständigkeit gehst, hast du keinen, der dich lobt, aber auch keinen, der dich mal bremst. Das ist nicht einfach, und deshalb sollte jeder Existenzgründer eine gute psychologische Ausbildung bekommen. Wie gehe ich mit den Kunden um, wie gehe ich mit meinen Arbeitnehmern um, wie gehe ich mit der Bank um, wie gehe ich mit der Behörde um? Das sind alles Dinge, wo Fehler über Fehler gemacht werden. Deshalb behaupte ich auch, dass jeder irgendwo an seiner Pleite selber Schuld ist.

Mit 350 Mitarbeitern sind wir heute in der Dienstleistungsbranche ein Großunternehmen. Mein wichtigstes Standbein ist der Vertrag mit den Berliner Verkehrsbetrieben BVG, für die wir mehrere Omnibuslinien in Berlin befahren. Hier ist auch der größte Teil der Mitarbeiter beschäftigt, denn durch die Schichtarbeit brauche ich für jeden Bus dreieinhalb Fahrer. Zur Unternehmensgruppe Dr. Richard Herrmann gehören neben dem Stadtlinienverkehr der BVG, die Touristik, die Reisebusvermietung, die Omnibus & Pkw-Instandsetzung, drei Fahrschulen mit sieben Filialen und eine Agentur für Personaldienstleistungen. Das war ein langer Weg und hat viel Kraft gekostet. Als ich im Jahre 2002 den Oskar für den Mittelstand bekam, habe ich mich natürlich sehr gefreut. Mit dieser Auszeichnung wird nicht nur meine Arbeit anerkannt, sondern auch die Leistungen meiner Mitarbeiter. Wenn die Mitarbeiter nicht mitziehen, kannst du dich noch so sehr anstrengen, am Ende kommt nur Mittelmaß heraus.

Inzwischen ist es viel schwieriger geworden, das Unternehmen erfolgreich zu führen. Die ersten Verträge mit der BVG haben wir 1992 für acht Jahre abgeschlossen. Jetzt arbeiten wir nur noch mit Vier-Wochen-Verträgen und keiner kann sagen, was morgen passiert. Es gab Zeiten, wo ich mich vor Aufträgen nicht retten konnte. Da verdienten wir richtig gut und ich brauchte bei der Bank kein Kontokorrent. Heute verbringe ich die Hälfte meiner Zeit mit Bankgesprächen und anderem ökonomischen Kram. Du musst ständig wie ein Reh im Walde die Ohren spitzen: Woher kommt die Gefahr? Ich mache mir immer mehrere Strategien, für den Fall, dass die BVG einmal wegbricht. Aber das hast du beim Militär gelernt. Die Armee war für mich die wichtigste Schule. Vor allem habe ich gelernt, mit Menschen umzugehen, sie zu motivieren und schnell Schwächen herauszufinden. Du brauchst Leute, die nicht auf die Uhr gucken und nicht als Erstes fragen, was bekomme ich dafür. 60 Prozent meiner Mitarbeiter kommen aus der Armee, ein paar von der Polizei. Der Vorteil ist, dass wir uns kennen und dass sie wissen, wenn ich etwas verspreche, dann halte ich es auch. Das motiviert natürlich.

Für mich ist es jetzt wichtig, im Unternehmen die Nachfolge zu sichern. Wir sind beinahe alle um die 60, viele gehen bald in Rente. Ich habe die 60-Jährigen und ich habe die 20-Jährigen, uns fehlen die 40-Jährigen. Mein Sohn Christian ist 28 Jahre alt, er soll das Unternehmen in nächster Zeit übernehmen. Vor vier Jahren habe ich ihm den Touristikbereich übergeben, damit er lernt, Verantwortung zu tragen. Er muss vor allem Akzeptanz finden, sowohl beim eigenen Personal als auch bei den Kunden, und er muss lernen, mit dem Wichtigsten, dem Humankapital vernünftig umzugehen. Das ist für ihn alles nicht leicht, denn die meisten hier kennen ihn schon als Elfjährigen.

Als ich an der Militärakademie gefragt wurde, warum ich Offizier geworden bin, habe ich geantwortet: Ich habe es aus Leidenschaft getan.

Und wenn einer Unternehmer werden will, sage ich ihm: Du wirst nur erfolgreich sein, wenn du es aus Leidenschaft tust. Leistung aus Leidenschaft ist mein Erfolgsrezept, und das möchte ich auch meinem Sohn weitergeben.

Harald Siebrecht, Engstingen, Aachen, Weißenfels, Berlin

Ich wollte nie zur Bundeswehr. Mein Bild von der Kindheit ist durch den Krieg geprägt – das Laufen in den Luftschutzkeller, die Bombensplitter auf dem Reetdach und der brennende Holunderbusch vor unserem Haus. Die Erlösung kam mit der Kapitulation, als morgens die Sonne schien, meine Mutter das Fenster aufmachte und zu ihrer Nachbarin sagte: Wir haben Frieden, der Krieg ist zu Ende. Wirklich Frieden war aber erst, als bei uns im Dorf die Polen durch die Engländer abgelöst wurden. Da beginnen bei mir auch die Freude und das Spielen mit dem alten Spielzeug. Als mein Vater 1948 aus der Kriegsgefangenschaft kam und wieder zur Polizei ging, zogen wir in eine alte Kaserne in Rendsburg. Ein Jahr später übersiedelten wir in ein kleines Dorf Richtung Husum – dieses Versetzen in eine neue Umgebung zieht sich durch mein ganzes Leben. Für mich war immer klar: Aus dem Dorf willst du raus. Wir waren in der Abschlussklasse des Aufbauzuges elf Mädchen und elf Jungs. Nur drei sind weggezogen, die anderen sind heute noch dort oder haben in eins der Nachbardörfer geheiratet. Die haben den Spruch ernst genommen, dass man sich von seinem Heimatort nur so weit entfernen soll, dass man noch die Kirchturmspitze sieht.

Nach der Lehre als Elektroinstallateur – oder Strippenzieher, wie man so sagt – kam die Ernüchterung: Für Elektrotechnik gab es in Kiel keinen Studienplatz. Also habe ich gewartet. Dann kam die Bundeswehr, zwölf Monate Wehrpflicht. Zuerst verpflichtete ich mich auf 15 Monate, dann auf 18 Monate, am Ende auf zwei Jahre. Als die zwei Jahre zu Ende waren, hatte ich immer noch keinen Studienplatz. Aber wie das Schicksal so spielt! Als schon klar war, dass ich die Armee verlasse, erfuhr ich quasi in der letzten Woche, dass die Bundeswehr eine Ingenieurausbildung anbietet. Da habe ich zugegriffen und mich auf drei Jahre verpflichtet. Mein Vater war sicherlich froh, dass er mein Studium nicht bezahlen musste.

Der Studienort Darmstadt war für mich ein Erlebnis – eine sehr schöne Stadt, Gründung der Familie, das erste Kind, Studienabschluss. Rundum eine heile Welt. Zugegeben, das Studentenleben war bei der Bundeswehr nicht so frei wie an einer zivilen Uni. Wir hatten täglich Unterricht, studentische Freiheiten gab es damals noch nicht. Aber es hat Spaß gemacht und gut die Hälfte, die das Studium begonnen hatten, sind auch durchgekommen. Der Vorteil des Studiums bei der Armee ist, dass man versorgt ist und sich um nichts kümmern muss. Das habe ich genossen. Trotzdem war mir klar: Ich will irgendwann aus der Bundeswehr wieder raus. Und da hielt wieder das Schicksal seine Hand dazwischen. Man suchte Offiziere für eine Ausbildung in Amerika. Natürlich lockte es mich, in die neue Welt zu gehen. Kameraden, die von dort zurückkamen, haben geschwärmt. Nach Amerika konnte ich aber nur, wenn ich Berufssoldat bin. Jetzt musste ich mich entscheiden: raus aus der Bundeswehr oder Amerika und für immer dabeibleiben. Ich bin ganz ehrlich, mir hat gefallen, was mir in der Armee geboten wurde – es ging voran, die Dienstgrade stiegen, der Verdienst wurde langsam mehr. Also habe ich mich für Amerika entschieden und wurde dann auch Berufssoldat.

Nach der Ausbildung an unserer Truppenschule in Eschweiler bin ich 1968 mit der Familie nach Amerika, nach Huntsville in Alabama. Huntsville ist der Ort, wo Wernher von Braun seine Raketen gebaut hat. Von Braun war maßgeblich an der V2 beteiligt und arbeitete seit 1945 in den USA in der Entwicklung der Raumfahrt. Ich habe Wernher von Braun noch kennengelernt, habe sogar im Büro auf seinem Schreibtischstuhl gesessen. Er hat mir sein Buch mit einer persönlichen Widmung geschenkt. Amerika, das waren schöne Erlebnisse. Ich hatte das Gefühl, aus einer engen Welt in eine große Welt zu kommen. Die haben uns die Amerikakarte gezeigt, da war auch Europa drauf und das war winzig klein. Allein die Kasernenanlage in Huntsville ist so groß wie der Kreis Aachen. Als Dorfgeborener kannte ich nur eine Dorfstraße und wenn dort die mainroad fünfzigmal so lang ist und man zwanzig Minuten immer geradeaus fahren kann, um das Ende zu erreichen, da kommt Begeisterung auf. Ich habe in dem Jahr Amerika nicht nur hinsichtlich der Erfahrungen profitiert, sondern auch eine völlig neue Denkweise kennengelernt. Die Amerikaner dachten damals schon in Systemen: Waffensysteme, Raketensysteme – nicht nur das Fahrzeug, der Panzer oder die Rakete betrachten. Dieses Denken hat mir sehr viel geholfen. Noch heute bin ich dankbar, dass ich meine Offiziersausbildung auch bei der US-Army machen konnte. Ich habe mich in Amerika rundum wohlgefühlt. Wir mussten uns nicht um den Arbeitsplatz kümmern, waren gut versorgt und »der Bund hat das Geld überwiesen«. Da sieht man nicht die Schattenseiten des Gastlandes. Ich mochte die Amerikaner, aber ich muss auch dazusagen: unter den damaligen Bedingungen. Ich muss dort nicht ungedingt für immer leben.

Zurück in Deutschland begann die Zeit in der Truppe, wo ich als Offizier mit den Realitäten in der Bundeswehr konfrontiert wurde. Mein Ressort waren Führung, Organisation und Technik. Ich habe natürlich nicht mehr am Auto geschraubt, sondern war neben den Führungsaufgaben für Planung und Organisation in der Instandsetzungstruppe zuständig. Davon zehre ich übrigens noch heute. Als Unternehmensberater kann ich meine Erfahrungen gut verwenden. Es ging dann immer die Leiter rauf: Kompaniechef, stellvertretender Bataillonskommandeur, Bataillonskommandeur, Lehrgruppenkommandeur bis zum Regimentskommandeur.

Natürlich wusste ich, dass Soldat-Sein nur ein einziges Ziel hat: irgendwann in den Krieg zu ziehen. Ich wusste auch, was der Einsatz der Atombombe bedeutet und dass diese Waffe ein Mittel sein kann, um einen Krieg zu führen. Aber so komisch es klingt: Das war für uns weit weg. Es war die Zeit des Kalten Krieges, und im Gegensatz zu heute war damals die Welt noch in Ordnung. Jedem war klar: Wenn ich loslege, krieg ich von der anderen Seite eins auf die Mütze. Dass wir den Ernstfall geübt haben und sich an der Mauer die Truppen gegenüberstanden, war einfach Alltag. Wir konnten gut damit leben. Ich muss ehrlich gestehen, in diesen Jahren habe ich keine Angst gehabt. Woher dieses Gefühl kam, dass uns nichts passieren kann? Ich weiß nicht, ob es der NATO-Verbund war, die eigene Stärke oder die Geringschätzung des Gegners, die uns das Gefühl gab, dass uns nichts passieren kann.

Für meine Familie war das Leben mit der Bundeswehr nicht immer leicht. Wenn man nach Hause kommt und sagt, wir werden wieder versetzt, da sind die Kinder traurig und die Frau ist auch nicht begeistert. Wir sind achtmal umgezogen. Von der Zahl her ist das normal, aber für die Familie war das verdammt hart. Neue Umgebung, neue Freunde. Das Schlimme ist, wenn sie von Schleswig-Holstein nach Baden-Württemberg ziehen, unterscheiden sich die Schulsysteme wie Tag und Nacht. Wenn sie nach Bayern gehen, ist es noch schlimmer. Solange die Kinder klein sind, stecken sie das weg. Aber sobald sie beginnen, Freundschaften zu schließen und müssen diese Bindungen aufgeben, dann wird es happig. Die Tochter hat es gut verkraftet, der Sohn weniger, der hat Schwierigkeiten bekommen. Welche Spätfolgen das alles hat, übersieht man meist gar nicht.

Ich war so ein Typ, der alles gut und richtig machen wollte. Und wenn sie stellvertretender Bataillonskommandeur sind, können sie nicht um 17 Uhr Feierabend machen, da geht es auch die Nächte durch. Zwischendurch war ich noch zwei Jahre bei Siemens in München und zur Ausbildung in der Schweiz, also zu Hause nur Wochenendgast. Für die Familie hatte ich nur wenig Zeit, und das blieb nicht ohne Konflikte. Für die Kinder war es gut, dass meine Frau nicht gearbeitet hat. Unsere Tochter ist 1967 während meines Studiums geboren, der Sohn 1972. Wir hatten uns entschieden, die nötige Zeit für sie zu haben und sie nicht sich selbst zu überlassen. Daraus ist ein Dauerzustand geworden. Ich denke heute, es wäre für meine Frau besser gewesen, wenn sie später wieder gearbeitet hätte. Allein, um das Gefühl zu haben, nicht nur Hausfrau zu sein und selbst noch etwas Geld zu verdienen.

Das Materielle spielte natürlich auch in unserem Leben eine große Rolle. Anfangs hatten wir eine 1-Zimmer-Wohnung, aber noch während des Studiums stellte uns die Bundeswehr eine 2-$^{1}/_{2}$-Zimmer-Wohnung zur Verfügung. Die Wohnungsfürsorge der Bundeswehr sorgte dafür, dass wir bei Versetzungen immer recht bald umziehen konnten. In Engstingen auf der Schwäbischen Alb hatten wir ein schönes Haus gemietet. Heute bin ich der Meinung, wir hätten uns rechtzeitig selbst ein Haus kaufen sollen. Möglich wäre es gewesen, das Geld war da. Aber damals dachten wir: Was sollen wir mit einem Haus, wir müssen ja doch wieder umziehen. Das war falsch, wir hätten es vermieten können. Aber dazu muss man auch den Partner haben, der das mitmacht. Viel Geld haben wir in die Einrichtung der Wohnungen, des Hauses gesteckt, denn als Kommandeur muss man einladen und wird eingeladen. Die Bundeswehr legt viel Wert darauf, dass die Offiziere Verbindungen zur zivilen Welt haben. Wenn sie sich als Soldat abkapseln und nur die Kaserne sehen, werden sie nicht warm und fühlen sich auch nicht wohl. Aber wenn sie bereit sind, sich zu öffnen und andere Menschen kennenzulernen, dann wird das interessant. Das schließt nicht aus, dass man ziemlich hart mit anderen Meinungen konfrontiert wird, wie zum Beispiel in Engstingen bei den Protesten gegen die Stationierung der Atomraketen. Dort auf der Schwäbischen Alb habe ich auch die Auswirkungen des NATO-Doppelbeschlusses erlebt. Die Demonstrationen der Friedensbewegung hielten uns so manches Wochenende in Atem.

Als Kommandeur hat man immer eine besondere Position, auch außerhalb der Bundeswehr. Wen man da alles kennenlernt, mit wem man umgeht, welche Freundschaften man schließt – das habe ich genossen. Das größte Glückserlebnis war für mich das Jubiläumsfest der Feuerwehren im Regierungsbezirk Tübingen. Mit dem Feuerwehrkommandanten auf der Tribüne zu stehen und die Parade der Bezirksfeuerwehren abzunehmen, das war ein tolles Gefühl. Das wirkt noch bis heute nach. Neben dem vielen Dienst, den man leisten muss, ist so etwas eine willkommene Abwechslung. Da genießt man, Kommandeur zu sein und das genießt dann auch die Familie.

Den Mauerfall habe ich in aller Ruhe am Fernseher verfolgt. Ich wäre überhaupt nicht auf die Idee gekommen, nach Berlin zu fahren, um dabei zu sein. Hinterher sage ich: Schade, hättest es mal machen sollen. Dass das eine historische Wende wird, habe ich erst viel später bei den Verhandlungen Kohl-Gorbatschow auf der Krim verstanden. Meine erste Begegnung mit dem Osten hatte ich 1992 bei einer Fahrt mit meiner Schwiegermutter in ihre alte Heimat nach Dresden. Ich muss ehrlich gestehen, ich hatte Herzbeklemmungen über die Grenze zu fahren. Nicht nur, dass das Auto anfängt zu hoppeln, es war auch die Ungewissheit. Was kommt da auf dich zu? Was die Wiedervereinigung wirklich bedeutet, begriff ich erst ein Jahr später. Ich wurde in die neuen Bundesländer nach Weißenfels versetzt. Von den Menschen, von der Landschaft hatte ich bis dahin fast nichts gewusst. Man wusste ja, man kommt nie rüber. Da ist die Mauer. Jetzt sah ich: eine wunderschöne Landschaft! Dass 40 Jahre an der Infrastruktur nichts gemacht worden ist, na gut – damit müssen wir heute leben. In dem Moment ist mir erst klargeworden: Mensch, was haben wir da zurückbekommen, was gehört jetzt alles zu Deutschland! Da kam zum ersten Mal das Gefühl: Leute, wisst ihr eigentlich, was hier passiert ist? Ich war begeistert und bin es heute noch.

Zur Zeit der Wende war ich Dezernatsleiter in der Truppenschule in Aachen, verantwortlich für die Planung der Stationierung der Instandsetzungsverbände in den neuen Bundesländern. Als wir im Februar die ersten Kommandos nach drüben schickten, kam die große Überraschung. Wir merkten plötzlich, dass wir von dem dortigen System nur wenig Ahnung hatten. Die Autos brauchten von Aachen nach Eggesin Benzin und die erste Frage war: Wo können wir eigentlich tanken und wo schlafen unsere Leute? Wir bekamen Standortlisten, da tauchten Ortsnamen auf, wie Eggesin, Torgelow, Storkow. Und Prora – in Prora war unsere

»Schwesterschule«, die technische Schule der NVA stationiert. Diese Orte waren noch auffindbar, andere haben wir vergeblich gesucht. Zingst zum Beispiel war auf unseren Landkarten gar nicht zu finden. Später, als wir die ersten Übungen planten, kam die nächste Überraschung: Wo ist denn eigentlich jetzt der Feind? Wir haben die Karte genommen und überlegt: Im Osten ist der Warschauer Pakt – der ist nicht mehr unser Feind. Da ist Dänemark, Holland, Belgien. Da ist Frankreich, Österreich. Da ist die Schweiz. Nun erzählen sie mal einem Militär, wo hier der Feind ist. Wir haben ihn dann nach Westen gelegt, bis einer sagte: Das ist bekloppt, da sind die Niederländer. Wenn du denen klarmachst, dass aus ihrer Richtung der Feind kommt, sind die beleidigt.

Bis dahin war unser Feindbild eindeutig: jenseits der Mauer – das ist der Feind. Ich habe mir als Militär, andere mögen das anders gesehen haben, wenig Gedanken über das System und die Menschen gemacht. Die Alltagsaufgaben beherrschten unser Denken und Handeln. Als Geheimnisträger konnte ich nicht in die DDR reisen, aber ich wollte auch nicht. Die Nationale Volksarmee kannte ich privat nur aus dem Fernsehen und aus Filmen.

Meinen ersten persönlichen Kontakt mit der NVA hatte ich im Mai 1992. In der Kaserne waren bereits die Auflösungserscheinungen zu sehen. Am Schlagbaum standen rauchende Soldaten, die Käppis nach hinten geschoben, die Uniform offen. Da habe ich gedacht: Mensch, und das war mal unser Gegner. Anfang 93 wurde ich gewissermaßen über Nacht verantwortlich für eine ehemalige NVA-Kaserne und damit auch für 36 Werfer und Fahrzeuge der russischen Mittelstreckenraketen SS 20. Sie standen dort aufgereiht, die Reifen platt, natürlich ohne Raketen und Sprengköpfe. Aber phantastisch gepflegt, was mir als Maschinenbauer natürlich gefiel. Ich musste an den NATO-Doppelbeschluss denken – nicht ohne Genugtuung. Kurz darauf kam ein Fahrzeug aus Belgien, hat die Fahrzeuge aufgeladen und weg waren sie. Das Stück für 80 DM, die hatten mal über eine Million gekostet.

Bei meinem ersten Besuch in der Kaserne hatte mich am Schlagbaum ein älterer Herr begrüßt. Ich dachte, er ist ein Wachmann. Immer wenn ich in die Kaserne kam, öffnete dieser ältere Herr den Schlagbaum. Guten Tag Herr Oberst, wie geht es Ihnen? – Ach, gut. Ich wollte mich mit ihm unterhalten, aber er wahrte immer Distanz. Ich habe dann gefragt: Wer ist denn der Herr? Ja, sagte mein Kompaniechef, der hat früher hier viel zu sagen gehabt. Da überlegt man: Was denkt der Mann jetzt? Als Freund hat der mich sicher nicht gesehen. In der NVA war er Vorgesetzter, hat einen

Großverband geführt und jetzt ist er Wachmann in seiner eigenen Kaserne. Das erzeugt natürlich Bitterkeit, das konnte ich verstehen.

Drei Jahre war ich Kommandeur in Weißenfels. Ich habe dort ein Instandsetzungsregiment geführt. Das war in meiner militärischen Karriere neben der Ausbildung in Amerika eine meiner schönsten Zeiten. Hier habe ich zum ersten Mal von ehemaligen NVA-Offizieren gehört, wie es bei ihnen in der Armee zuging. Ich hatte die Offiziere an einen Tisch geholt und gesagt: Wir haben folgendes Problem, was machen wir? Das waren die ehemaligen NVA-Offiziere nicht gewohnt. Deren Kommandeur hat nicht gefragt, sondern die Probleme mit sich abgemacht und dann befohlen. Im Warschauer Pakt galt die Befehlstaktik, während wir in der NATO die Auftragstaktik haben. Wir sagen: Du gehst von A nach B und erreichst selbständig das Ziel. Wie er das macht, das überlässt man dem Soldaten. Das heißt, den Menschen zu respektieren und ihm nicht starr zu befehlen. Wenn der Russe einen Angriff ausführt, dann beschreibt er jede Einzelheit. Dort wird die Armee durch den Befehl zusammengehalten, nicht so sehr durch die innere Überzeugung.

Nach dieser Beratung kam einer meiner Hauptleute zu mir und sagte: Herr Oberst, das ist für mich völlig neu, dass man in einer Armee so mit den Menschen umgehen kann. Ab diesem Zeitpunkt war das Eis gebrochen und dann begannen auch die ehemaligen NVA-Offiziere ihre Erlebnisse zu erzählen. In einem Gespräch kamen wir darauf zu sprechen, was hat eigentlich die NVA von der Bundeswehr gewusst? Da sagte einer: Alles. Wenn eine neue Vorschrift in der Bundeswehr herauskam, vier Wochen später lag die bei uns auf dem Tisch. Wir hatten auch alle Blaupausen vom Panzer Leopard. Unser Nachteil war: Wir konnten das Fahrzeug nicht nachbauen. Während meines Studium erlebte ich einen Dozenten, der war vor seiner Flucht Konstrukteur von Schnellbootmotoren der Volksmarine der NVA in Wismar. Der sagte auch: Jawohl, wir haben alles über die MAN-Dieselmotore gewusst. Aber wir bekamen die Kolben technologisch nicht in den Griff, sie sind immer wieder durchgebrannt. Dieser Mann hat mir mit seinem Wissen auf dem Gebiet der Verbrennungskraftmaschinen sehr imponiert, bei ihm habe ich viel gelernt.

1998 bin ich aus der Bundeswehr ausgeschieden. Ich lebe jetzt in Ostberlin und fühle mich ausgesprochen wohl. Meine jetzige Lebensgefährtin, die ich ein Jahr vor meinem Ausscheiden aus der Bundeswehr bei einer Kur in Bad Wiessee kennengelernt habe, ist in Ostberlin aufgewachsen. Durch ihre Familie und Freunde kenne ich mittlerweile die Probleme der

Menschen im Osten sehr gut. Die Euphorie, dass es in den neuen Bundesländern einen gewaltigen wirtschaftlichen Aufschwung geben wird, hatte ich anfangs auch. Allerdings war mir sehr bald klar, dass das 15 bis 20 Jahre dauern wird.

Mitte der neunziger Jahre bin ich 48 000 Kilometer durch Thüringen, Sachsen und Sachsen-Anhalt gefahren. Wenn man die Häuser und Straßen in Leipzig oder Dresden oder in den Dörfern gesehen hat, wusste man, dass so viel Geld nicht auf einmal da sein kann. Natürlich ist es bitter, dass hier die Arbeitslosigkeit bei 20 bis 25 Prozent liegt. Ich verstehe jeden, der sagt: Früher im Osten, in der DDR, hab ich es besser gehabt. Die Wohnung kostete 20, 30 Mark, ich hatte zu essen und ich hatte Arbeit. Das Schlimmste ist heute, nichts tun zu können. Dass das einen ganz anderen wirtschaftlichen Hintergrund hat, sieht ja der Arbeiter nicht. Als ich bei meiner ersten Reise in den Osten mit meiner Schwiegermutter von Bad Schandau nach Dresden fuhr, war oben am Berg eine Plattenbausiedlung und dann kam drei, vier Kilometer lang ein Industriegebiet. Wenn man die verrosteten Rohre gesehen hat, wusste man: Hier ist lange nicht mehr produziert worden. Oder wenn hier produziert wurde, dann nicht nach westlichem Maßstab. Das versteht aber der Ostmann nicht. Er hatte Arbeit und das hat gezählt. Diese Transformation in das andere System ist den Menschen schwer zu vermitteln. Das ist einfach ein unterschiedliches Denken und Handeln, ob ich in der Planwirtschaft gelebt habe oder in einer freien Marktwirtschaft groß geworden bin. Unsere ehemals unterschiedlichen politischen Systeme, die Wiedervereinigung und die heutige wirtschaftliche Lage bieten auch heute noch für meine Lebensgefährtin und mich einen nie uninteressant werdenden und nie versiegenden Gesprächsstoff. Dabei sind wir gewiss nicht immer der gleichen Meinung.

Der Professor

Bruno Jenssen, Rostock
geb. 1931 in Rostock
Studium in Berlin, Promotion und Habilitation in Dresden bzw. Rostock
Ingenieurhochschule/Hochschule für/ Seefahrt Warnemünde/Wustrow
seit 1996 im Ruhestand
verheiratet, drei Töchter

Fritz Rickert, Flensburg
geb. 1931 in Satrup/Schleswig-Holstein
Studium und Promotion in Aachen
Schiffsingenieurschule Flensburg/ heute Fachhochschule Flensburg

seit 1995 im Ruhestand
verheiratet, eine Tochter, ein Sohn

Wer Bruno Jenssen und Fritz Rickert auf der Straße begegnet, könnte meinen, sie sind Zwillinge: groß, schlank, sportlich. Beide mit vollem grau-weißem Haar. In Wahrheit liegt zwischen ihren Geburtsorten die Ostsee und vier Jahrzehnte lang eine Staatsgrenze.

Beinahe 60 Jahre waren sie alt, als sie sich kurz vor der Wende zum ersten Mal in Schweden an der Weltschifffahrtsuniversität Malmö begegneten. Fritz Rickert sagt über dieses Zusammentreffen: Die Begegnung war Sympathie auf den ersten Blick und unser Küstenplattdeutsch eine natürliche Brücke. Sicher kam diese Sympathie nicht nur vom nordischen Dialekt, sondern aus einer gleichen Lebenshaltung. Beide haben ihr Leben lang mit hohem Einsatz gearbeitet und sind aus eigener Kraft Meister ihres Faches geworden. Beide waren als Wissenschaftler keine Träumer, sondern suchten und fanden Bodenhaftung in der Praxis des Schiffsbaus und der Seefahrt. Die Schiffsingenieurstudenten hüben wie drüben hatten es bei ihnen nicht leicht, beide waren strenge Lehrer. Trotz vieler Reisen rund um die Welt kehrten sie immer wieder an ihren Ursprung zurück. Wen wundert es, dass beide noch immer mit der gleichen Frau verheiratet sind.

Im jetzigen dritten Lebensabschnitt gehen sie unterschiedliche Wege. Fritz Rickert zog einen klaren Strich unter die Schiffsautomatisierung. Bruno Jenssen ist im Fach geblieben und beschäftigt sich mit der Geschichte der Seeschiffahrt in Ost und West.

Ihre politischen Werte und Standorte sind von jeher unterschiedlich, ihre gegenseitige Sympathie und die Freundschaft zwischen ihren Familien beeinträchtigt das nicht.

Bruno Jenssen, Rostock

Die meisten Jungs wollen Eisenbahner werden. Aber für mich war von Anfang an klar: Ich bin ein Rostocker Junge, ich werde Kapitän! Mein Vater war Klempner und arbeitete während des Krieges bei Heinkel. Er wollte, dass sein Sohn – wie es damals hieß – etwas Besseres wird und schickte mich auf die Mittelschule, später auf die Oberschule. Als nach dem Krieg die Schule wieder begann, wurde ich gleich von der siebenten in die neunte Klasse versetzt. 1950 machte ich an der Goethe-Oberschule in Rostock mein Abitur. Wir lebten zu Hause sehr sparsam. Meine Eltern hatten 1936 in dem damals neuen Rostocker Stadtteil Reutershagen ein kleines Häuschen gekauft, dort floss alles Geld hinein. Diese Sparsamkeit prägt mein ganzes Leben. Um das Fahrgeld für die Straßenbahn zu sparen, gehe ich noch heute – wenn es irgendwie möglich ist – zu Fuß.

Als mich mein Lehrer kurz vor dem Abi fragte, was ich studieren möchte, antwortete ich: Mathematik. Er dachte, ich will Mathematiklehrer werden, aber das wollte ich auf keinen Fall. Wer dreizehn Jahre zur Schule gegangen ist, möchte nicht unbedingt Lehrer werden. Nein, Mathematik sollte das Sprungbrett zur Navigation und zum Kapitän werden. Mein Lehrer sagte darauf einen für mich entscheidenden Satz: Bis Deutschland wieder eine Handelsflotte hat, bist du viel zu alt. Ich dachte: so´n Schiet! Er wusste, dass ich politisch interessiert war und empfahl mir, Wirtschaftswissenschaften zu studieren. In Berlin wurde gerade die Hochschule für Planökonomie gegründet, dort könnte ich meine Vorliebe für Mathematik und Politik kombinieren. Als nach dem zweiten Studienjahr die fachliche Spezialisierung begann, sollte eine Fachrichtung Transport eingerichtet werden, aber es fehlte noch ein Student. Ich wollte nach wie vor in die Schifffahrt, also meldete ich mich an, und die Fachrichtung konnte starten. Unsere Fachausbildung war schwach, denn für das sozialistische Transportwesen gab es keine Fachleute. Weil niemand Ahnung von der Ökonomie der Binnenschifffahrt hatte, übernahm ich das Spezialseminar für unsere kleine Gruppe und verdiente mir als Hilfsassistent ein bisschen Geld. Tagelang war ich dafür auf den Binnengewässern von Potsdam und Berlin unterwegs.

Nach meinem Diplom in der Fachrichtung Transportökonomie blieb ich noch ein Jahr als wissenschaftlicher Assistent an der Hochschule und wechselte dann zum Seehafen Rostock. Das war noch der alte Stadthafen mit nur zwei Millionen Tonnen Jahresumschlag, den modernen Überseehafen gab es noch nicht. Der Hafendirektor hätte mich gern zum Planungsleiter gemacht, aber das wollte ich auf keinen Fall. Zu der Zeit suchte die Seefahrtsschule Wustrow einen Lehrer für Betriebsökonomie. Ich dachte: Na gut, das machst du zwei oder drei Jahre und dann gehst du zur Deutschen Seereederei. Aus den zwei, drei Jahren sind mehr als 35 Jahre geworden, praktisch mein ganzes Berufsleben.

Mein Fachwissen auf dem Gebiet der Schifffahrtsökonomie, der Reederei-Betriebswirtschaft, der internationalen Schifffahrtspolitik habe ich mir selbst erarbeitet. In den ersten Jahren des Aufbaus der Handelsflotte der DDR bestand großes Interesse an diesen Themen. Die Schifffahrt wurde in der DDR international betrieben und unterlag den üblichen Konkurrenzbedingungen. Die DDR-Mark war zwar eine Binnenwährung, aber wer an Bord ging, hatte sofort mit Devisen zu tun und musste damit umgehen können.

An der Seefahrtsschule waren wir Fachschuldozenten. Ich hatte vor, gleich nach dem Studium zu promovieren. Aber ich war nicht sehr zielstrebig, wie das bei jungen Leuten eben so ist. Erst in den sechziger Jahren arbeitete ich konsequent auf die Promotion hin. Mein Schuldirektor sagte damals unmissverständlich: Die Promotion ist deine Privatsache – dafür gibt es keine Freistellung, und wenn du promoviert hast, wirst du nicht besser bezahlt. Das war nicht sonderlich ermunternd, hielt mich aber nicht von meinem Vorhaben ab. 1968 habe ich dann an der Hochschule für Verkehrswesen in Dresden zum Thema »Grundlagen und Gesetzmäßigkeiten der Organisation der Kühlschifffahrt unter besonderer Berücksichtigung der Bananenschifffahrt« promoviert. Ein Jahr später wurden in der DDR Ingenieurhochschulen gegründet. Die Seefahrtschule in Wustrow war eine anerkannte, gute Fachschule – wir bildeten die Navigationsoffiziere, die Nautiker und die Funkoffiziere aus. An der Fachschule in Warnemünde studierten die Schiffsingenieure, die »schwarze Gang«. Beide Schulen wurden zur Ingenieurhochschule für Seefahrt Warnemünde-Wustrow zusammengelegt. Ich hatte also genau zur rechten Zeit promoviert. In der Hochschule bildeten wir Lehrstühle und ich übernahm den Lehrstuhl Sozialistische Betriebswirtschaft. 1971 wurde ich zum ordentlichen Professor berufen. Damit begann meine Hochschullehrerlaufbahn – aus dem Fachschullehrer Jenssen wurde der Hochschullehrer Jenssen.

Eine Zeit lang war ich Direktor der Sektion Grundlagenausbildung und später zwei Jahre nebenamtlich Prorektor für Gesellschaftswissenschaften. In meine Zuständigkeit fielen alle nichttechnischen Fächer wie Seerecht, Arbeitswissenschaften, Betriebswirtschaft und formal das Institut Marxismus-Leninismus. Ich war mein ganzes Berufsleben kein guter Leiter und auch nicht sonderlich an Leitungsaufgaben interessiert. Je schneller ich davon wieder loskam und meine Zeit für Lehre und Forschung nutzen konnte, desto besser. Mein Ehrgeiz war es, so schnell wie möglich die Habilitation anzuschließen. Normalerweise war sie Bedingung für die Berufung zum Professor. Ich war schon berufen und hätte sie mir sparen können, wollte aber unbedingt diese wissenschaftliche Qualifikation nachweisen. Meine Arbeit schrieb ich zum Thema »Handelsschifffahrt und UNCTAD – Genesis und Perspektiven des Schifffahrtskomitees«. Als Mitglied der Delegation der DDR nahm ich an Schifffahrtsverhandlungen der UNCTAD in Genf teil, kannte also mein Habilitationsgebiet aus eigenem Erleben.

Unsere Hochschule pflegte sehr enge, freundschaftliche Arbeitsbeziehungen mit den Partnerhochschulen im Ausland. Wir unterrichteten als Gastdozenten in Leningrad, Murmansk, Odessa, Gdynia, aber auch in den Entwicklungsländern – zum Beispiel in Ägypten. 1985 wurde ich als erster Professor unserer Hochschule, das sage ich nicht ohne Stolz, von der Weltschifffahrtsuniversität in Malmö als Gastprofessor eingeladen. Ich hatte erwartet, dass mit dem Ende der DDR der Kontakt abbricht, aber die Beziehungen bestehen bis heute. Gerade jetzt schreibe ich an einem Beitrag für die wissenschaftliche Zeitschrift der Universität.

Wir hatten an unserer Hochschule zunächst nur Männer als Studierende. Bei den Funkoffizieren gab es auch ein paar weibliche Studenten, aber die Männer der Seefahrt waren mir immer die liebsten Studenten. An der Hochschule galt eine Uniformordnung, weil durch die Uniform die Disziplin und ein entsprechendes Verhalten gefördert werden sollte. Nach der Gründung der Hochschule erließ ich als Sektionsdirektor die Anordnung, dass die Studenten nicht nur zu den Lehrveranstaltungen, sondern während des ganzen Tages Uniform tragen sollten; auf ihrer Kammer zumindest den Trainingsanzug. Das lief nicht immer gut, denn wenn man eine Uniform nicht uniformgemäß trägt, ist das sogar schlechter als in Zivil. So kam es vor, dass einer zur blauen Uniform braune Halbschuhe trug. Dann hätte man es lieber bleiben lassen sollen, weil Uniformen natürlich nicht billig sind. Aber wenn ich sie dann in einer Veranstaltung in der Aula sah – alle in blauer Uniform, weißem Hemd und schwarzem Schlips –, das war dann schon ein schöner Anblick! Wenn ich die Dinge aus heutiger Sicht betrachte, hatten wir eine ganz hervorragende Disziplin. Sicher gab es auch Ausnahmen. Einmal klopfte es an meiner Tür, ein Student kam herein, mit der Zigarette im Mund. Das ist noch heute für mich unfassbar. Ich war empört und sagte zu ihm: Gehen Sie etwa an Bord auch so zu Ihrem Kapitän? Nehmen Sie die Zigarette aus dem Mund und kommen Sie gesittet wieder herein.

Die Arbeit mit den Studenten bereitete mir immer viel Freude. Mit dem einen oder anderen ergaben sich auch nähere Beziehungen bis in die Familie hinein. Noch heute gehören ehemalige Studenten zu meinem Freundeskreis. Vor Ende des Studiums gab es aber kein Du, sondern immer Distanz per Sie. Wenn sie dann ihr Examen hinter sich hatten, habe ich einer ganzen Reihe das Du angeboten. Sicher mochten mich manche auch nicht, besonders jene, die mit meiner Drei oder Vier nicht zufrieden waren. Aber das ist ganz normal, ich hatte auch nicht alle meine Lehrer gleich gern. An der Weltschifffahrtsuniversität lernte ich den anglo-amerikanischen Stil des Umgangs an den Hochschulen kennen. Die Studenten werden mit Vornamen angeredet und Sie, und auch außerhalb der Lehrveranstaltungen gibt es viele persönliche Kontakte. Ich war davon so begeistert und übernahm das auch in Warnemünde. Wahrscheinlich haben manche Studenten darüber den Kopf geschüttelt.

In den sechziger/siebziger Jahren fuhr ich mit Studenten jährlich einmal zur See. Anfangs war das alles recht locker. Natürlich gab es bei den Fahrten hin und wieder einen, der »abhaute«. Wir dramatisierten das an der Hochschule nicht, weil wir wussten, dass viele auf diese Art und Weise ihre Privatprobleme lösten. Sie wollten von ihrer Frau und von ihrer Familie weg und sind im Westen abgestiegen. Politische Motive waren untypisch. Aber wie das immer so ist: die dablieben, hatten das auszubaden. Das reichte soweit, dass ein Kapitän, der seine mitreisende Ehefrau an Bord hatte, für den Landgang einen Dritten mitnehmen musste. Die drei sind dann zusammen von Bord und der Alte hat zu seinem Offizier gesagt: Machen Sie Ihren Törn, wir machen unseren – wir treffen uns eine halbe Stunde bevor wir wieder an Bord gehen. Das waren Zwänge, die haben die Seeleute verärgert und die Freude am Beruf verdorben. Ich sagte den Studenten frank und frei, dass ich diese Sicherheitsbestimmungen für idiotisch halte. Ich muss gestehen, dass ich aber nicht zur Kreisleitung der Parteiorganisation der Seereederei gegangen bin und dagegen protestiert habe. Die wussten das ganz sicher selber. Man kann sich nicht vorstellen, dass die Deutsche Seereederei solche Bestimmungen erlassen hat.

Die Fahrten boten gute Möglichkeiten, die eigenen Erziehungs- und Ausbildungsergebnisse zu überprüfen. Einmal lagen wir in einem kubanischen Hafen, in Matanza. Einer meiner Studenten hatte Gangway-Wache und musste den Botschafter der DDR empfangen, der bei uns an Bord einen Vortrag über seine Erlebnisse im spanischen Bürgerkrieg halten sollte. Nach dem Vortrag – übrigens eine Bombenveranstaltung – kam der Botschafter zu mir und sagte leise: Sagen Sie mal, weisen Sie Ihre Studenten nicht auf Verhaltensweisen hin? Als ich die Gangway hochkam, stand Ihr Student in kurzer Hose, das Hemd vorm Bauch geknotet. Ich begrüßte ihn, stellte mich als Botschafter der DDR vor und bat ihn, mich beim Kapitän anzumelden. Da drehte sich der junge Mann um und rief seinen Kumpel: He, hier ist einer, der will zum Alten – bring ihn mal hin. Das war für mich als Hochschullehrer wie eine kalte Dusche, den Studenten habe ich mir natürlich vorgeknöpft!

An unsere Studenten wurden besondere politische Anforderungen gestellt, denn sie waren nach der Sprachregelung der DDR Auslandskader. Die offizielle Anrede an der Hochschule war Genosse. Irgendwann kam die Bestimmung, dass, wer zum Kapitän der Handelsschiffe der Deutschen Seereederei berufen werden will, Mitglied der SED sein muss. Damit war die Verführung groß, möglichst schnell Mitglied der Partei zu werden. Wenn so eine Forderung besteht, sind die ganz Schlauen fein raus: Ich will Kapitän werden, also trete ich ein und habe meine Ruhe. Besser wäre gewesen, sich die Leute richtig anzusehen, die formale Zugehörigkeit zur Partei hätte zweitrangig sein müssen. An unserer Hochschule, das bringt die Seefahrt so mit sich, herrschte ein sehr weltoffener Ton. Primitive Schwarzweiß-Malerei war einfach nicht möglich, die Leute kannten die Welt. Die Seefahrt spielt sich vor allem in den Entwicklungsländern ab und dort ist Armut, bittere Armut – auch in den Häfen. In der Seefahrt merkt man deutlich, ob ein Land eine entwicklungsländerfreundliche Politik vertritt oder nicht. Diese Politik der DDR hatten unsere jungen Leute verinnerlicht und viele zu ihrem Lebensinhalt gemacht. In den neunziger Jahren fragte mich ein Algerier, wann die DDR wiederkommt. Ich sagte ihm: Die kommt nie wieder – verloren ist verloren. Er war darüber sehr traurig.

Als ich meine Frau kennenlernte, war ich schon 25 Jahre alt. Sie arbeitete damals als Ungelernte in der Stadtbibliothek – für 220 Mark. Ihr Vater, der in einem Kellerladen in Rostock einen kleines Papiergeschäft besaß, handelte nach der Devise: der Sohn studiert und die Töchter heiraten. Für mich war es kein Problem, dass sie nur zehn Klassen und keine Ausbildung hatte. Später holte sie nach der Tippeltappeltour ihren Berufsabschluss als Bibliothekarin nach. 1958 heirateten wir und lebten noch zwei Jahre ohne Kinder auf dem Fischland in Wustrow. Das waren herrliche Jahre. 1960, 1962 und 1967 sind unsere drei Töchter geboren. Dass meine Frau trotzdem arbeiten konnte, war eine Errungenschaft der DDR. Die Kinder haben keinen Schaden genommen. Einmal stand ich im Sommer an der Ostsee nach Eis an und hatte meine Ulla auf dem Arm. Hinter mir stand eine Westfrau und sagte: Das ist kein Krippenkind, die wächst bei Mama und Papa auf. Genüsslich habe ich mich umgedreht: Sie irren sich, sie ist schon nach sechs Wochen in die Krippe gekommen!

Als ich habilitieren wollte, protestierte meine Frau. Bevor ich habilitiere, wollte sie ihr Fernstudium fertig machen – jetzt sei sie erst einmal dran. Wenn ich die Kinder zur Krippe brachte, weil meine Frau zum Studium nach Leipzig fuhr, wussten die Frauen sofort: Die Mutti ist nicht da – die Kinder hatten ihr Zeug oft verkehrtrum an. Meine Frau meisterte mit drei kleinen Kindern das Fernstudium an der Fachschule für Bibliothekswesen in Leipzig und in Schwerin. Mit diesem Fachschulabschluss erwarb sie die Voraussetzung für ihr Jurastudium. Das war alles nicht einfach, aber sie hat es geschafft. Zu der Zeit, wir wohnten noch in Wustrow, unterstützte uns Tante Heuer. Tante Heuer arbeitete an der Seefahrtsschule und nach Feierabend kam sie für ein, zwei Stunden zu uns und half im Haushalt. Das war sehr schön, vor allem wenn wir abends zur Versammlung oder mal ins Kino wollten.

Als wir 1972 nach Rostock zogen, die Kinder waren inzwischen zwölf, zehn und fünf, bemühte ich mich erneut um eine Haushalthilfe. Aber meine Frau wollte nicht. Damit nicht jeden Abend der Streit los geht, wer den Mülleimer runterbringt und wer abwäscht, machte ich einen Haushaltsplan: Brötchen holen, Milch holen, Mülleimer ausschütten – Mutti, Ulla, Anne, Kristin. Darauf die Kinder: Papa, und wo bist du? Ich wehrte mich natürlich nicht und übernahm meinen Teil an Aufgaben. Von da an funktionierte das recht gut. Wir hatten in Rostock im Plattenbau eine schöne Vier-Zimmer-Wohnung. Mit fünf Personen war das ziemlich eng, zumal ich als Hochschullehrer auch zu Hause arbeitete.

Für Hobbys blieb mir nicht viel Zeit. In Wustrow ein bisschen schwimmen, tauchen und segeln, in Rostock spielte ich ziemlich regelmäßig Volleyball. Ich las sehr viel und schrieb Lehrbücher und Artikel über die Ökonomie der Schifffahrt oder auch über außenwirtschaftliche Probleme. Im Wohngebiet machte ich sehr gern Parteilehrjahr, viel lieber als an der Seefahrtsschule. Ich spürte, dass die Leute viel auf dem Herzen hatten und reden wollten – zum Beispiel über das DDR-Fernsehen oder über die Gewerkschaft. Bei mir wurde alles ausgesprochen, diese Offenheit gefiel den Leuten. Manchmal dachte ich: Wenn hier der Parteisekretär zuhören würde. Die sozialistische Theorie ist ja gut, sonst hätten sich nicht so viele Menschen dafür begeistern können. Aber vieles war nicht aufrichtig. Dass es in der jungen Sowjetunion Verletzungen der Gesetzlichkeiten gab, das wussten wir seit dem XX. Parteitag. Wenn Revolution ist, dann ist Revolution und da geht nicht alles gerecht zu. Das war mir klar. Aber von diesem systematischen Terror wusste ich nichts, das hatte ich nicht begriffen.

Mein vorherrschendes Gefühl im Herbst 1989/1990 war Traurigkeit. Ich empfand das Ende der DDR als persönliche Niederlage. Als ich 1950 Abitur machte, entschied ich mich ganz bewusst für die DDR und habe das nie bereut. Ich wusste, dass ich an der Seefahrtsschule in Hamburg das Dreifache oder Vierfache verdienen könnte. Ich hätte jederzeit nach Hamburg gehen können, die Tür stand für mich offen. Aber ich wollte nicht, das wäre das Letzte gewesen.

Die Ingenieurhochschule für Seefahrt wurde 1990 der Rostocker Universität angeschlossen. Sofort danach ging es mit der Ehrenkommission los. Dort saßen Leute aus meinem Umkreis und erzählten, wie sie in der DDR gelitten haben. Ich hatte das Gefühl, ich bin der Einzige, der die DDR gewollt hat. Ein Kapitän behauptete, weil er nicht in die Partei eingetreten ist, konnte er an der Hochschule nicht Dozent werden. Später erfuhr ich, dass er dreimal einen Antrag gestellt hatte. Und nun stellte er sich hin und machte sich zum Wiederstandskämpfer! Ich entschied für mich: Ich habe keine Lust, mich zu verteidigen, ich gehe freiwillig. Ab 1992 unterrichtete ich als freischaffender Lehrer in der Weiterbildung. Zu der Zeit gab es genügend Aufträge, ich verdiente dabei nicht schlecht. Ich hatte mich auf Währungsthemen spezialisiert, die ich aus der Schifffahrt gut kannte. Zunächst waren das alles hochmotivierte junge Leute, die nach neuen Wegen suchten. Von Jahr zu Jahr wurde das Niveau der Hörer schlechter. Am Ende hatte ich 20 Leute im Unterricht, von denen ich bestenfalls fünf eingestellt hätte. 1996 sagte ich dem Auftraggeber: Ich möchte nicht mehr, ich höre auf. Die meisten meiner früheren Kollegen sind in die Selbständigkeit gegangen. Sie gründeten auf dem Gebiet von Technik, Technologie oder Weiterbildung eigene Firmen und sind teilweise recht erfolgreich. Im Grunde fanden alle Arbeit, da ist keiner eingegangen. Allerdings war die Hochschule für Seefahrt Warnemünde/Wustrow tot. Noch im Herbst 1989 war sie aus der Ingenieurhochschule für Seefahrt mit universitärem Status gebildet worden. In Westdeutschland gab es Seemannsschulen für die Berufsausbildung, Seefahrtsschulen für die Fachschulausbildung und Fachhochschulen für die höheren Patente. Eine Hochschule gab es nicht und deshalb durfte unsere Hochschule auch nicht bestehen bleiben. Das war aus deren Sicht ganz logisch.

Als ich mit der Weiterbildung aufhörte, dachte ich: So, nun bist du 65 und Rentner – was machst du jetzt? Als Erstes nahm ich mir ein halbes Jahr Auszeit. Danach stand für mich fest: Jetzt machen wir Schifffahrtsgeschichte! Geld kann man damit nicht verdienen, aber ich brauche die geistige Tätigkeit. Ich bin in die Deutsche Gesellschaft für Schifffahrts- und Marinegeschichte, DGSM, eingetreten, eine gesamtdeutsche Gesellschaft. Dort kann ich meine Erfahrungen als Hochschullehrer einbringen. Mit der Regionalgruppe Rostock der DGSM haben wir im Jahre 2000 ein Kolloquium zur maritimen Ausbildung in Mecklenburg-Vorpommern durchgeführt und damit das Rostocker Kolloquium begründet. Zwei Jahre später ein zweites Kolloquium zur Geschichte der Deutschen Seereederei, die 2002 fünfzig Jahre alt geworden wäre. 2004 folgte das Kolloquium zur Geschichte des ostdeutschen Schiffbaus und jetzt bereiten wir das Kolloquium zur Entwicklung der ostdeutschen Hochseefischerei von 1945 bis Anfang der neunziger Jahre vor. Der Vorstand in Westdeutschland hätte lieber gesehen, dass wir uns nicht nur mit Ostdeutschland befassen. Ich moderierte diese Kolloquien. Über die Kolloquien haben wir inzwischen drei Bücher herausgebracht. Das ist jedes Mal mit großem Arbeitsaufwand, aber auch mit viel Freude verbunden.

Von der Seewirtschaft der DDR ist nicht viel übrig geblieben, obwohl wir vom Leistungspotential her konkurrenzfähig waren. Was wir an Waren transportiert, an Schiffen produziert und an Fischen gefangen haben, das haben wir genauso gut gemacht wie andere auch. Aber, und das war das große Problem, wir produzierten das alles zu Kosten, die um ein Mehrfaches höher lagen als das internationale Niveau. Mit anderen Worten: Alle Zweige der Seewirtschaft, die Reederei, der Schiffbau und auch die Hochseefischerei fuhren keinen Gewinn ein, sondern machten Verluste. Wir hatten zum Beispiel in der Reederei pro Jahr 1,3 Milliarden DDR-Mark Einnahmen und 6,5 Milliarden DDR-Mark Kosten. Der Rest wurde durch Subventionen »zugeschustert«, ein verflochtenes System von

Verfälschungen der ökonomischen Wahrheit. Das konnte sich auf Dauer nicht halten. Irgendwann muss man mal in die Gewinnzone kommen, aber das haben wir einfach nicht geschafft. Die Reederei beschäftigte achttausend Leute – da waren natürlich auch die Betriebskantinen, die Kindergärten und die Ferienheime dabei. Jetzt hat eine vergleichbare Reederei wesentlich weniger Beschäftigte. In der Deutschen Seereederei gab es eine betriebliche Leitung und eine Leitung der Parteiorganisation mit fast genauso vielen Leuten. Das hält keine Wirtschaft aus.

In vielen Dingen waren wir schon auf dem richtigen Weg. Wir hätten unsere Reederei von dem Planungssystem abkoppeln und alleine wirtschaften sollen. In der Hochseefischerei hatten wir das schon teilweise verwirklicht. So konnten wir zum Beispiel unsere Fische aus den Fanggebieten im Atlantik in England verkaufen und für die Erlöse in Lübeck Maschinen kaufen, die wir für die Verarbeitung in der Hochseefischerei dringend brauchten. Deshalb konnte die Fischwirtschaft der DDR rund zehn Jahre länger als die westdeutsche Hochseefischerei den seit Ende der siebziger Jahre bestehenden neuen weltweiten Bedingungen standhalten.

Fritz Rickert, Flensburg

Es waren Freileitungsmonteure, die in mir, dem Fünfjährigen, den Wunsch erweckten, Elektriker zu werden. Ohne Leiter, nur mit ihren Steigeisen ausgerüstet, bestiegen sie die schlanken Holzmaste vor dem Bauernhaus meiner Großeltern. Einige Jahre später, es war im dritten Kriegswinter, lag unter dem Weihnachtsbaum das Buch »Du und die Elektrizität« von Eduard Rhein. Leicht verständlich wurde es zum Schlüsselerlebnis und entscheidenden Anstoß meiner Berufswahl. Es muss eine Fee gewesen sein, die mir einen der drei so heißbegehrten, prüfungsumkämpften Lehrplätze bei den Siemens-Schuckert-Werken in Kiel im Jahre 1948 schenkte. Paul Pacena, wir nannten ihn P^2, Berufssoldat und Kapitänleutnant zur See der Deutschen Kriegsmarine, führte uns, militärisch straff, in die handwerkliche Metallbearbeitung ein. Geheimnisvolle Kenntnisse und faszinierende Fähigkeiten wurden uns vermittelt, die mich mein ganzes Leben nutzbringend begleiten sollten. Mit dem Abschluss der dreijährigen Lehre begann zunächst das Studium an der Landesingenieurschule Kiel, welches mit der Graduierung und dem Prädikat der Hochschulreife abschloss. Zunächst nicht beabsichtigt, folgte schließlich dann doch das Zweitstudium der »Allgemeinen Elektrotechnik« an der RWTH Aachen. Ebenfalls außerplanmäßig ergab sich eine mehrjährige Assistententätigkeit am Institut für Regelungstechnik mit nachfolgender Promotion unter Professor O. Schäfer. Mit wenigen Ausnahmen habe ich stets gerne studiert. So wurde ein weiteres medizinisch-technisches Zusatzstudium angedacht, doch diese Flausen hat zu unserem Glück meine zukünftige Frau mir liebevoll ausgetrieben. Nicht viel besser erging es meinem Wunschtraum, der Segelfliegerei.

Das Doppelstudium war in jeder Hinsicht die prägendste Phase meines Lebens. Um es zu finanzieren, musste ich, wie so mancher Student, in den Semesterferien als »Werkstudent« hinzuverdienen. Der Facharbeiterbrief öffnete mir Türen und neue Einblicke in die Welt der Arbeit, die den normalen Studenten verschlossen blieben. Aus meiner Lehrzeit in Kiel kannte ich hinreichend das Leben auf dem Bau und an der Küste. Im Raum Aachen waren es Industrieunternehmen, wie beispielsweise die Vereinigten Glaswerke oder die Bleihütte in Stolberg. Der Braunkohlentagebau war besonders interessant, aber weniger beliebt. Zum Feierabend, besonders wenn es regnete, hatte der Blaumann gründlich seine Farbe verändert. Ein Bonbon war natürlich die »Schokoladenfabrik Trumpf« in Aachen-Süsterfeld. Nein, nein, es war nicht die Schokolade, die man nach zwei Tagen gründlich leid hatte; es war schlicht der stets saubere, trockene und im Winter warme Arbeitsort.

Die Notwendigkeit, das Studium selbst zu finanzieren, verbot den Besitz eines Kraftfahrzeuges. Das war unter Studenten in den fünfziger und sechziger Jahren auch keineswegs üblich bis auf wenige Ausnahmen. Mit einem Fahrrad war allgemein der Wohlstandsbedarf eines »Normalstudenten« durchaus abgedeckt. So war auch ich glücklicher Besitzer eines Fahrrades der Nobelmarke »Miele«, ein Geschenk meiner Eltern, mit dem ich meinen Wunsch, fremde Länder zu »erfahren«, hier im wahrsten Sinne des Wortes, später erfüllen konnte.

Die absolute Kriegsisolation und schlimmer noch, die fatale ideologische Ausrichtung hatte in mir, dem 22-Jährigen, ein bohrendes Fernweh aufgebaut, vielleicht wollte ich auch nur ein wenig Wahrheit erfahren. Zu Beginn, im Jahre 1953, war es eine studentisch organisierte Busfahrt der Landesingenieurschule Kiel nach Spanien. Dieser ersten, mit unglaublicher Spannung erwartete Auslandsreise, sollten noch viele weitere folgen. Dennoch hat sie den tiefsten Eindruck hinterlassen. Es waren nicht Paris, Madrid oder Córdoba, es war die Begegnung mit Franzosen und

Spaniern in ihrem angestammten Lebensraum; Menschen wie du und ich. Da gab es keinen Erzfeind, der uns ständig bedrohte, keine Untermenschen, die die arische Rasse unbedingt beherrschen musste. Allen Ortes spürte man vertraute Normalität, fast ein wenig enttäuschend und doch sehr beruhigend. Es war wie ein Albtraum, aus dem man erwachte, eine Befreiung von inneren Zwängen.

Das gab mir Mut und ich beschloss im folgenden Jahr, unabhängig und allein mit meinem Fahrrad um den Bottnischen Meerbusen zu radeln. Nach stürmischer Überfahrt mit dem Postschnelldampfer Ohionna begann die Fahrt in Helsinki. Über die finnische Seenplatte mit ihren unzähligen, holzbefeuerten Schiffen und naturbelassenen Straßen ging es nordwärts bis hinauf nach Lappland und anschließend entlang der schwedischen Ostküste über Stockholm und Kopenhagen zurück zu meinen Eltern, zu den Freunden und dem Studium. Natürlich war die Reise nicht nur abenteuerlich, sondern auch anstrengend, aber unbeschreibbar eindrucksvoll, fernab vom kommerzialisierten Tourismus, der noch nicht erfunden war. Ein Jahr später, am 15. Mai 1955, begann die zweite Nordlandreise; wieder mit dem Fahrrad und diesmal hin und zurück zum Nordkap wie geplant. Nach 8000 Kilometern in gut acht Wochen kehrte ich mit mehrfach bandagierten Reifen holpernd und mittellos heim. Die unzähligen neuen Eindrücke und Erlebnisse wogen alle Strapazen auf. Während des Studiums in Aachen reichten Zeit und Geld nur noch für eine mehrwöchige Radfahrt durch England, Schottland und Irland. Daraus ist eine seit über 40 Jahre bestehende irische Brieffreundschaft entstanden und zwangsläufig, fast unbemerkt, spürbar verbesserte Fremdsprachenkenntnisse. Ein Zugewinn, der sich später auszahlen sollte. Im Nachhinein hat sich die eher zufällige Verbindung von Studium, Werkstudent und Auslandsaufenthalt als geradezu ideal herausgestellt. Sie ist heute eine Selbstverständlichkeit für jeden Studenten.

Auslandserfahrungen waren zu meiner Zeit selten und schon gar nicht in der Schul- und Jugendzeit erwerbbar. Diese erlebte ich auf dem Lande, an der deutsch-dänischen Grenze, und sie war trotz des erklärten totalen Krieges fast normal. Die Sorgen in den Gesichtern der Erwachsenen berührten uns kaum. Vater, als Werkmeister in leitender Position, musste nicht an die Front, und der kleine landwirtschaftliche Betrieb unserer Großeltern, den Mutter führte, ernährte uns und viele andere mehr, die aus den Städten kamen, um hier und da etwas Essbares zu »hamstern«.

Im Hochsommer wurde Torf gestochen. Kohle und Brikett gab es nur in begrenzter Menge auf Bezugschein. Das war immer eine Gelegenheit, die feindlichen Bomberverbände, die mit ihrer tödlichen Last einen breiten Kondensstreifen am Himmel zogen, im Anflug auf Kiel oder Berlin zu beobachten. Die wenigen deutschen Abfangjäger, die anfangs noch aufstiegen, hatten keine Chance gegen den Großverband der fliegenden Superfestungen. Doch das alles war so weit entfernt und fast schon unwirklich, so weit entfernt wie der Führer in Berlin oder in der Wolfsschanze, an den noch mancher glühend glaubte, aber immer mehr Volksgenossen zweifelten. Nur äußern durfte man das nicht. Die KZ-Tore waren weit geöffnet. Instinktiv ahnten auch wir Kinder die lauernde Gefahr.

Den Pflichtdienst als »Pimpf« im Deutschen Jungvolk mochte ich, wie die meisten meiner Schulkameraden, nicht sonderlich gern. Interessant waren Kompassübungen im Gelände und natürlich Feldtelefonie und Luftgewehrschießen. Aber wer exerziert schon gerne und wird zudem auch noch geschliffen? Gerne wäre ich Pfadfinder gewesen, die ich als sinnvolle Jugenderziehung heute, wie auch andere humanitäre und kulturelle Organisationen, gezielt unterstütze. Vereine haben mich nie gereizt wegen der zeitraubenden Präsenspflicht. Doch war ich als begeisterter Langstreckenschwimmer viele Jahre aktives Mitglied und Lehrscheininhaber der Deutschen Lebensrettungsgesellschaft.

Nach der Promotion ging es hinaus in die noch nicht sehr weite Welt, d. h. AEG Schiffbau, Hamburg. Die industrielle Automatisierungstechnik erfasste Ende der sechziger Jahre zunehmend die Handelsschifffahrt. Es wurde der zeitweise unbemannte Maschinenraum mit zusätzlich reduzierter Besatzung schrittweise eingeführt. Ziel war es, die Betriebskosten zu senken und gleichzeitig die Arbeitsbedingungen im Maschinenraum attraktiver zu gestalten. Schiffsingenieure waren auch im Landbereich vielseitig verwendbar und kaum noch bereit, längere Zeit auf See zu verweilen. Im Zuge dieser Entwicklung mussten Kenntnisse der Automatisierungstechnik nicht nur den zukünftigen, sondern auch den in der Fahrt befindlichen Schiffsingenieuren schnellstens vermittelt werden. Somit benötigten die westdeutschen Seefahrtsschulen Lehrkräfte, die in Theorie und Praxis Berufserfahrungen in der vergleichsweise jungen, zunehmend elektronisch geprägten Automatisierungstechnik nachweisen konnten. Eine Anfrage des Direktors der damaligen Schiffsingenieurschule Flensburg, Herr Professor Mau, ob ich bereit sei, diese Lehraufgabe zu übernehmen, habe ich sofort akzeptiert und nie bereut.

Als das Ende des Promotionsverfahrens abschätzbar war, haben wir geheiratet, obwohl das knapp bemessene Assistentengehalt größte Sparsamkeit, insbesondere von meiner Frau, verlangte. Den Luxus eines Telefones konnten wir uns über neun Jahre nicht erlauben und manche Deckenleuchte war sehr lange eine einfache Glühbirne. Nur gelegentlich war ein Konzertbesuch finanzierbar. In diese Zeit fällt die Geburt unserer beiden Kinder.

Der Umzug nach Flensburg brachte meiner Frau, die mit der Geburt unserer Tochter bewusst ihren Beruf aufgegeben hatte, einen großen Garten, den sie als Lehrerin der Ländlichen Hauswirtschaft bald zum Klassenzimmer gestaltete. Naturgemäßer Gartenbau in Theorie und Praxis mit unzähligen, langjährigen Vorträgen von Niedersachsen bis weit nach Dänemark hinein bildeten die theoretische Vorbereitung. Die Praxis bestand aus großen Bussen voller Landfrauen, die neben unserem Garten offensichtlich gar zu gerne auch unser Haus besichtigt hätten.

Meine berufliche Verbindung von praxisorientierter Zielsetzung auf wissenschaftlicher Grundlage, dazu an der Nahtstelle von Elektronik und Maschinenbau, war eine Herausforderung, die mich noch heute begeistert. Hinzu kam jetzt der Umgang mit wissbegierigen, jungen Studenten, von denen viele jahrelange Zwischenfahrzeiten, d. h. Praxis hatten. Wir waren fast gleichaltrig. Anfangs war es häufig Geben und Nehmen, da mir der praktische Schiffsbetrieb nur flüchtig bekannt war. Mit Bedauern habe ich meine ersten Schiffsingenieure, die ich alle noch mit Namen kannte, in die Fahrt entlassen. Diese persönliche Zusammenarbeit war später nicht mehr möglich. Zusätzliche Studienrichtungen und größere Gruppen ohne festen Klassenverband führten vom schulisch geprägten Unterricht zur Vorlesung. Irgendwann fällt in diese Zeit die Umbenennung der Berufsbezeichnung Dozent in Professor. Zögernd, auf EU-Entwicklungen fußend, wird der Titel eingeführt. Die Promotion war nicht unbedingt erforderlich, wenn äquivalente Leistungen nachgewiesen werden konnten.

Schrittweise, mit anfangs sehr geringen Mitteln, entstanden unter meiner Leitung die Labore für allgemeine und spezielle Automatisierungstechnik. Diese dienten nicht nur den eigenen Studenten, sie wurden auch unmittelbar zum Schwerpunkt strukturierter Fortbildungsseminare für deutsche, in der Fahrt befindliche Schiffsingenieure. Einige Jahre später folgten ausländische Seefahrtlehrer, Studenten der World Maritime University (WMU) Malmö, Schweden. Der gerätetechnisch über viele Jahre gleichbleibend hohe Standard der Schiffsautomatisierung an der FH Flensburg blieb nicht unbemerkt. Schon bald ergab sich eine langjährige Beratertätigkeit als Consultant der Internationalen Schifffahrtsorganisation, IMO, London, im Rahmen der United Nations Development Programme. Jetzt wurden sie zu purem Gold – meine radelnd erworbenen Fremdsprachenkenntnisse. Ohne sie wäre mein Weltbild vermutlich nur touristisch begrenzt ausgefallen und die dreizehnjährige Gastprofessur an der WMU hätte ich ebenfalls nicht ausüben können. Auch Professor Dr. habil. Bruno Jensen, Seefahrtlehrer an der Hochschule für Seefahrt, Warnemünde/Wustrow, ebenfalls Gastprofessor, hätte ich nicht kennengelernt. Die Begegnung mit Bruno war trotz des Eisernen Vorhanges, der uns immer noch trennte, Sympathie auf den ersten Blick und unser Küstenplattdeutsch eine natürliche Brücke entspannter Plauderei.

Für mich war die DDR, trotz vieler beruflicher Auslandreisen, ein weißer Fleck auf der Europakarte; alte familiäre Kontakte zum anderen Deutschland nahezu erloschen. Nur einmal, während der Kuba-Krise, habe ich anlässlich einer Dienstreise nach Westberlin erst- und für lange Zeit letztmalig die andere Seite aufgesucht. Die beiden Türen des fensterlosen Raumes, in den wir, die Grenzgänger, längere Zeit auf unsere Pässe warten mussten, wurden von bewaffneten, martialisch blickenden Grenzsoldaten bewacht. Keiner sprach ein Wort. Kalt, bedrohlich und bedrückend war die Stimmung, die auch später auf den Straßen Ostberlins nicht weichen wollte. Um wenigstens meinen Zwangsumtausch etwas zu nutzen, hatte ich mir in einem Café ein Getränk bestellt. Kaum, dass ich saß, kam ein Mann hinzu und fragte höflich, ob er an meinem Tisch Platz nehmen dürfe. Über den unverhofften Gesprächspartner freute ich mich. Als er jedoch erfuhr, dass ich aus dem Westen bin, verließ er fluchtartig mit Schreckensrufen, die wie oh, oh, … klangen, Tisch und Café. Meinen Zwangsumtausch habe ich anschließend dem Roten Kreuz in die Sammelbüchse hineingesteckt, was mir ein freundliches Lächeln der Grenzbeamtin einbrachte. Es war das einzige an diesem bedrückenden Tage. Nicht nur Kuba hatte seine Krise.

Jahre später, die Mauer wankte bereits, bin ich dann doch erneut in die DDR gefahren, einer Tagungseinladung der Hochschule für Seefahrt Warnemünde/Wustrow folgend. Erneut die langwierige Grenzkontrolle der Pässe, die den verdutzten Tagungsteilnehmern anschließend im grundüberholten Hotel Warnow gänzlich abgenommen wurden. Einzelzimmer, wie allgemein üblich und auch gebucht, stellten sich als willkürlich belegte Dreibettzimmer heraus. Diese Form des Hotelbetriebes war mir von China her vertraut, doch in Europa sehr überraschend und der Ärger der westlichen Gäste entsprechend groß. Dennoch bin ich geblieben und wurde am späten Abend Zeuge eines Vorganges, der mich in der Erinnerung noch heute zutiefst bewegt. Tausende von Rostockern zogen als dunkle Masse, ihre flackernden Kerzen mit den Händen gegen den kalten Ostwind schützend, im schweigenden Protest durch die Straßen. Es war eine Kraftprobe mit äußerst ungewissem Ausgang; deutsche Geschichte zum Anfassen. Niemand konnte abschätzen, was die nächsten Stunden bringen würden.

Die Stimmung in der Hochschule für Seefahrt war am folgenden Tage, es war der Tag der Eröffnung, diffus. Die Grußworte an die Gäste und Genossen – sollte/durfte man noch Genossen sagen? – klangen verhalten, verunsichert. Die Ereignisse auf der Straße überlagerten die Fachgespräche im kleinen Kreise. Es herrschte Aufbruchstimmung. Aber wohin?

Bruno und ich sind heute Pensionäre. Ein Anlass zum persönlichen Rückblick. Mein Berufswunsch hat auch den Berufsweg vorgegeben. Der Verlauf hängt jedoch von den Rahmenbedingungen, den persönlichen Entscheidungen und der persönlichen Einsatzbereitschaft ab. Wer nichts anzubieten hat oder will, darf auch nichts erwarten. Vorleistungen, auch wenn sie zunächst nicht zielgerichtet sind, können plötzlich entscheidend werden, wenn sich Chancen eröffnen. So war auch mein beruflicher Werdegang wiederholt durch plötzlich sich ergebende Möglichkeiten geprägt, die ich ergreifen musste oder für immer verloren hätte.

Der langjährige Aufbau und die Leitung des Institutes für Automatisierungstechnik an der FH Flensburg, die 25-jährige Zusatzausbildung in- und ausländischer Schiffsingenieure und Seefahrtlehrer, die mehrjährige Beratertätigkeit für die IMO in London, die Gastprofessur an der WMU in Malmö wie auch die Mitarbeit in den Selbstverwaltungsgremien der Fachhochschule Flensburg haben mir sehr viel Freude gemacht aber nur wenig Zeit für meine Familie gelassen. Unsere Kinder wurden flügge, und ich habe es kaum bemerkt. Öffentliche Ämter habe ich nicht angestrebt und war auch nie Mitglied einer Partei. Das bürgerliche Wahlrecht betrachte ich als Wahlpflicht. Wer nicht wählt, trägt dennoch Verantwortung.

Mit dem Fall der Mauer, den ich in den Anfängen in Rostock hautnah miterlebte, kam die Wiedervereinigung, ein Prozess mit ungeheurer Eigendynamik, der im Endergebnis nur noch akzeptiert werden konnte. Weder Ost noch West war auf die Wiedervereinigung hinreichend vorbereitet; auch ist es durchaus zweifelhaft, ob sorgfältige Vorbereitung ein besseres Gesamtergebnis eingefahren hätte. Eine gewisse Unzufriedenheit wird immer bleiben. Ich wünsche mir zum Beispiel, dass die milliardenschweren Solidarleistungen, die Jahr für Jahr in die neuen Bundesländer fließen und einen Schuldenberg angehäuft haben, der Generationen belasten wird, wirkungsvoller investiv eingesetzt werden. Zu viel Geld ist bereits ergebnisarm verbrannt. Auch vermisse ich eine flächendeckende private Initiative. Lähmung statt Aufbruchstimmung? Hilf dir selbst, so hilft dir Gott, pflegte mein Vater zu sagen. Es war einer der drei Lebensweisheiten, die er mir unwissentlich mit auf den Weg gegeben hat.

Meine langjährige Auslandstätigkeit, von Rio de Janeiro bis Qingdao (Tsingtau), und die 13-jährige Gastprofessur an der WMU haben mich mit unzähligen Nationalitäten und den verschiedensten Hautfarben zusammengeführt. Ich denke, es ist mir in vielen Gesprächen gelungen, menschlich geprägte internationale Brücken zu schlagen, die sich noch heute Jahr für Jahr um die Weihnachtszeit in 30 bis 40 Grußkarten und langen Briefen niederschlagen. Somit habe ich mit Ausländern keine Probleme, auch nicht mit denen, die in Deutschland leben und arbeiten möchten. Probleme habe ich jedoch mit dem diffusen Begriff Multikulti. Geringe bis keine Sprachkenntnisse, daraus folgende Isolation, Unkenntnis des Gastlandes und seiner Sitten, mangelnde Integrationsbereitschaft, religiöser Fanatismus und Anspruchsdenken sind eine gefährliche Mischung. In diesem Zusammenhang ergeben sich Fragen bezüglich des Niederganges des Islam. Auch die deutsche Geschichte des vergangenen Jahrhunderts wirft mehr Fragen auf, als sie Antworten bereithält. Die Suche nach dieser Wahrheit, und sei es auch nur eine relative, ist nicht mehr mit einem Miele-Fahrrad zu erfahren. Es bedarf größerer Anstrengungen.

»Principles of Marine Automation« sollte der Titel meines Buches sein, das ich als Pensionär schreiben wollte. Es wird ein ungeschriebenes Buch bleiben, trotz der bestehenden internationalen Marktlücke und umfangreicher Materialsammlung. Die Prioritäten sind andere geworden. Seit Jahren besuche ich regelmäßig Sprachschulen in Spanien, um zu erproben, ob unter einem weißen Dach noch Raum ist für eine weitere, telefonfähige Fremdsprache. Es ist!

Einige tausend Kilometer bin ich als Student durch die Eifel gewandert, an deren Nordrand meine Alma mater liegt. Als Pensionär zieht es mich seit Jahren in den wiedervereinten Harz mit seinen unzähligen Wanderwegen. Ist das Wetter gar zu schlecht, gibt es Bücher, Musik-CDs und ein informatives Internet. Zudem werde ich wie bisher Haus und Hof weiterhin handwerkerfrei halten. Handwerk hat nicht nur für Handwerker einen goldenen Boden.

Der Pfarrer

Hans-Wilhelm Kasch, Schwerin
geb. 1953 in Penzlin/Mecklenburg
Studium in Naumburg
Pastor der Landgemeinde Pritzier
seit 1993 Evangelisch-Lutherischer Landespastor für Mission und Ökumene in der Landeskirche Mecklenburg
verheiratet, vier Söhne

Dieter Lorenz, Bad Salzuflen
geb. 1944 in Calbe/Saale
Studium in Hermannsburg und Hamburg
Pfarrer in Äthiopien, später Bad Salzuflen
Superintendent der Lippischen Landeskirche – seit 2005 im Ruhestand
Mitglied des Lutherischen Weltbundes
verheiratet, eine Tochter, zwei Söhne

Die Bedingungen für das Wirken als Pfarrer oder – wie es in Norddeutschland heißt – als Pastor könnten nicht unterschiedlicher sein. Im Westen die Kirchgemeinde in Bad Salzuflen, einem Kurort mit vorwiegend wohlhabender Bevölkerung und enger Beziehung zu Glaube und Kirche. Dieter Lorenz sagt: die heile Welt! In der DDR die mecklenburgische Landgemeinde mit mehreren Dörfern als christliche Minderheit in einem überwiegend atheistischen Umfeld. Ein Leben in der Nische mit vielen persönlichen Verletzungen und Restriktionen, wo man sich aber in der Kirchgemeinde auch wohlfühlen konnte.

In den letzten 17 Jahren hat sich die Welt verändert. Im Westen nimmt das Interesse an der Kirche ab, im Osten bleibt der erhoffte Zuspruch aus. Und so steht man hier wie dort vor der Frage, wie Menschen für Glauben und kirchliches Engagement zu gewinnen sind. Es lag auf der Hand, Pfarrer und Pastor nach dem Kraftquell ihres eigenen Glaubens zu fragen und welche Hilfe nach ihrer Meinung der Glaube für die Menschen bereit hält.

Wenn Dieter Lorenz über seine Jahre in Äthiopien, Hans-Wilhelm Kasch über Reisen nach Tansania spricht, dann spürt man eine tiefe Unruhe über den Zustand dieser Welt. Warum sind die Menschen dort zufriedener und fröhlicher, obwohl ihnen oft das Nötigste fehlt? Wohin sollen Fortschrittsgläubigkeit und Wohlstandsdenken in unserer Hemisphäre führen? Versteht die Menschheit nicht, dass wir nur eine Welt, keine erste, zweite und dritte Welt haben? Beide fragen nicht nur, beide leisten über den Lutherischen Weltbund konkrete Hilfe in den armen Ländern. Christlicher Beistand als Lebenshilfe für Christen und Nichtchristen. Hans-Wilhelm Kasch sagt über diese Erfahrung: Der wichtigste Ertrag für mich ist, dass ich eine andere Perspektive auf das eigene Leben gefunden habe.

Hans-Wilhelm Kasch, Schwerin

Die spannendste Zeit meines Lebens waren die Wochen im Herbst 1989. Als in Leipzig die Demonstrationen begannen, las ich zum ersten Mal seit Jahren wieder eine Tageszeitung. Ich war bei der großen Demonstration in Schwerin dabei und habe in unserer Kreisstadt Hagenow die Aktionen mit organisiert. Das war damals für mich neu, ich begleitete zwar die Aktivitäten der Dissidenten mit Sympathie, war aber nicht selbst involviert. Wir sind hier in Mecklenburg, was die politische Entwicklung im Lande betrifft, ohnehin immer etwas abseits.

Ich war froh, dass die DDR zu Ende ging, weil ich mehr Restriktionen erlebt habe als Freiheit. Freiheit nicht im Sinne von Reisen nach Paris, sondern als Horizonterweiterung, um mein eigenes Leben anders zu verstehen und auch anders zu positionieren. Die Begrenzungen begannen damit, dass ich nach der achten Klasse keine Zulassung zur Erweiterten Oberschule, EOS, bekam. Ich zählte immer zu den Klassenbesten, aber weil ich nicht bei den Pionieren und nicht in der FDJ war, wurden meine Leistungen nicht öffentlich gewürdigt. Ich sei politisch nicht tragbar – hieß es. Als ich die zehnte Klasse mit Eins abschloss, wollten sie mich für die EOS nachwerben. Voraussetzung: Ich trete in die FDJ ein. Darauf sagte meine Mutter: Mit Speck fängt man Mäuse, aber nicht uns! Meine Mutter war eine starke Persönlichkeit, sie hat mich sehr geprägt. In der Nazizeit hatte sie sich zur Mitgliedschaft in der Hitlerjugend verführen lassen, das wollte sie nicht noch einmal erleben. Sie trat nie mehr in eine Partei oder eine Massenorganisation ein und ging auch nicht zur Wahl. Ihren Beruf als Kindergärtnerin gab sie wegen politischer Differenzen auf. Als wir Kinder groß waren, konnte sie sich noch einmal qualifizieren, arbeitete in der Stadtbibliothek und wurde dann dort auch Leiterin. Weil man sie brauchte, sah man über die politischen Dinge hinweg.

Ich will nicht verhehlen, dass ich mich in den ersten Jahren manchmal ausgeschlossen fühlte. Aber das änderte sich sehr schnell. Ich war zwar, drastisch gesprochen, ein Ausgestoßener, hatte aber dadurch unheimlich viele Freiheiten: Ich konnte leben, wie ich wollte. Wenn ich beim Schulappell im hinteren Glied stand und beobachtete, was dort alles passierte, dachte ich oft: Wie können sich Menschen so vereinnahmen lassen, sich so etwas antun? Ich sah das immer aus einer weiten Distanz, das berührte mich alles nicht. Ein Lehrer versuchte, Druck auf mich auszuüben und handelte mir ein sehr unangenehmes Stasi-Gespräch ein. Von da an konnte ich überhaupt nicht mehr daran glauben, dass der Sozialismus – so wie er gelebt wurde – Freiheit und Gleichheit für die Menschen bedeutet. Wenn aber heute Leute sagen, dass es zu DDR-Zeiten nicht anders ging, dass man einfach mitmachen musste, kann ich nur sagen: Nein, das stimmt so nicht. Es ging auch anders, man musste sich nur trauen. Meine Eltern trauten sich, und wir haben davon profitiert. Je klarer die Position war, umso leichter hatte man es.

Schon als Kind nahm ich am Gemeindeleben in unserer Kirche teil. Es gibt ein kleines Foto, auf dem ich als Vierjähriger mit dem Gesangbuch zu sehen bin, obwohl ich noch nicht lesen konnte. An der Kirche faszinierte mich von klein an die besondere Atmosphäre, die ich nirgends anders antraf. Höhepunkte waren die Freizeiten im Sommer, wo wir zehn, vierzehn Tage in den Gärten Mecklenburger Landpfarrhäuser zelteten. Der damalige Landesjugendwart beeindruckte mich sehr. Deshalb wollte ich, wie er, Jugenddiakon werden, aber er sagte zu mir: Diakon kannst du immer noch werden, willst du nicht lieber studieren? Ich bewarb mich am Kirchlichen Oberseminar in Potsdam-Hermannswerder und wurde sofort angenommen. Bis auf Staatsbürgerkunde und Chemie hatten wir alle Fächer wie an der EOS auch, dazu Weltbildkunde, Glaubenskunde und einen sehr ausführlichen Englisch-Unterricht. Offiziell wurde aber unser Abitur nicht anerkannt, es galt als innerkirchlicher Abschluss. Die Lehrer waren Pädagogen im besten Sinn des Wortes. Über die Unterrichtsstunden hinaus gab es gemeinsame Unternehmungen am Wochenende und auch Einladungen nach Hause. Mir haben diese drei Jahre sehr, sehr gut getan. Sie glichen vieles aus, was mir an Allgemeinbildung im Vergleich zu den Studienkollegen aus Pastorenhäusern fehlte. In Potsdam hörte ich zum ersten Mal den Namen Heinrich Böll und lernte die Vielfalt der klassischen Musik kennen. Dass einer der Lehrer ein Offizier im besonderen Einsatz OibE war, erfuhren wir erst später. Mir hätte das im Übrigen nichts ausgemacht, ich sagte immer und überall, was ich zu sagen hatte. Ich nahm nie Rücksicht darauf, ob das jemand weiterberichtete oder nicht.

Mit dem Schritt nach Potsdam war klar, dass ich mich außerhalb der Gesellschaft, außerhalb des Mainstreams bewege. Zur Universität hätte ich nur über eine Sonderreifeprüfung kommen können, aber ich war Wehrdienstverweigerer und damit praktisch chancenlos. In der DDR gab es drei evangelische Hochschulen, eine in Naumburg, eine in Leipzig, eine in Berlin und weil Freunde von mir nach Naumburg gegangen waren, bewarb ich mich dort. In Naumburg habe ich sechs Jahre Theologie studiert, dort lernte ich auch meine Frau kennen. Das war noch ein Hochschulstudium im klassischen, humanistischen Sinne. Die Semester gingen im Unterschied zu den DDR-Universitäten von Oktober bis Anfang Februar und von Ende April bis zum Beginn des Sommers. Ich brauchte die drei Monate Semesterferien auch, um Geld zu verdienen, denn das kirchliche Stipendium war gering. Wir bekamen zwischen 75 und 90 Mark ausgezahlt, davon musste ich mich noch selbst versichern. In den Semesterferien arbeitete ich meist im Gleisbaubetrieb in Naumburg. Die nahmen uns gern, weil wir fleißig waren. Für uns als Theologiestudenten war es gut, mit Leuten ins Gespräch zu kommen, die mit der Kirche nichts am Hut hatten. Die Gleisbauer hatten völlig andere Vorstellungen von Kirche und Pastoren, mehr diese angestaubten aus dem 19. Jahrhundert – zugeknöpft, knöchern, konservativ.

Im Verlaufe des Studiums veränderte sich auch mein Glauben. Der Glaube meiner Mutter war ganz persönlich berührend und einfach, sie ist eine sehr tiefgläubige Frau. Da wurden manche Fragen einfach nicht zugelassen. Als Kind konnte ich damit gut leben, aber mit heranwachsendem Alter wurde ich kritischer. Das Entscheidende in meiner Ausbildung war ein differenzierteres Verständnis der Bibel. Nicht wie es dort von Anfang bis Ende geschrieben steht – das ist Gottes Wort, also muss man das glauben. Sondern das sind Texte, die in unterschiedlichen Zusammenhängen, zu unterschiedlichen Ereignissen, von unterschiedlichen Menschen zusammengetragen wurden. Wenn man fragt, warum das zu dieser oder jener Zeit so formuliert wird, dann versteht man einen Text neu, und viele Fragen sind plötzlich keine Fragen mehr. Ich erinnere mich noch, dass ich als Kind aufgezogen wurde: Du glaubst doch nicht im Ernst, dass der Mensch aus einem Lehmklumpen entstanden ist? Ich war oft betrübt, weil ich darauf keine richtige Antwort hatte. Wenn man aber weiß, mit welchem Weltbild dieser Text formuliert wurde, versteht man ihn viel besser. Sollten wir heute Texte schreiben, würden die völlig anders aussehen.

Bei der Frage nach Gott habe ich für mich entdeckt, dass es im Leben so vieles gibt, was ich nicht beeinflussen kann, was nicht aus meinem Willen, aus meiner Überzeugung, aus meinem Denken heraus geschieht. Es bleiben immer Fragen offen. Fragen nach dem Sinn des Lebens, nach dem Ende des Lebens oder nach einem Leben darüber hinaus. Sie haben für mich mit Gott zu tun, ohne dass ich mir konkrete Vorstellungen mache, wie Gott sein muss oder wie Gott aussieht. Also alles, was nicht aus mir selbst, aus dem Menschen selbst produziert oder reproduziert werden kann. Und wenn ich jetzt wieder in die Bibel gucke, dann sehe ich, dass vor zweitausend Jahren Menschen genauso empfunden, genauso gefragt, genauso gedacht und das mit ihren Bildern formuliert haben. Mit manchen Bildern kann ich sehr viel anfangen, mit manchen kann ich weniger anfangen und trotzdem kann ich sagen: Das ist für mich ein wichtiges Wort.

Im Oktober 1980 trat ich in Pritzier, einem kleinen Dorf im Westen Mecklenburgs, meine erste Pfarrstelle an. Das nötige Handwerkszeug hatte ich mir unter Anleitung eines erfahrenen Pastors während des Vikariats in Thüringen angeeignet. Das Wichtigste für mich als junger Pfarrer war, in die Häuser zu gehen, mit den Menschen ins Gespräch zu kommen. Und natürlich die Gottesdienste zu feiern. Die Gottesdienstgruppen waren klein und viele klagten, dass in zehn Jahren alles tot sein wird. Voraussagen, dass sich die Religion durch den Sozialismus überlebt, gab es schon in den frühen sechziger Jahren. Sie haben sich nicht bewahrheitet! Ganz im Gegenteil, obwohl viele von den Älteren wegstarben, konnten neue Leute für die Kirchengemeinde gewonnen werden. Unsere Jugendgruppen im Raum der Kirche wurden zwar vom Staat geduldet, waren aber neben der offiziellen Jugendarbeit nie gern gesehen. Mir nahm man übel, dass ich für unseren Jugendkreis mehr Veranstaltungen und Reisen organisierte, als es in der FDJ-Gruppe geschah. Damit entstand nicht nur Konkurrenz zu den offiziellen Organisationen, sondern auch eine politische Lagerbildung. In der Zeit des NATO-Doppelbeschlusses setzten wir uns parallel zur westdeutschen Friedensbewegung für eine eigene Bewegung in der DDR ein und feierten unsere Friedensandachten. Viel Ärger hatte ich dabei mit unseren Plakaten im Schaukasten. Ich wurde aufgefordert, sie zu entfernen. Der Kasten stand auf kirchlichem Boden, also konnte ich selbst entscheiden – ob ihnen das gefiel oder nicht.

Ein Schwerpunkt meiner Arbeit war die Kerngemeinde. Als Kirchengemeinde lebten wir in einer Nische, in der es einerseits Restriktionen, andererseits aber auch Freiheiten gab, in denen man sich gut bewegen konnte. Wir machten vieles, was eigentlich nicht erlaubt war. Wir kopierten zum Beispiel Texte, ohne beim Rat des Kreises eine Registriernummer zu beantragen. Wir kannten uns untereinander sehr gut und trafen uns regelmäßig in Gesprächskreisen. In dieser Nische fühlten wir uns wohl, das war eine gute Situation. Aber wir verkrochen uns nicht in der Nische, der Blick nach außen war uns immer wichtig. Eine Frau aus unserer Landeskirche hatte eine Schwester, die in Afrika als Krankenschwester arbeitete. Als sie die besuchen durfte, haben wir Pakete gepackt und an das Krankenhaus in Tansania geschickt. Ganz normale Sachen – Eimer, Wischlappen, Kerzen, Seife –, das wurde dort dringend gebraucht. Hier setzte sich fort, was Jahre zuvor begann. Als ich zehn Jahre alt war, sah ich in unserer Kirchgemeinde einen Film über Albert Schweitzer und seine Arbeit in Afrika. Danach packte ich einige Pakete mit Kindersachen und schickte sie zu ihm nach Lambarene. Ich habe damals sogar einen Dankesbrief von ihm erhalten. In unserer Gemeinde hatten wir guten Kontakt mit jungen Leuten aus Angola, aus Mosambik und Äthiopien, die im Nachbarort als Landmaschinenschlosser ausgebildet wurden. Oft kamen sie zu uns nach Hause, kochten sich etwas oder sahen mit unseren Söhnen fern. Diese Menschen waren auch Christen und brauchten unsere Hilfe. Aber wir hätten das auch getan, wenn sie keine Christen gewesen wären. Für uns war das gelebte Solidarität, unabhängig vom politischen Rahmen.

1985 waren über den Lutherischen Weltbund sechs Amerikaner in der DDR, zwei von ihnen kamen für eine Woche in unsere Kirchgemeinde. Für unsere kleine Gemeinde brachte dieser Besuch frischen Wind. Nicht, dass wir in Amerika alles toll fanden, aber wir hatten die Chance, ein Land differenzierter zu sehen, als es in der DDR dargestellt wurde. 1988 gab es eine Gegeneinladung an die Lutherischen Kirchen in der DDR und ich durfte für die Mecklenburgische Landeskirche in die USA reisen. Nach der Reise hielt ich 86 Lichtbildervorträge – das interessierte die Leute. Bis zum Ende der DDR kamen die Amerikaner jedes Jahr mit einer Gruppe zu uns. Bis heute verstehe ich mich mit einem der amerikanischen Pastoren wunderbar, unsere Familien haben einen guten Kontakt miteinander. In diesem Jahr feiern wir das zwanzigjährige Jubiläum unserer Beziehungen.

Als ich die Pfarrstelle in Pritzier übernahm, legte meine Frau gerade ihr erstes theologisches Examen ab. Wir hatten damals schon zwei Kinder, deshalb entschieden wir, dass sie kein Vikariat macht. Meine Frau übernahm mehr oder weniger traditionell die Rolle der Pfarrfrau. Sie war bei der Kirche teilbeschäftigt und unterrichtete die Christenlehrekinder. Bald danach wurden unsere beiden nächsten Kinder geboren, außerdem hatten wir ein großes altes Pfarrhaus und einen riesengroßen Garten. Ich machte zu Hause durchaus mit, aber die Hauptlast der häuslichen Arbeit und der Familie lag bei meiner Frau. Wenn ich nicht in der Gemeinde unterwegs war, saß ich meist am Abend in meinem Arbeitszimmer und bereitete meine Predigt oder eine Beerdigung für den nächsten Tag vor. Ich konnte schlecht zur gleichen Zeit die Kinder baden oder die Gurken einwecken oder die Wohnung saugen. Die Kinder klagten manchmal, dass ich zu wenig Zeit für sie habe. Die wichtigste Zeit im Jahr war unser Urlaub an der Ostsee. In der DDR war es ein Vorteil, kinderreich zu sein – durch die vier Kinder hatten wir die Chance, Ferienplätze in Prerow auf dem Darß zu bekommen. Der Campingurlaub war auch das, was wir uns finanziell noch leisten konnten. Als ich anfing, bekam ich 600 Mark, mein Endgehalt wären 800 Mark gewesen. In der DDR wurde man nicht wegen des Geldes Pastor.

Unsere Kinder gingen, wie andere Kinder auch, in den Kindergarten. Das war nicht unbedingt notwendig, aber für meine Frau war es eine Entlastung, und sie sollten ihr soziales Umfeld kennenlernen. Über die Erziehungsmethoden gab es mit dem Kindergarten Reibungspunkte. Die Kinder spürten, dass dort Dinge anders liefen als zu Hause. In der Schule hatten es unsere Kinder noch schwerer als ich, inzwischen gab es noch mehr Verhärtungen. Fast jeden Tag ging es in der Schule an die Grenze des Erträglichen. Völlig klar war, dass sie nicht in die Pionierorganisation eintreten und auch eine Jugendweihe nicht infrage kommt. Unsere Jungs sind durch uns geprägt, sehr selbstbewusst, couragiert, freiheitsliebend.

Mitte der achtziger Jahre war eine große Unzufriedenheit zu spüren. Durch die Reiseerleichterungen konnten die Leute zu besonderen Anlässen in den Westen fahren. Viele brachten ein klischeehaftes Bild mit und malten die materiellen Vorteile in den goldensten Farben. Das verstärkte die ohnehin vorhandene Unzufriedenheit. Ich sah den Westen viel differenzierter. 1986 konnte ich zum ersten Mal meine Großmutter in Hamburg besuchen. Danach jedes Jahr zu ihrem Geburtstag – und ich kannte die USA ein wenig.

Ich habe nie ernsthaft daran gedacht, einen Ausreiseantrag zu stellen. Ich will aber auch nicht verhehlen, dass solche Gedanken manchmal da waren. Zum einen bin ich zu sehr Mecklenburger, auch heute kann ich mir kaum vorstellen, anderswo zu leben. Dazu kommt eine gewisse Zurückhaltung vor gravierenden Veränderungen – wer weiß, worauf man sich da einlässt! Aber entscheidend war die Überzeugung: Die anderen müssen auch hier bleiben und dann steht es dir nicht zu, wegzugehen. Wir sind ganz bewusst hier geblieben. Aber wir waren sehr traurig und enttäuscht, dass über die Zeit so viele junge Familien unser Land verließen. Das war jedes Mal ein Verlust. Im Sommer 1989 flüchteten Freunde aus unserem Dorf über Ungarn in den Westen. Nachts holten wir noch die wichtigsten Dinge aus ihrer Wohnung, weil ja danach alles konfisziert wurde. Zu der Traurigkeit kam auch Verbitterung über die Ignoranz in den staatlichen Stellen. Die Gespräche mit dem Rat des Kreises wurden immer mehr zur Farce. Egal, ob man die Beweggründe versteht, aber dass die Leute weglaufen, hätte ihnen doch zu denken geben müssen. Zufällig las ich kürzlich meine Predigten von damals nach. Es war schon interessant, wie ich zu diesen Fragen

Stellung genommen habe und wie stark uns das in unserer Kirchgemeinde bewegt hat. Wir waren sehr unsicher, wie sich das entwickeln wird.

Im September 1989 fuhr ich zu einer Vortragsreise in unsere Partnergemeinde in Bayern. Wir spürten überall: Irgendetwas passiert jetzt, so kann es nicht weitergehen. Die Leute liefen in Massen weg. Und dann begannen die Demonstrationen in Leipzig, in Schwerin und auch bei uns in Hagenow. Meine große Hoffnung war, dass es uns gelingen möge, eine Gesellschaft zu schaffen, die etwas ausprobiert, was so noch nicht da war. Also eine offene Gesellschaft, aber nicht unter einem kapitalistischen Wirtschaftssystem. Als ich im Dezember im Fernsehen sah, wie die Leute in Dresden Helmut, Helmut, Helmut schrien, dachte ich: Das kann nicht sein – das ist nicht das, was ich gewollt habe. Die nächste Enttäuschung war das Ergebnis der ersten freien Volkskammerwahlen am 18. März 1990. Ich leitete die Wahl bei uns im Ort und traute meinen Augen nicht, als ich abends im Fernsehen die Ergebnisse sah. Da merkte ich, dass ich Idealen anhing, die längst nicht alle in diesem Land teilten. Vielleicht ist es ein bisschen böse formuliert: Sie haben die fetten Fleischtöpfe der Selbstachtung vorgezogen. Das fand ich sehr, sehr schade. Wie sehr die Menschen durch die Politik der DDR von Materialismus geprägt waren, zeigte sich am Tag nach der Wahl. Eine ältere Frau aus unserem Dorf kam zum Bürgermeister und sagte, sie möchte jetzt die D-Mark abholen. Kohl hat gesagt, wer mich wählt, wählt die D-Mark, und nun hat sie ihn gewählt und jetzt will sie die D-Mark. Wie kommt es, dass Millionen Menschen, die in diesem Land groß geworden sind, sich so schnell materiell ausrichten?

Der Wagen war ins Rollen gekommen und nicht mehr aufzuhalten. Die Chance, unsere Finanzen in Ordnung zu bringen, um mit erhobenem Haupt zu Verhandlungen zwischen den beiden Staaten zu kommen, war vertan. Ich musste ganz schnell einsehen, dass es keine Alternative mehr gab. Am 3. Oktober 1990 feierten wir keinen Jubelgottesdienst, ich sprach auch über Trauer und Angst. Schon da war zu befürchten, dass Dinge über uns hereinbrechen, die die meisten so nicht gewollt haben.

In der DDR bin ich gegen den Strom geschwommen, und jetzt schwimme ich wieder gegen den Strom. 1993 habe ich in der Landgemeinde aufgehört und bin jetzt als Landespastor für die Beziehungen der Mecklenburgischen Landeskirche zu den Kirchen in anderen Ländern zuständig. Dazu zählt Tansania, die ungarisch sprechende Kirche in Rumänien, die Lutherische Kirche in Kasachstan, die Diözese Lichfield in der Anglikanischen Kirche von England und die Partnerkirche in Ohio. Auch bei uns muss gespart werden. Deshalb habe ich für diesen Arbeitsbereich nur eine halbe Stelle, mit den anderen 50 Prozent arbeite ich in verschiedenen Sachgebieten in unserer Kirchenverwaltung. Wir sind in das Gehaltsgefüge der Bundesrepublik übernommen worden. Ich bekomme 84 Prozent der westlichen Kollegen, da klage ich überhaupt nicht. Wir werden nicht reich dabei, zwei unserer vier Kinder studieren, aber es reicht völlig aus. Meine Frau hatte mehrere ABM-Stellen und arbeitete nach einer Qualifizierung für kirchliche Mitarbeiter drei Jahre als Religionslehrerin. Jetzt ist sie zu Hause, in ihrem Alter wird sie kaum noch Arbeit finden. Sie engagiert sich ganz stark im Besuchsdienst, bei der Betreuung von Sterbenden und im Chor.

Das Leben in der Kirche ist nach der Wende anders geworden. Damals lebten wir in der Nische. Da gab es zwar viele Restriktionen, aber man hatte sich damit arrangiert. Jetzt gibt es keinerlei Restriktionen mehr, alles ist so weit, so laberig, larifari. Zu DDR-Zeiten war der »Feind« viel klarer, jetzt muss sich Kirche auf dem Markt der Möglichkeiten behaupten. Schon damals sagten unsere Freunde aus Amerika: Wir wollen nicht in den Westen fahren, wir kommen zu euch, ihr lebt authentischer. In den alten Bundesländern ist vieles mehr konventionell geprägt. Da lässt man sich halt konfirmieren, ohne damit eine bewusste Entscheidung für die Kirche zu verbinden. Inzwischen höre ich, dass so eine laxe Haltung zu Grundfragen des Lebens auch in unserem Bereich immer mehr um sich greift. Mein Eindruck ist, dass die Säkularisierung, die wir in der DDR schon hinter uns haben, in Westdeutschland noch bevorsteht. Nach der Wende gab es übertriebene Erwartungen, dass nun die Leute in die Kirche strömen werden. Ich war von vornherein skeptisch, weil ich sah, wie schnell Menschen geblendet sein können, wie einseitig sie sich auf materielle Dinge konzentrieren. Und wenn dann in der Kirche auch noch gesagt wird: Seid nicht so auf Erfolg und Gewinnmaximierung orientiert! – dann hört man das nicht gern. Es gibt interessante Modelle, um heute als Kirche in der Öffentlichkeit Fuß zu fassen. Zum Beispiel das Projekt TEO – Tage ethischer Orientierung –, bei denen kirchliche Mitarbeiter, Lehrer und auch Eltern mit Schulklassen über Sinnfragen des Lebens ins Gespräch kommen. Ausgangspunkt waren die Kreuze für die Disko-Opfer an den Straßenrändern.

Der wichtigste Ertrag meiner jetzigen Arbeit als Pastor für Mission und Ökumene besteht darin, dass ich eine andere Perspektive auf das eigene Leben gefunden habe. Die Frage: Was ist das Leben wirklich wert?, stellte sich für mich durch die Reisen nach Tansania völlig neu. Warum sind die Menschen dort trotz ihrer schlechteren Lebenssituationen fröhlicher als wir? Meine Antwort lautet: Weil sie sich ihr Leben nicht durch materiellen Überfluss verstellen und ein sehr direktes Verhältnis zu ihrem Glauben bewahrt haben. Menschen in diesen Ländern haben weder ein Gesundheitssystem noch eine Arbeitslosenversicherung, sondern kämpfen ums Überleben, und dennoch sind sie innerlich so gefestigt, als würden sie aus einer tiefen Quelle schöpfen. Viele Fragen, die uns hier beschäftigen, sind im Weltmaßstab marginal. Damit sage ich nicht, dass hier alles gut ist. Es gibt viele Dinge, die neu gedacht, anders organisiert, anders strukturiert werden müssen, damit Solidarität mit den Schwachen möglich ist.

Inzwischen waren schon mehr als 80 Leute mit mir in Tansania, und alle sind verändert zurückgekommen. Wir können bei den materiellen Lebensbedingungen nicht immer nur Fortschritt haben, sondern müssen zu einer Reduzierung und letztlich auch zu einer Umverteilung kommen. Wenn es in Deutschland mehr Leute gäbe, die fair gehandelten Kaffee kaufen, würden viele Kaffeebauern in Nikaragua, in Kenia, in Tansania besser leben. Wir müssten nur bereit sein, mehr für den Kaffee auszugeben. Wir leben nun mal in der einen Welt, es gibt keine erste, zweite oder dritte Welt. Mit der müssen wir angemessener umgehen, damit viele davon leben können.

Ich mag keine DDR-Nostalgie, die ist meist sehr oberflächlich. Was aber von damals gelten sollte, ist ein größeres Solidaritätsgefühl unter den Menschen. Auch damals passierte es, dass jemand im Hochhaus verstarb und es keiner mitbekam. Aber ich glaube, das war eher selten. Es gab insgesamt mehr soziale Kontakte, zum Teil auch staatlich verordnet, Brigadefeiern oder Hausgemeinschaften. So muss es nicht sein. Aber dass man mehr aufeinander achtet und mehr voneinander Notiz nimmt, das finde ich in einem guten sozialen Gefüge schon sinnvoll. Die Frage ist, wie man Spielräume für jeden Einzelnen ermöglicht und zugleich dem Wildwuchs des Kapitalismus Grenzen setzt. Ich war einer, der zu DDR-Zeiten aus politischen Gründen am Rande stand, aber jetzt stehen viele aus wirtschaftlichen Gründen am Rande. Das kann es für die Zukunft nicht sein.

Dieter Lorenz, Bad Salzuflen

Weil in meinem Ausweis als Geburtsort Calbe/Saale steht, musste ich an der DDR-Grenze aus jedem Bus, aus jedem Zug aussteigen und wurde gründlich gefilzt. Aber ich hatte eigentlich nie Angst. Im Gegenteil, es machte mir – je länger desto mehr – sogar Spaß. Wahrscheinlich lag das daran, dass ich in der DDR keine negativen Erfahrungen gemacht hatte. Bis zum vierten Schuljahr lebte ich in Staßfurt, einer Kreisstadt zwischen Magdeburg und Halle. Mein Vater war kaufmännischer Angestellter, meine Mutter Kreishebamme in Staßfurt. Sie fuhr mit dem Fahrrad zu den Hausgeburten, durch ihre Arbeit war sie mit vielen Menschen vertraut. Meine Erinnerungen an die DDR-Zeit sind außerordentlich positiv. Auch mit den Russen machte ich nur gute Erfahrungen, die waren immer nett zu uns Kindern. Meine Eltern erlaubten mir nicht, bei den Jungen Pionieren mitzumachen. Aber ich fand das schick, und weil ich gut im Gedichte aufsagen war, machte ich heimlich bei großen Feierlichkeiten mit. Für mich waren das tolle Erlebnisse. Wenn meine Eltern das hinterher rausbekamen, hatte ich Probleme zu Hause. Nach dem 17. Juni 1953 fuhren meine Eltern mit uns Kindern nach Ostberlin und von dort mit der S-Bahn in den Westen. Ich verstand nicht, was da passierte, ich merkte nur, dass ich mehr Sachen anziehen musste als gewöhnlich. Die Motivation meiner Eltern habe ich nie erfahren. Außer einer Hennecke-Medaille für fleißiges Arbeiten konnte ich auch nach ihrem Tod nichts finden. Offensichtlich gab es keinen politischen Grund für ihre Übersiedlung in den Westen.

Ich lag als junger Mann mit meinen Eltern oft überquer. Als ich nach der mittleren Reife das Gymnasium verließ und einen Handwerksberuf erlernte, wollten das meine Eltern nicht akzeptieren. Aber sie konnten nichts daran ändern, ich hatte einfach keine Lust mehr, und wenn ich etwas will, dann können andere lange reden. Ich fasse meine Entschlüsse oft ganz allein und das ziemlich schnell. Zusammen mit einem Freund lernte ich nach der Schule in einem renommierten Bielefelder Betrieb Werkzeugmacher und arbeitete danach noch anderthalb Jahre bei verschiedenen Firmen.

Mein Schritt zur Kirche lässt sich nur schwer erklären, weil es eigentlich keine plausiblen Gründe dafür gibt. Ich bin kirchlich, aber nicht streng religiös erzogen. Meine Mutter war eine fromme Frau. Sie hatte nichts Aufgesetztes, nichts Moralisierendes, sie war auf ihre ganz natürliche Weise fromm. Durch meine Eltern gab es natürlich immer Verbindungen zur Ortsgemeinde und zum Pfarrer, manchmal spielten wir Kinder auch im Pfarrgarten. Ich selbst fühlte mich in meiner Jugendzeit nie wirklich kirchlich eingebunden, eher im Gegenteil! Letztlich hing meine Entscheidung für die Kirche damit zusammen, dass wir hier in Bad Salzuflen in der Jugendarbeit einen unglaublich hartnäckigen Jugendleiter hatten. Der bemühte sich sehr um mich, und so kam ich wieder ein bisschen in kirchliche Nähe – aber eigentlich nicht innerlich. Entscheidend war für mich eine Fahrt in den Elsass. Auf dem Weg nach Colmar stürzte der Bus mit dreißig

Jugendlichen ab und überschlug sich dreimal. Er blieb in den Bäumen hängen – außer ein paar Blessuren ist nichts passiert. Als wir aus dem Bus stiegen und auf der Straße standen, nahm der Jugendleiter seine Gitarre und sagte: Jetzt singen wir »Nun danket alle Gott«. Merkwürdigerweise war das für uns überhaupt nicht deplaziert. Wir merkten plötzlich, dass das Leben etwas sehr Verletzbares ist und sich von heute auf morgen ändern kann. Für mich war das der Anstoß nachzudenken: Wie ist das eigentlich, macht man selbst Geschichte oder macht Gott mit einem Geschichte? In diese Zeit fällt mein Entschluss, mein Leben neu zu ordnen.

In der Hermannsburger Mission, einem der größten Missionswerke Deutschlands, erwarb ich über den zweiten Bildungsweg die Voraussetzungen für den Beruf eines Pfarrers. Aber schon dort überlegte ich mir, dass ich nicht hier in Deutschland Pfarrer werden will – das reichte mir nicht. Wenn, dann richtig Missionar irgendwo im Busch! Nach meinem ersten theologischen Examen und der externen Abiturprüfung ging ich mit 26 Jahren zu einem dreijährigen Magisterstudium an die Universität in Hamburg. Durch meinen Beruf als Werkzeugmacher konnte ich das Studium selbst finanzieren. Ich wollte es mir selbst verdienen und vermeiden, dass meine Eltern irgendwann sagen, ich solle ihnen dankbar sein. Ich hatte einen Arbeitsvertrag mit Hapag Lloyd. In den Semesterferien löste ich für drei Monate einen Maschinisten ab, der in der Zeit Urlaub an Land machte. Als angehender Missionar mit den Seeleuten in einer Kabine zu leben und an der Maschine zu stehen, war manchmal ein hartes Brot – aber für meinen beruflichen Werdegang sehr hilfreich. Hier konnte ich hautnah erproben, was ich eigentlich will.

Nach dem Studium und meinem Vikariat in Lippe habe ich meinen Traum wahrgemacht und bin als Missionar nach Äthiopien gegangen. Äthiopien ist ein bezauberndes Land und gleichzeitig eines der ärmsten Länder der Erde. Weil ich meine ganze Berufszeit über dableiben wollte, ließ ich mich nicht in Deutschland, sondern in der äthiopischen Kirche zum Pfarrer ordinieren. Vor meiner Ausreise hatte ich meine Frau kennengelernt. Es war wie im ganz normalen Leben: Wir mochten uns und mit der Kirche stimmte es auch. Sie hat eine kirchliche Ausbildung und ist Gemeindepädagogin. 1975 wurde unsere Tochter geboren und zwei Jahre später unser Sohn. Wir lebten auf dem Land, bis zur nächsten Stadt mussten wir anderthalb Tage fahren. Wir hatten nicht immer Strom, aber dort merkte man plötzlich, das muss man gar nicht haben. Die Menschen lebten so elementar und hatten so viele Dinge nicht, und trotzdem hatten sie alles zum Leben.

Ich glaube, selbst in der DDR hat man so klassisch, so rein ideologisch den Marxismus-Leninismus nie betrieben wie in den Revolutionsjahren in Äthiopien. Meine Aufgabe bestand darin, Christen und Christinnen der kirchlichen Gemeinden auf die Auseinandersetzung mit dieser Ideologie vorzubereiten und zu überlegen, wie lebt man in einer Welt, in der man nicht gewollt ist. Es gab eine Phase, wo alle Kirchen geschlossen und die Christen inhaftiert wurden. Das war eine Mischung von ideologischer Verfolgung und Christenverfolgung. Ich habe einen Katechismus geschrieben: Was sagen die Marxisten-Leninisten und was würden wir als Christen zu diesen Fragen sagen? Das war für mich der Versuch, den eigenen Standort zu beschreiben. Das kann man nur, wenn man den anderen kennt. Leider ist der Besitz dieses Papiers für manche in der Kirche zum Verhängnis geworden.

In den Revolutionsjahren hatte ich viele Schwierigkeiten und stand unter anderem auch unter Hausarrest. Wer dort unter Arrest steht, dem müssen Angehörige das Notwendige zum Leben bringen und vor die Tür stellen. Meine Frau war wegen der gefahrvollen politischen Lage evakuiert und unser Eigentum hatten sie konfisziert. Es war ein muslimischer Nachbar mit seiner Familie, der sich täglich um mich kümmerte. Für mich als Pfarrer dieser Kirche, der die Menschen für den christlichen Glauben gewinnen will, war das eine wichtige zwischenmenschliche Erfahrung: Wie gehen wir miteinander um, wenn wir den anderen gewinnen möchten und ihn gleichzeitig in seinem Glauben achten? Ich erlebte, dass Menschlichkeit auch jenseits der Definition von Religion zu finden ist.

Insgesamt waren wir knapp fünf Jahre in Äthiopien. Beim Besuch meiner Frau in ihrer Heimatstadt Lippe stellte der Arzt fest, dass unser zweites Kind eine schwere Erbkrankheit, Mucoviscidose hat. Das bedeutete für uns: Rückkehr nach Deutschland. Bis heute fahre ich etwa jedes zweite Jahr nach Äthiopien. Äthiopien ist meine zweite Heimat.

Als wir zurückkamen, sagte der Pfarrer der Gemeinde, in der ich vor 20 Jahren konfirmiert worden war, zu mir: Mensch, Lorenz, willst du nicht hier Pfarrer werden? So wurde ich 1978 Pfarrer der Evangelisch-Lutherischen Kirche in Bad Salzuflen. Im Raum Lippe gibt es noch eine große kirchliche Verwurzelung, hier ist die Welt noch vergleichsweise heile. Etwa 65 Prozent der Menschen bekennen sich zur Kirche, das dürfte der höchste Anteil in Deutschland sein. Salzuflen ist Kurort und hat durch Zuzüge aus Dortmund, aus Berlin und von anderswo eine typische Bäderstruktur mit einer stark überalterten Bevölkerung. Viele, die ihr Leben lang gearbeitet haben, verbringen hier den Rest ihres Lebens. Das hat seinen Charme, aber auch seine Probleme.

Nach Äthiopien war für mich diese etablierte Lebenssituation mit einer relativ wohlhabenden Klientel nicht einfach. Weil alles käuflich ist, können manche Menschen die Lebenswerte nicht mehr in angemessener Weise wahrnehmen. Deshalb warb ich in der Gemeinde dafür, das Leben nicht von der Leistung und von den Nachbarn bestimmen zu lassen. Aber das ist verflixt schwer, wenn Menschen 65 Jahre so gelebt haben. Vor allem Männer tun sich schwer, über Fragen nachzudenken, die nicht mit Geld zu tun haben. Ältere Jahrgänge kamen oft mit ihrer eigenen Geschichte aus dem »Dritten Reich« nicht zurecht und konnten darüber nicht reden. Frauen sind zugänglicher, ich glaube, auch ehrlicher. Sie sind eher bereit, sich zu öffnen und über Dinge zu sprechen, die Gott und die Welt angehen.

Jeder Mensch muss mit der Frage leben: Wer bin ich, was macht mein Leben aus, wo will ich hin? Wenn man miteinander ins Gespräch kommt, dann kann man fragen: Du musst dich in deinem Leben oft entscheiden, wo nimmst du die Kriterien her? Kommt das einfach aus deinem Bauch, oder gibt es etwas, was die Welt zusammenhält? Welche Rolle spielt dann möglicherweise Gott? Es gibt Dinge, die sind irrational, so wie Liebe, die nicht verstehbar ist, wenn sie sich ereignet. Aber niemand wird sagen, dass es die Liebe nicht gibt. So ist es auch mit dem Glauben. Wenn man sagt: Ich glaube, so kann und muss man das anderen nicht plausibel machen. Dabei ist mir wichtig, dass Glauben und Denken nicht auseinanderfallen. Unvernünftiges muss man nicht glauben. Das Dümmste, was man machen kann, ist, den christlichen Glauben so darzustellen, als würde er auf alle Fragen eine Antwort haben. Deshalb setze ich mich gern mit Leuten für drei, vier, fünf Abende in Seminaren zusammen, um über ein Thema nachzudenken. Was bedeutet eigentlich die Frage »Wehrdienst oder nicht Wehrdienst? Atomwaffen oder nicht Atomwaffen?« Oder wir sehen uns biblische Texte an und ich frage: Wo klingelt es in dir, wenn du das liest? Es gibt Gründe, warum das bei jedem Menschen anders ist.

Wenn es einen Gott gibt, dann ist die Kommunikation mit dem Göttlichen eine wichtige Frage. Man kann nachdenken, man kann aber auch beten. Eine religiöse Erfahrung macht man nur, wenn man im Vollzug des Betens für sich die innere Gewissheit bekommt: Es trägt mich jetzt, es hält mich, es hilft mir jetzt. Glauben muss sich als tragfähig erweisen, sonst ist es aufgesetzt. Ob mein Glaube das auch morgen leistet, das weiß ich nicht. Aber wenn es denn Gott gibt, dann habe ich ganz viel Zutrauen, dass das auch morgen geht. Ich möchte, dass Menschen, wenn sie auf den Tod zugehen, sich in der nichtbegrenzten Welt Gottes bergen können. Wenn ich im Krankenzimmer merke, der Mensch möchte beten, dann löst der Psalm 23 »Der Herr ist mein Hirte, mir wird es an nichts mangeln...« bei dem Sterbenden, ob er Christ ist oder nicht, unheimliche Emotionen aus. Mir wird es an nichts mangeln – das wäre meine Rettung, denn ich weiß mir jetzt nicht zu helfen. All die Probleme, die ich jetzt habe, werde ich dann nicht mehr haben – keine Tränen, kein Tod, keine Schmerzen. Manche Leute fragen: Sehe ich dort meine Angehörigen wieder? Ich sage immer: Es ist nicht schädlich, das zu glauben – wenn es Ihnen hilft. Nur versprechen kann ich das nicht, ich weiß es nicht. Ich glaube es eigentlich auch nicht, weil es manchmal gar nicht so gut ist, dass wir alle wiedersehen.

Ich finde es spannend, wenn mir Menschen begegnen, die sagen: Ich brauche Gott nicht. Ich würde nur sagen: Hoffentlich gelingt es! Durch die Begegnung mit biblischen Texten und mit Christenmenschen ist in mir das Bewusstsein gewachsen, dass es gut ist, sich in den Händen Gottes zu wissen. Das ist natürlich ein Bild. Es gibt so viele Lebensphasen, wo die eigenen Hände nicht genug sind. Mit meinen Kindern habe ich durch die Erbkrankheit der beiden Söhne sehr schwere Lebensjahre hinter mir. Der Ältere wäre vor fünf Jahren verstorben, wenn er nicht transplantiert worden wäre. 25 Jahre konnten meine Frau und ich nie gleichzeitig aus dem Haus gehen. Da gibt es beides, das Hadern und Streiten mit Gott und gleichzeitig dieses: Was habe ich eigentlich, wenn ich das auch noch verliere? Nach der Bibel gibt es so etwas wie einen Dennoch-Glauben: Dennoch bleibe ich stets an dir, denn du hältst mich mit deiner Hand fest. Als junger Mann sagte ich: Ich gehe nach Afrika und will etwas Gutes für dich tun. Und dann heißt es nach ein paar Jahren: Komm zurück! Das war für mich die tiefste Krise meines Lebens und zugleich die tiefste Glaubensprüfung und -bewährung.

Als wir 1978 hier in Salzuflen anfingen, haben wir von der Gemeinde sofort die Partnerschaft mit einer Gemeinde in Rostock aufgenommen. Mehrmals im Jahr war ich in der DDR. Die DDR hatte für mich übrigens einen besonderen Geruch – wenn ich in Schulen war oder in Wohnheimen, überall roch es nach Bohnerwachs. An die Menschen dort habe ich nur gute Erinnerungen. Ich erlebte sehr viel Familiensinn, den ich hier nicht so kannte. Am Sonntag oder zum Feierabend wurde ins Gartenhäuschen gefahren und gemeinsam etwas unternommen. Eine kleine Welt, aber doch eine Welt, die durchaus Substanz hatte. Ich konnte nie verstehen, wie man sein eigenes Leben leben kann, ohne es mit dem großen Leben seines Landes zu identifizieren. Viele haben das ganz gut hingekriegt. Mich hat fasziniert, dass die DDR bei allen Restriktionen erstaunlich viel gute Literatur, vor allem klassische Literatur und klassische Musik publiziert hat – und das zu guten Preisen. Davon habe ich sehr viel auch für mich profitiert. Geärgert hat mich immer die Gleichgültigkeit gegenüber dem Betrieb oder dem Wohnhaus. Ich war bei einer Professorenfamilie in Rostock eingeladen, dort kümmerte sich niemand darum, dass in dem Haus eine Tür fehlte. Aber warum sollte es sie auch interessieren? Es war ja nicht ihr Haus oder ihr Betrieb. Ich merkte, dass kollektives Denken Schwachstellen hat, wenn der Einzelne sich nicht identifiziert.

Dass es zu einer solch friedlichen Wende kommt, hätte ich nicht erwartet. Unter den noch frischen Äthiopienerfahrungen befürchtete ich eine zweite Tschechoslowakei. Ich hatte nicht wahrgenommen, dass das ganze System unter den weltpolitischen Bedingungen nicht mehr zu halten war. Ich dachte, es gibt eine innere Stabilität, die kriegt man nicht so schnell klein. In der Wendezeit trafen sich in der Kirche nicht nur Christenmenschen, sondern auch ganz unkirchliche Leute. Auch das kann Kirche sein: den Raum bieten, damit Menschen Dinge ihres Lebens neu regeln können. Natürlich bedaure ich, dass das nicht so weitergegangen ist, irgendwann war dieser Raum nicht mehr nötig. Ich glaube, dass viele Pfarrer, aber auch Politiker und ganz normale Christenmenschen die Gefährdung der neuen Zeit unterschätzt haben. Freiheit und Weltoffenheit sind nicht so einfach, manches war hinter der Mauer leichter. Macht ist verführerisch, plötzlich kann man mitreden und man merkt, dass das auch Profit bringt. Dadurch sind manche, die in die Politik gegangen sind, einfach überrollt worden, innerlich und äußerlich.

Nach der Wende fragten wir uns, ob die Partnerschaft mit der Gemeinde in Rostock noch Sinn macht. Wir stellten fest, es macht genauso viel Sinn, nur es muss jetzt anders werden. Früher fragten nur wir: Braucht ihr Geld, Schokolade, Bananen, getragene Kleider? Das brauchen sie nicht mehr und jetzt fragen auch sie uns: Was braucht ihr? Die Rostocker Gemeindemitglieder haben eine völlig andere Lebenswelt, sie sind in einer absoluten Minderheit und treffen sich bis heute in einem alten Kindergarten. Für unsere Gemeinde war wichtig, zu sehen, dass Kirche nicht nur da stattfindet, wo man alles hat, sondern vielleicht unter diesen Bedingungen sogar anrührender ist. Inzwischen ist eine dringliche Frage auf beiden Seiten: Wie geht man auf Menschen zu? Wie erreichen wir, dass Menschen wieder sagen: Ich brauche die Kirche. Deshalb treffen wir uns regelmäßig und überlegen, was wir gemeinsam tun können. In unserer Gemeinde hat sich durch die Wende das Leben nicht wesentlich verändert. Wir hatten fette Jahre und da war es für viele einfach opportun, dabei zu sein. Aber auch hier wird die Welt nicht immer heil bleiben, und wenn wir nüchtern sind, müssen wir mit einem Mitgliederschwund rechnen. Wenn die Leute älter werden, kommen sie meist wieder zur Kirche zurück. Aber wir merken, die jetzige Generation kommt auch mit 60 Jahren nicht wieder. Ich halte das nicht für eine Katastrophe, die Kirche wird nie untergehen, sie wird nur anders sein. Menschen zu befähigen, authentisch Christ zu sein, muss auf eine ganz neue Weise gefördert werden. Wir müssen sprachfähiger werden, damit die Menschen Antwort auf ihre Fragen bekommen. Da ist eine Menge zu tun. In der Jugendarbeit kommt es auf den Punkt an, wo Jugendliche ihre existentiellen Fragen haben. Zum Beispiel das Thema Gewalt an der Schule. Plötzlich erzählen sie: Ja, wir haben manchmal Angst, wenn wir in den Schulbus steigen. Es gibt bei uns die rechtsextreme Szene. Dann kann man fragen: Wie gehen wir als Christen mit dem Thema Gewalt an der Schule um?

Wenn mich oder meine Frau jemand fragte: Wie geht es euch?, sagten wir immer: Uns geht es gut. Eigentlich ging es uns nicht gut. Unsere beiden Söhne brauchten durch ihre Krankheit eine Tag- und Nacht-Therapie. Notarzt und Hubschrauber gehörten bei uns zum Alltag. Als der Große vor dem Abitur stand, war er zu schwach, um zur Schule zu gehen. Die Lehrer unterrichteten ihn zu Hause. Vor knapp sechs Jahren hat er in Hannover eine neue Lunge, eine neue Niere und eine neue Leber bekommen. Nach 25 Jahren konnte er das erste Mal richtig Luft holen. Inzwischen ist er ein kräftiges Kerlchen, vor zwei Monaten hat er sein Diplom an der Uni gemacht. Und bei dem Kleinen – da muss man abwarten.

Durch die Arbeit und die Krankheit der Kinder waren unsere Räume für private Interessen begrenzt. Ich war immer ein Sportsmensch, spielte sogar kurzzeitig im Volleyball-Nationalteam. Dabei bin ich Autodidakt, ich gucke zu und mache es nach, zum Beispiel beim Reiten, Tennis oder Tischtennis. Ich möchte herausfinden, was ich mir zumuten kann. Mich fasziniert modernes Ballett und ich gehe gern ins Theater. Aber da suche ich Stücke aus, über die ich nachdenken und mich anschließend unterhalten kann. Ich hatte nie ein Verhältnis zum Geld. Wenn ich es habe, ist es gut; wenn ich es nicht habe, ist es auch gut. Wir konnten keine Reichtümer ansammeln, die Ausbildung der Kinder kostet ein Vermögen. Aber ich habe keinen Grund zum Klagen. Solange ich nicht überlegen muss, ob ich mir eine Pizza leisten kann, geht es mir gut.

Vor wenigen Wochen bin ich in den Ruhestand verabschiedet worden. Gestern Abend saß ich in meinem leergeräumten Haus, habe eine kleine Lampe in die Ecke gestellt und mir dieses Haus angeguckt. Alles leer, nur noch die Matratze, auf der ich heute Nacht geschlafen habe. Als wir ankamen, haben wir auch auf der Matratze geschlafen. Ich dachte: So hast du hier angefangen, so gehst du jetzt wieder. Das ist vorbei. Das ist nicht nur ein Umzug in ein anderes Haus, das ist der Umzug in ein anderes Leben. Ich könnte nicht mit 50 Prozent arbeiten, entweder mache ich etwas oder ich mache es nicht. Deshalb kann ich auch in dieser Gemeinde ganz gut aufhören, das ist jetzt nicht mehr meine Sache. Wir sind in einen anderen Stadtteil gezogen, damit auch mein Nachfolger und alle wissen: Es ist so.

Als Superintendent bin ich seit über zwanzig Jahren Mitglied des Lutherischen Weltbundes. Ich leite jetzt den Hauptausschuss des Nationalkomitees des Weltbundes, der Entwicklungshilfeprojekte auf allen Kontinenten betreut. Jedes Jahr können wir etwa drei Millionen Euro für die Versorgung mit Wasser, für Krankenstationen und Schulen als Entwicklungshilfe verteilen. Außerdem gehöre ich zu einer kleinen Kooperationsgruppe, die lutherische und reformierte Protestanten auf Weltebene enger zusammenführen soll. Wir wollen herausfinden, wie wir uns stärker vernetzen können, ohne das Profil in einem Einheitsbrei zu verlieren. Es geht dabei auch um ganz praktische Dinge: Macht es noch Sinn, wenn sich die reformierten Protestanten in diesem Jahr in Akkra und die Lutheraner im nächsten Jahr in Kanada zu ihrer Weltversammlung treffen? Ist es nicht möglich, dass wir uns gemeinsam treffen? Für die Öffentlichkeit wäre das ein Zeichen, dass die Protestanten enger zusammenrücken.

Dieser internationale Kontext ist für mich sehr spannend. Wenn man zum Beispiel die Ereignisse vom 11. September von Brasilien oder Indonesien aus betrachtet, gibt das ein völlig anderes Bild. Bei diesem Elend verstehe ich, warum die Leute dort sagen: Meine Güte, tut uns ja leid, aber bei uns sterben jeden Tag Menschen. Da sagt kein Mensch etwas, und bei den Amerikanern ist die ganze Welt plötzlich in Aufruhr. Es ist eine bestimmte Tradition innerhalb des Christentums, die Welt in Gut und Böse, in Hell und Dunkel, in Schwarz und Weiß einzuteilen. Man selbst ist immer auf der weißen, der guten Seite, man muss nur den Feind richtig lokalisieren. Die Verbindung von Glaube und Politik bei Bush ist verhängnisvoll. Das kann der Kirche nicht gut tun und tut auch dem Glauben nicht gut. Es gibt nicht den guten Menschen einerseits und den bösen Terroristen andererseits. Das ist zu simpel. Gut und Böse sind immer auch in uns selbst im Widerstreit miteinander.